本书为北京市教育科学“十三五”规划 2018 年度校本研究专项课题
——《小学德育中构建服务学习课程体系的研究》课题成果
课题编号：CBIA18107

史家小学
Shijia Primary School

服务学习 志在家国

史家教育集团第三届“服务学习”课程经典案例集

史家教育集团 编著

中国发展出版社
CHINA DEVELOPMENT PRESS

图书在版编目（CIP）数据

服务学习　志在家国：史家教育集团第三届“服务学习”课程经典案例集/史家教育集团编著．—北京：中国发展出版社，2020.11

ISBN 978－7－5177－1151－3

Ⅰ.①服…　Ⅱ.①史…　Ⅲ.①小学教育—案例—汇编—北京
Ⅳ.①G622.0

中国版本图书馆 CIP 数据核字（2020）第 228996 号

书　　　名： 服务学习　志在家国：史家教育集团第三届“服务学习”课程经典案例集
著作责任者： 史家教育集团
出 版 发 行： 中国发展出版社
联 系 地 址： 北京经济技术开发区荣华中路 22 号亦城财富中心 1 号楼 8 层（100176）
标 准 书 号： ISBN 978－7－5177－1151－3
经　销　者： 各地新华书店
印　刷　者： 北京市密东印刷有限公司
开　　　本： 710mm×1000mm　1/16
印　　　张： 29.5
字　　　数： 390 千字
版　　　次： 2020 年 12 月第 1 版
印　　　次： 2020 年 12 月第 1 次印刷
定　　　价： 88.00 元

联 系 电 话：（010）68990642　68990692
购 书 热 线：（010）68990682　68990686
网 络 订 购： http：//zgfzcbs.tmall.com
网 购 电 话：（010）68990639　88333349
本 社 网 址： http：//www.develpress.com
电 子 邮 件： fazhanreader@163.com

本书编委会名单

编委会主任： 王　欢　洪　伟

本 书 主 编： 李　娟　张均帅

专 家 顾 问： 谢春风　朱晓宇　韩淑萍　万　平

编 委 成 员：（按姓氏笔画排序）

王　晔　王连茜　王建云　白　雪　冯思瑜
刘　岩　刘　霞　刘晓珊　祁　冰　杨　京
李　文　李红卫　李芸芸　吴金彦　何光宇
宋宁宁　张　滢　张牧梓　赵慧霞　祖学军
贾维琳　徐　虹　高金芳　郭文雅　崔韧楠
彭　霏　韩凯旋　温　程　鲍　虹　黎　童

参 与 成 员：（按姓氏笔画排序）

丁笑迎　于　佳　马　岩　马克姗　马佳宁
王　宁　王　华　王　珈　王　映　王　雯
王　颖　王　滢　王　静　王　瑾　王　磊
王大贵　王竹新　王秀军　王香春　王熙嵘

车　雨	牛东芳	化国辉	孔宪梅	孔继英	石　濛
卢明文	田晓洁	史亚楠	史宇佩	史晓娇	冉小伶
付燕琛	冯金旭	边晔迪	邢　超	朱芮仪	乔　淅
刘　丹	刘　欢	刘　迎	刘　欣	刘　姗	刘　蕊
刘力平	刘立美	刘玲玲	刘洪洋	刘梦媛	齐丽嘉
闫仕豪	闫春芳	安　然	许爱华	孙　莹	孙　鸿
孙宇鹤	孙金艳	孙慧瑶	杜　楠	杜建萍	杨　奕
杨　婧	杨晓雅	李　享	李　洋	李　婕	李　静
李东梅	李岩辉	李秋敏	李梦裙	李焕玲	李淑红
李超群	李惠霞	佟　爽	谷思艺	汪　卉	沙焱琦
迟　佳	张　伟	张　彬	张　颖	张　蕊	张　璐
张　璐	张书娟	张艾琼	张秀娟	张京利	张春艳
张婉霞	张斌轩	张鑫然	陈　瑾	陈　璐	陈玉梅
英　文	范　鹏	范欣楠	范晓丽	林　琳	罗　曦
金　晶	金利梅	周　舟	周　婷	周　婷	周海燕
郑忠伟	赵　苹	赵婧杉	郝晓倩	柯凤文	侯　琳
姜　桐	秦　月	耿芝瑞	耿芝瑞	徐　卓	徐　菲
徐艳丽	徐愫祺	高江丽	郭　红	海　洋	海　琳
陶淑磊	曹立新	曹艳昕	崔　敏	阎　冬	梁　彤
梁　琪	葛　攀	满文莉	满惠京	蔡　琳	翟玉红
樊　咏	滕学蕾	潘　锶	潘　璇	霍维东	魏晓梅

转眼，“服务学习”课程在史家已经深耕了三个年头。

从第一年的跃跃欲试，到第二年的热情高涨，再到第三年的全面开花，三年来我们见证了孩子们对于公益项目的热爱与执着：从一个个充满创意的提案到一遍遍不厌其烦地修改项目书，到小组通力合作参与项目答辩、为项目做好宣传，再到项目正式执行后孩子们利用课余时间奔走各地、主动服务社会……我们看到了公益的种子正逐步在孩子们心中生根、发芽、开花、结果。

“服务学习”课程是史家准确把握教育政策的先行尝试，具有重要的研究及实践价值。它将服务与学习紧密结合，提倡在学习中服务，在服务中学习。“服务学习”课程将综合实践活动、研究性学习、社区服务进行整合设计，鼓励学生将实践与学习相结合，带动学生主动地发现、关注社会中的现实问题，自主策划、开展公益项目，并通过服务和行动来改善社会生活与环境，唤起更多的人参与到服务行动当中。它真正体现史家一直倡导的“和谐教育”与“家国情怀”培育，是史家“和谐”教育理念的落地与体现，让学生走出“自我中心”，不再只关注自我的需求，从“人与自身的和谐”不断向“人与人”“人与知识”“人与自然”“人与社会”的和谐发展，学会关注他人的需求，产生服务他人的意识，并付诸实践与行动。

“服务学习”课程通过全员参与和重点项目打造相结合的方式，借助优质公益组织平台，为学生提供专项资金资助，鼓励学生自主发现问题，自主策划创新公益项目，开展创新公益行动，激发学生的公益梦想，从小培养学生的家国情怀，帮助他们成长为具有社会责任感、担当意识和奉献精神的中华少年。经过三年的深度实践，“服务学习”课程已经成为史家德育工作的一大亮点和品牌，它很好地调动了师生的公益热情，获得了学生、教师、家长、社区的一致好评。

三年来，学生自主策划的公益项目书达到7282份，包括环境保护、社区发展、文化传承、扶贫济困、家庭健康、老妇幼服务等多个领域。经过多轮评审和辅导，最终有45个优秀公益创想成功与中国扶贫基金会“益路同行”平台签约。仅在本学年，由同学自主发起并入选的项目就达20个。本案例集正是对这20个优秀入选项目的结集，希望带领大家从一个个真实的项目中认识服务学习、感受服务学习。

学生自主发起的优秀创新公益项目还带动全校同学深度参与公益项目，在全校范围内掀起公益行动的热潮。除了本学年入选的20个项目以外，还有一批校级项目，虽然它们没有入选“益路同行”平台，却依然热情不减，在校内自主开展项目，尽自己所能，服务他人。此外，我们还欣喜地看到，往年入选的项目并没有随着项目的结项而停止服务的步伐，他们中有些项目在执行过程中发现新问题，产生新感悟，孵化出了新的延续性服务学习项目，如2017~2018学年的“亲子坏情绪，Go Away”项目组将目光投向了伙伴之间的情绪管理，发起了“伙伴坏情绪，Go Away”项目；“家书守护行动”项目组成员在搜集老家书的过程中，看到了不同年代的老物件，看到了时代的变迁与发展，从而发起了“三代童年看变迁”项目。同时，2018~2019学年“服务学习”课程还充分发挥了优质资源的辐射力，从史家小学覆盖到了史家教育集团，带动集团内多个校区的师生参与其中，并生发出诸如

“华服传承小使者”“给盲道清清肠”等优秀项目。

“服务学习”课程带给学生真实的成长，具有全面育人价值。孩子们的社会责任感、创新精神、实践能力、思维能力、组织能力、领导能力、沟通能力以及团队合作能力都得到了极大提升。史家的孩子们在服务学习中体验着成长的无限可能。经过评比，2018~2019学年，共有100名学生获得由中国扶贫基金会颁发的“小小公益创想家”，20个中队获得了“优秀公益创新团队”奖；史家教育集团也因此获得“突出贡献奖”。同时，学生们自主发起的创新公益项目还获得了社会各界的关注与支持，人民网、光明网、新华网、中国教育电视台、中国少年报、现代教育报、北京电视台等权威媒体也对学生们自主策划的公益项目进行了深度报道。

少年儿童是未来的希望。我们相信：影响孩子，就是影响未来。在孩子的心中从小埋下公益的种子，用大爱和责任不断去浇灌它，这颗种子必将长成参天大树，满树繁花、硕果累累。我们也期待在孩子们的一片赤诚中，能够生发出更多、更好的服务学习项目，共同营造一个更加美丽、和谐的家园。

李　娟

2020年1月

目录

救援噎食，挽救生命

“救援噎食，挽救生命”服务学习项目由史家小学一（12）中队柳云馨同学发起，一（12）中队全体成员共同参与完成。项目指导教师为史家小学李红卫老师。“救援噎食，挽救生命”服务学习项目自2018年12月初发起，至2019年6月底顺利完成。项目组通过自编救援儿歌、噎食救援小话剧表演、海姆立克急救法互动教学等多种方式，开展噎食急救宣传活动。项目实施以来，项目组先后走进北京市第五幼儿园附属实验园、北京市第五幼儿园分园、华夏银行朝内支行、东城区金宝街北社区、东城区东便门社区、北京外国语大学、奥林匹克公园、“豹王格斗”场馆、孔庙和国子监博物馆等地，累计举办10场活动，为不同年龄段的人群送去噎食急救知识。同时，项目还受到社会各界的广泛好评，中央电视台《朝闻天下》栏目、北京电视台新闻频道、腾讯新闻、凤凰新闻、网易新闻等多家新闻媒体对项目进行了报道。

一、指导教师推荐序

2018年10月，史家小学新一轮“服务学习”课程正式启动。对于很多大人来说，公益都是一个挑战、一个人生的课题，而面对这些刚入学的、六七岁的一年级小同学们，我该如何引导他们理解什么是服务学习、什么是公益项目、什么是社会责任？坦白地讲，最开始，我是担心的。然而，他们总是带给我们惊喜，从班级动员开始，他们一听说要用自己的力量帮助别人，都表现出极大的热情，积极提出自己的想法。虽然有些想法很稚嫩，但莫名地打动了我们这些成年人。在日后一次次的项目活动中，孩子们成为公益宣传的小使者，逐渐产生了一种使命感和责任感。我想起曾经看到的一句话：“The difference between ordinary and extraordinary is that little extra!”（普通和卓越的区别就在于那一点点额外的努力！）正是孩子们的专注与付出，正是那一点点“额外的努力”，成就了“救援噎食，挽救生命”服务学习项目的卓越！

“星星之火，可以燎原”

“救援噎食，挽救生命”服务学习项目的发起人是一（12）班的柳云馨同学。这个想法源于她曾经看到过的一则新闻——“一名幼儿园小朋友由于噎食没有及时进行急救，结果当场窒息死亡”。听到这个故事时我很震惊，在几十年的教师生涯中，我每天都与孩子们朝夕相处，也不乏听到、看到有同学吃东西呛到、噎到的事，但之前并没有引起足够重视。我忙打开手机搜索“噎食”，发现近年来幼儿园小朋友、小学生因噎食发生意外事件的新闻真是屡见不鲜，令人感到触目惊心。噎食一旦发生会很危险，因为异物会堵塞气道，引起窒息，如果不能在“黄金四分钟”内取出异物，小朋友可能会因为窒息而死亡。性命攸关，发人深省！在和柳云馨进一步的交谈中，我得知她的妈妈在医院工作，她跟妈妈学会了一种叫“海姆立克”的急救方法，可以帮助出现噎食危险的孩子。她特别想把噎食急救相关知识告诉并教给大家，让更多的人提高防范意识，学会噎食急救，让更多人避免惨剧的发生。班会课上，柳云馨“救援噎食，挽救生命”的创想得到了全班同学的认同，大家都觉得这个提议非常棒。作为老师，我也敏锐地感觉到这是个很好的机会，可以教育孩子们认识生命，还能在学习、传播救援知识的过程中，理解什么是公益，让孩子们从小内心充满爱，也能传播大爱。

我们的“救援噎食，挽救生命”服务学习项目经过全校的层层选拔，脱颖而出。在学校和“益路同行”项目组的大力支持下，我们的服务学习项目开始起航。2018 年 12 月 6 日，我带领全班同学开展了一次丰富生动的“救援噎食，挽救生命”主题班会。这次班会也标志着此次服务学习项目正式启动。班会上，我们邀请了柳云馨的妈妈（北京协和医院的专业医护人员）为孩子们讲解噎食急救的相关知识，告诉孩子们服务学习项目在做什么、我们做这些是为了什么、我们接下来要干什么……看着孩子们一双双懵懂的、满是问号和好奇的眼睛，我在思考作为一个教育工作者，到底该如何引导孩子？如何帮助他们？需要让他们学会什么？在半年来的服务学习项目中，我慢慢有了新的认识。其实，孩子们都是自己的小老师，他们都有一颗积极探索的心，以及勇于想象的创造力、热情高涨的行动力……孩子们认真学习，亲身实践，成为日后公益道路上的一个个小小宣传员；他们也成为一颗颗闪耀的小星星，点亮了广阔的原野，将公益之火不断传递下去！

“千里之行，始于足下”

想法再远大，都要先迈出行动的第一步。有了信念和想法，有了知识储备，有了老师的专业指导，还有家长志愿者的强力支持，我们大家齐心协力，迈出了第一步，正式开始了我们的千里公益之行。

寒假期间，“救援噎食，挽救生命”项目组成员们没有停下脚步，核心成员们编排噎食急救小话剧，自编自演噎食急救儿歌，制作宣传条幅、易拉宝、宣传单、宣传服，购买宣传小礼品、道具娃娃等，大家忙得不亦乐乎。孩子们体会着创作的乐趣，内心充实、快乐地成长。

2018 年 2 月 25 日，史家小学以“志在家国庆华诞、服务学习话担当”为主题的开学典礼在史家小学高年级部礼堂举行。我们是全校参与项目展示团队中年级最低的，但是孩子们耳目一新的展演形式，为全校师生展示了一堂生动活泼的噎食救援课，给大家留下了深刻的印象，也让大家对噎食救援有了新的认识。

随着天气转暖，孩子们参与服务学习项目的热情也一路高涨。踏着春天的脚步，项目组成员们先后走访了幼儿园、社区、银行、大学、场馆、公园、博物馆等。宣传对象从小朋友、青年人到老年人，宣传地点从室内到室外，项目活动从核心成员的宣讲到全体成员的集体出动，孩子们越来越有经验。孩子们性格不一，我会适时地给他们分组，有意识地给他们机会，锻炼他们的勇气和自信，为他们创造环境和条件，积极鼓励他们进行宣传、展示。很多孩子从开始时不知道说什么、不敢说话逐渐可以做到落落大方地向路人宣讲。每个孩子都经历着从量的积累到质的转变。孩子们总是认真地讲解，积极地演练，在场内与场外频频互动，公益之心越来越高涨，“救援噎食，挽救生命”公益之路也越走越远。我相信这份自信、与他人沟通的能力、与伙伴协作的意识会慢慢内化在他们心里，外显于他们的行动上。

“精诚所至，金石为开”

这次“救援噎食，挽救生命”服务学习项目还是学生和家长共同成长的一次社会课、德育课、生命感受课。我作为教育工作者，也深深感受到学习不是单方面靠学校教、老师讲，而要让孩子们走出去，亲身实践，只有让他们自己去探索、去思考，才能带给他们全面的提高。

此次“救援噎食，挽救生命”服务学习项目的主要目的是希望孩子们在公益活动中树立正确的人生观，给孩子们创造走出校园的机会，登上社会实践大舞台，在服务学习中学会团结协作、和他人建立起沟通合作关系，学会主动观察、发现、参与解决问题，并在公益道路上体会人间大爱、传递公益之火。“救援噎食，挽救生命”服务学习项目的主题关乎生命安危，它给孩子们带来的不仅仅是知识的积累，更重要的是将社会责任感、担当意识、同理心、团队精神等潜移默化在孩子们心中。

在全体同学的共同努力下，历时半年多的时间，“救援噎食，挽救生命”服务学习项目终于圆满收官了，但孩子们的公益之路不会就此结束。此次服务学习项目不仅使孩子们得到了一次人生历练，对于我和家长志愿者也是一次人生的洗礼，让我们更重视生命，并提高了对生命的认识；同时，公益之心在我们每个人心里都扎下根来，并内化为我们的行动。正所谓“精诚所至，金石为开”，相信只要专心诚意去做，什么事情都可以做到最好。家校同行，益路同行。我想，服务学习的意义就在于此！

指导教师：李红卫

二、创想梦工厂——种下一颗公益的种子

（一）创想动因

项目发起人柳云馨同学曾在电视上看到这样一则新闻：一个小学生在坐班车的时候吃糖，一不小心糖卡在了嗓子里，大家都不知道该怎么救他，结果他当场窒息死亡。这则新闻让柳云馨感到惊讶：“吃东西竟然也能让人死亡！”于是她向在医院工作的妈妈询问遇到这种情况该采取什么措施。妈妈说有一种“海姆立克”急救方法可以挽救噎食的小朋友，并找出家里的布娃娃向她展示如何实施救援。柳云馨还和妈妈一起参加了一场关于救助噎食儿童的讲座，这让她对噎食的危害有了更深刻的认识：噎食意外事件

发生率虽然不高，但是会致命，后果很严重。

通过对身边的家人、朋友展开调查和了解，柳云馨发现很多人都不了解噎食救援的相关知识。噎食关乎生命，应当引起大家的重视。于是，她和小伙伴倡议发起“救援噎食，挽救生命”服务学习项目，希望把噎食急救的相关知识宣传给大家，帮助更多的人提高防范意识，学会如何急救，让更多的家庭受益，避免惨剧发生。

（二）团队介绍

发起人及总负责人	柳云馨	史家小学一（12）中队成员，有较强的组织和统筹规划能力，团队意识强，善于沟通、策划。作为项目的发起人及总负责人，负责项目的整体推进与协调
团队伙伴	薛淇丽	史家小学一（12）中队成员，热情、积极，喜欢帮助他人，沟通能力较强。在项目中主要负责外联工作
	徐铭泽	史家小学一（12）中队成员，热心公益，善于沟通，有很强的组织能力。在项目中主要负责组织工作
	田永明	史家小学一（12）中队成员，做事细心，有耐心，有很强的团队意识。在项目中主要负责财务工作
	王乐滋	史家小学一（12）中队成员，有较强的表达和社交能力，善于沟通。在项目中主要负责宣传工作
指导教师	李红卫	史家小学一（12）中队班主任，担任多年的班主任工作，热心公益，曾组织的“城市树木美容师”服务学习项目获得益路同行“优秀公益创新团队”奖，有丰富的公益项目指导经验

（三）实施过程

“救援噎食，挽救生命”项目自2018年12月初发起，至2019年6月底圆满结束，共分为前期筹备、练习预演、宣传推广、总结反思四个阶段。

第一阶段（2018 年 12 月 1 日至 2019 年 1 月 31 日）：前期筹备阶段。

核心成员查阅资料，了解噎食常见的原因，发生噎食时的表现，“海姆利克”急救法的工作原理、要点及具体操作方法；随机对路人进行采访、调研，了解大家对噎食相关问题的知晓程度，收集真实数据，为后期开展活动提供依据；申请公众号发布活动信息及急救资讯，制作救援噎食讲座PPT、急救操作视频，组织学生设计宣传手册、海报及展板，制作宣传标语、横幅及队服，购买活动所需道具及宣传小礼品等。

第二阶段（2019 年 2 月 1 日至 3 月 7 日）：练习预演阶段。项目组成员在专业医护人员指导下，共同学习噎食防范急救相关知识，并进行情景模拟排练，包括如何给婴儿、小朋友、成人、老年人进行急救等。项目组核心成员共同讨论，结合地形和交通便利程度、人员分布情况、可操作性等因素，筛选适合进行宣传活动的幼儿园、大学、银行、社区、公园等场所；与相关场所取得联系，向其说明开展“救援噎食，挽救生命”项目的具体内容、原因及意义，征求负责人同意，协商场地使用、活动开展时间、参加人员等相关事宜。在班内组织预演，在校内进行宣传推广。

第三阶段（2019 年 3 月 8 日至 5 月 15 日）：宣传推广阶段。核心成员及全体中队成员分别走进北京市第五幼儿园附属实验园、北京市第五幼儿园分园、华夏银行朝内支行、北京市东城区金宝街北社区、北京市东城区东便门社区、北京外国语大学、奥林匹克公园、“豹王格斗”场馆、孔庙和国子监博物馆等地，开展校外宣讲活动，向社会各界宣传推广“救援噎食，挽救生命”服务学习项目。

2019 年 3 月 15 日，项目组成员走进北京市第五幼儿园附属实验园，向幼儿园小朋友介绍噎食发生的危害，表演自制噎食急救儿歌、小话剧，用道具娃娃向小朋友展示遇到噎食后应如何自救、救人。

2019 年 3 月 15 日，项目组成员邀请专业医护人员走进北京市第五幼儿园分园，开展噎食救援的知识与方法讲解，积极组织教学互动，让每个小朋友都能掌握噎食急救的方法。

2019 年 3 月 21 日，项目组成员走进华夏银行朝内支行，向银行工作人员及在银行办理业务的顾客宣传推广噎食救援知识与方法，并演唱自编儿歌，表演自制话剧，利用道具娃娃向在场的成年人讲解噎食急救知识。

2019 年 3 月 22 日，项目组成员走进北京市东城区金宝街北社区，向居民介绍噎食救援知识与方法，指导每个居民掌握救援方法，确保居民掌握要领，确保居家生活中发生噎食危险时可以立即展开救援。

2019 年 3 月 22 日，项目组成员走进北京市东城区东便门社区，向居民和行人宣传噎食救援项目，表演自编噎食救援儿歌、话剧，提醒居民注意噎食预防，演示噎食救援方式、要点，帮助居民掌握噎食急救知识。

2019 年 3 月 30 日，项目组成员走进北京外国语大学，向在校大学生宣传推广“噎食救援，挽救生命”项目，表演自制儿歌及话剧，吸引大学生关注项目，并邀请他们扫描项目二维码关注活动进展情况。

2019 年 3 月 30 日，项目组成员走进奥林匹克公园，向前来鸟巢游览的游客们宣传介绍“救援噎食，挽救生命”项目；对带孩子的家长进行噎食救援方法操作、演示，帮助他们树立噎食防范意识，并掌握噎食急救方法。

2019 年 4 月 6 日，项目组成员走进“豹王格斗”场馆，向成年人介绍、演示“海姆立克”急救法的操作要领，帮助更多的人了解噎食的危害。

2019 年 4 月 14 日，项目组成员走进孔庙，集中展示自创噎食救援儿歌、自编噎食急救话剧，吸引游客观看并了解噎食救援的方法，现场指导游客进行操作演练，确保其掌握救援要领。

2019 年 4 月 14 日，项目组成员走进国子监博物馆，在游客集中的地方进行“噎食救援”宣传活动，分小组向游客、路人进行“海姆立克”急救法的演示、指导，并接受北京电视台新闻频道《都市晚高峰》节目专访。

第四阶段（2019 年 5 月 10 日至 6 月 20 日）：总结反思阶段。活动实施完成后，全体成员对活动进行梳理，总结经验，交流感受；同时参与学校“六一”展演，总结、分享项目经验；将活动过程汇编成册，形成“噎食救援，挽救生命”成果集，编排“公益之路，我们同行”宣传片，持续宣传推广噎食急救知识。

三、学生行动日记——记录公益之花盛开全过程

学生行动日记精选（一）

2019 年 3 月 15 日　星期五　晴

一（12）中队　柳云馨

“救援噎食，挽救生命”这句话已经深深印入我的脑海。作为救援噎食项目的发起人，我感到又骄傲又自豪！经过周详的准备，今天终于迎来了我们的第一次宣传——前往北京市第五幼儿园，向那里的小朋友们宣传我们的项目。这里是我毕业的幼儿园，再次回到熟悉的幼儿园，看到认识的老师，我心里特别高兴和激动。再一想我现在是大姐姐了，还学习了关于噎食急救的新知识、新本领，可以教给弟弟妹妹们，更觉得特别自豪。

刚开始宣讲的时候，看着弟弟妹妹们懵懂的眼睛，我仿佛看到了曾经的自己。想当初我也不懂什么是噎食，在吃饭的时候聊天、哈哈大笑，更不知道发生噎食如果不正确急救会引起死亡。所以这一次我特别认真努力地讲解、演示，非常希望幼儿园的老师和弟弟妹妹们能学会这个知识，万一有小朋友发生了噎食，他们就能用我们宣传的方法救助小朋友，也特别希望弟弟妹妹们认识到噎食的危害，杜绝坏习惯。

演示完成，看着老师们对我们频频点头，看着弟弟妹妹们认真求知的眼睛，我更加明白了公益的意义所在，我要在公益的道路上继续前行！

学生行动日记精选（二）

2019 年 3 月 22 日　星期五　晴

一（12）中队　王乐滋

今天下午，我们“救援噎食，挽救生命”项目组成员走进金宝街北社

区进行宣讲活动。

这次参加活动的是来自社区的爷爷奶奶们。活动正式开始之前，我们小队员们向在场的爷爷奶奶们提出了问题：“噎食了该怎么办?”这时候大家的回答可谓五花八门，有的说噎食了应该马上拍后背；有的说应该赶紧喝水冲下去；还有一位可爱的爷爷说：“被什么东西噎着了应该马上闻闻那个东西的味道，这样堵塞物就会‘自动’排出。”他的回答逗得大家哈哈大笑。听了这些回答后，我们小队员们都意识到大家对噎食急救并不了解，更认识到让爷爷奶奶们学习噎食急救的意义。

在活动中，我们告诉爷爷奶奶什么情况下容易发生噎食，以在平时的生活中多注意这些情况，尽量避免噎食的发生。然后我们又表演了精心排练的噎食急救小话剧，演示了噎食发生之后不应该做的事情和应该做的事情，希望可以真正帮助到爷爷奶奶们。我们的表演获得了现场爷爷奶奶们的掌声和一致好评，我觉得很开心，也很有意义。

学生行动日记精选（三）

2019 年 3 月 21 日　星期四　晴

一（12）中队　薛淇丽

今天我们“救援噎食，挽救生命”项目组前往华夏银行，这次要给银行的叔叔阿姨们讲关于噎食的急救知识。活动开始前，我们先对参与活动的叔叔阿姨们进行了现场问卷调查。从调查的结果可以看出，大家对噎食急救的相关知识了解不深，甚至一些叔叔对噎食急救完全没有了解，也从来没有关心过这个问题。随后，我们项目组演唱了噎食救援小儿歌，表演了自制小话剧。在柳云馨的妈妈的带领下，我们还给大家讲解了关于噎食的救援方法。因为这次的听众都是年轻的叔叔阿姨，我们还将宣讲活动的内容进行了补充，向大家讲解了如何自救及如何给孕妇、肥胖人群进行急救等相关知识，并进行了现场演示。

在活动最后，叔叔阿姨们还分享了自己的心得体会。有位叔叔说自己家的宝宝很小，在家就是一边吃东西一边玩，怎么说都不听，今天听了我们的宣传，觉得噎食是件非常危险的事情，回家要赶紧讲给宝宝听。看到叔叔认真的样子，我心里觉得很自豪，我知道我们的“救援噎食，挽救生命”服务学习项目又帮助了很多人。

四、学生反思工具——从回望中汲取前行的力量

学生反思精选（一）

<table>
<tr><td colspan="2">姓名：柳云馨　时间：2019 年 3 月 22 日
提案名称：救援噎食，挽救生命</td></tr>
<tr><td>发生了什么
今天是我们第一次走进社区给爷爷奶奶们宣传。在宣讲过程中，爷爷奶奶们兴致高涨，互动频频，其间提出了很多问题和想法</td><td>有何感受
原来在宣讲过程中，并不是我们一味地去给别人讲知识，还要答疑解惑，解决听讲者的问题。这需要我们对所讲授的内容理解深刻而且准确。这不仅是我们作为“小老师”应有的责任，更是因为噎食救援是性命攸关的大事</td></tr>
<tr><td>有哪些主意
面对不同的人群，应该有不同的讲课方式。比如，社区里的爷爷奶奶年龄大，我们应该语速慢一点、声音洪亮一些，吐字要清晰。如果遇到解释不清的问题，要及时请专业医护老师进行讲解、补充，不能传播错误、模糊或欠妥的知识</td><td>有哪些问题
我们宣讲的经验还很少，而且由于年龄比较小，缺乏权威，可能表达得也不够清晰。同时，对于宣讲知识了解的深度不够，应对较难或较复杂问题的能力不够，需要知识的积累和学习能力的不断提升</td></tr>
<tr><td colspan="2">教师评语
小小年纪已经对宣讲人这个身份有了自己的认识和担当，能正视自己的不足和能力的欠缺，懂得寻求帮助以及具有提升自我的想法和信心，老师觉得你非常棒！相信你以后会是一个越来越优秀的宣传小使者</td></tr>
</table>

学生反思精选（二）

姓名：徐铭泽　时间：2019 年 3 月 15 日

提案名称：救援噎食，挽救生命

发生了什么	有何感受
今天我们去幼儿园给弟弟妹妹们宣传噎食急救知识。当给弟弟妹妹们发放道具娃娃，向他们讲解如何给小婴儿进行噎食急救时，一个小朋友因为害怕道具娃娃拒绝接收，我很着急就一直往他手里塞，最后他害怕得大哭了起来	一开始他不接收娃娃我很着急，以前从来没有碰到过这种情况。因为我的任务是发放道具娃娃，如果他不收，我就完不成任务。后来，他大哭了起来我也有点害怕，怕被老师批评
有哪些主意	**有哪些问题**
我意识到以后如果还有小朋友害怕道具娃娃，就不能硬往人家手里塞，可以先让他观看救援过程，不用亲手操作，这也是一种学习方式，或者等他看完演示后，再递给他道具娃娃，可能他就愿意接收了	我们要尊重每个人的感受。面对同一样东西，可能我们不觉得害怕，但也许别人会觉得害怕。所以在活动中一定要尊重并理解每个人的想法

教师评语

老师觉得你说得特别好：要尊重每个人的感受。有的时候，我们可以适当引导，比方说这个小朋友，你可以多鼓励他，告诉他娃娃并不可怕，如果他听从了你的建议并接收了娃娃，说明他克服了自己内心的恐惧。有的时候人们并不一定立刻接受别人的建议，这个时候我们就要多给别人一份理解与包容，只有这样，将来别人才会理解并尊重你，这都是相互的

五、家长感悟——在公益服务中和孩子一起成长

家长感悟精选（一）

在孩子心中种下一颗公益的种子

柳云馨家长

我相信孩子的教育问题始终牵系着每一位家长的心！在这个飞速变迁的时代，我们到底要培养什么样的孩子？为人母后我始终相信一点，每个孩子都是一张白纸，我们把他们放进什么颜色的环境，他们就将被染成什么样的颜色，而这五彩斑斓的颜色实则包含了品行、能力、道德、健康……每个家长都有自己的育儿经，每个孩子都有自己的性格特点，不能一概而论。我希望我的孩子是快乐的、健康的、善良的，将来可以成为一个有智慧、有修养、有担当的人。史家小学服务学习项目的开展，就是让孩子们在公益活动服务学习中，学会爱，传递爱。俗话说“不以善小而不为”，服务学习项目就是让孩子们相信，再小的帮助，再小的善意，汇聚在一起也可以凝聚成一股强大的正能量。

孩子们的服务学习项目是“救援噎食，挽救生命”，这是一个关乎生命的课题。柳云馨作为项目发起人，在整个服务学习期间，她的努力、坚持、成长，无一不给我们带来惊喜和感动。从最开始的项目申请、答辩，经过层层筛选，最终被选中，她体会到经过自己的努力得到别人认可的兴奋；从核心小组的成立，到大家一起商讨、做计划，准备宣传资料，她体会到一件事情从想法到做起来并不容易，要有大家的团结协作；在 10 场活动宣讲过程中，柳云馨一次不落，越来越熟练，越来越自信，这也让她体会到传递爱、帮助他人能带给自己心灵上的丰实和愉悦……

孩子的教育从来都不是一蹴而就的，一生风景尤好，要让孩子慢些走，先学会热爱生活，爱周围的人、爱自己！我希望给她一个多维度的视野，让她用自己的眼睛去观察万物，用自己的身体去感受世界。“救援噎食，挽救生命”服务学习项目在孩子心中种下一颗公益的种子，让她自己去感悟、去体会，待它慢慢茁壮成长，最终开出绚烂的公益之花，将大爱传递下去！

家长感悟精选（二）

凝聚爱，传递爱

徐铭泽家长

时光飞逝，转眼间徐铭泽参加的服务学习项目“救援噎食，挽救生命”已经顺利结项。特别庆幸徐铭泽能成为“救援噎食，挽救生命”服务学习项目组核心成员之一。回想几个月来的公益之旅，看到孩子们的惊人变化，不禁感慨良多。

依稀记得项目刚刚开展时，徐铭泽对噎食、“海姆立克”急救法只有一个很模糊的概念，更别说怎么向别人介绍宣传了。可是随着活动的不断推进，项目组成员们在班主任李老师的鼓励下编排急救小儿歌、小话剧，柳云馨的妈妈通过自己的专业知识为孩子们演示、教学急救动作和要领。等到他们真正第一次走出学校，向幼儿园的弟弟妹妹们讲解噎食知识时，竟然有模有样地完成了宣讲任务。随着一场又一场宣讲的进行，孩子们对于噎食和急救的知识掌握得越来越熟练，已经完全能够在短时间内用自己的语言向大家宣传并展示急救方法，这就是孩子们学习掌握并传播知识的过程。

作为家长，我还有一个明显的感受：通过这个项目，孩子们的自信心和责任感明显得到了提高，团队精神和互助合作意识也有所加强。特别是最后在学校的旗前展示和在高年级部的结项展演中，孩子们声音洪亮、信心满满、合作默契，将这几个月的宣讲成果完美地展现出来。特别感谢李老师对孩子们的付出，没有老师一次次地带领孩子们排练，他们的进步不会这么显著；同时，也感谢柳云馨同学发起了这么有意义的项目。

在这个过程中，我也学习了很多，“和孩子一起成长”对于我和孩子来说不再是一句空话。在史家小学的教育中，我真切地感受到了共同成长的快乐与幸福。我也和孩子约定，在以后的日子里继续向身边的人传播噎食救援知识，凝聚爱，也把爱传递出去。

六、帮扶对象——公益服务社会，爱心连接你我

帮扶对象感言精选（一）

北京市第五幼儿园附属实验园吴老师：“‘救援噎食，挽救生命’项目特别好，活动结束后很多参加活动的老师都表示应该给没能参与的老师也讲一讲，这样的讲座太有意义了。医务室的大夫也说，这样的活动真的特别好，关乎孩子的生命，而且噎食事件在幼儿园很常见，非常有必要给所有老师们都普及一下。大班的孩子参加完活动后，马上就去给中班、小班的小朋友宣传，说吃饭的时候不能说话、不能笑。下午孩子们离园时，我们还给接孩子的家长播放了活动宣传小片，家长们也纷纷反馈这样的活动特别有意义。项目组的孩子们在活动中很活泼、兴奋、投入，呈现的教育效果非常好！柳云馨小朋友在活动中的表现尤其好，大方、专业，特别棒！看到孩子的成长我们也特别高兴，谢谢项目组带给我们这么好、这么有意义的活动！”

帮扶对象感言精选（二）

华夏银行北京分行工会负责人：“史家小学‘救援噎食，挽救生命’项目组来到我们朝内支行为员工带来了宣传活动。孩子们表现得特别好，给我们表演了噎食小话剧，朗诵了噎食救援的儿歌，发放了传单和小纪念品。听说这可是他们第一次面向成年人宣传，但是孩子们一点都不紧张，看起来都训练有素，每个孩子都很棒。孩子们还教我们如何用‘海姆立克’急救法进行噎食救援，他们讲解得很细致、很生动。关于急救知识，我们平时也了解一些，但是专门拿出时间来深入了解并实际操作‘海姆立克’急救法还是第一次。大家在欢声笑语中学到了实用的急救知识，这种方式很好，员工们很开心也都有所收获，谢谢孩子们的公益活动。”

帮扶对象感言精选（三）

金宝街北社区负责人：“非常高兴‘救援噎食，挽救生命’公益项目组来到我们社区。我觉得这是一个特别有意义的活动，因为我们社区老年人居多，对于噎食救援大家以前还真没在意过，这次听完讲座觉得特别有收获，老年人和孩子确实是发生噎食的高风险人群，而他们又是我们社区的主要人口组成部分，大家很有必要了解、学习这样的急救知识。特别感谢孩子们，他们表演得有声有色！孩子们和老人们互动，还让他们亲身体验。孩子们的讲课形式多样有趣，知识讲得专业详尽。希望以后还能有机会参加这样的活动！”

帮扶对象感言精选（四）

东便门社区居民王奶奶：“特别喜欢这些活泼的孩子们，他们太可爱了，噎食急救小话剧演得栩栩如生，小儿歌背得朗朗上口，还发给我一个小娃娃，认真教我怎么急救。小小年纪就做公益，长大一定错不了，孩子们的公益活动简直成了我们小区的一道亮丽的风景线。噎食这个事以前我真是没当回事，听完讲解觉得挺后怕的，之前我的小孙子就被噎到过，只是没这么严重。这个急救方法确实应该让大家都学会，孩子的生命可不能当儿戏。谢谢这群小朋友们，奶奶给你们竖个大拇指！”

七、成果展示——公益，我们一直在路上

“救援噎食，挽救生命”服务学习项目累计举办10场活动，得到幼儿园师生、银行专业人士、社区居民、大学生、景点游客们的肯定与好评。项目组创建了“救援噎食，挽救生命”微信公众号，定期发布项目进展情况的原创文章；自编噎食急救儿歌，拍摄“公益之路，我们同行”宣传片，更为广泛地宣传推广噎食急救知识。项目受到了中央电视台《朝闻天下》栏目“六一”儿童节专题独家报道，同时受到北京电视台新闻频道、腾讯新闻、凤凰新闻、网易新闻等多家新闻媒体的关注与报道。因表现突出，项目最终获得了由中国扶贫基金会颁发的“益路同行·优秀公益创新团队”奖。

项目组自编儿歌

儿歌一

花生果冻要少吃，跑笑打闹要避免。
遇到噎食不要慌，急救要点要记牢。
站在患者身背后，双臂围绕在腰部。
一拳顶在脐上方，一拳握住往后压。
快速挤压三五次，直到异物吐出来。
救援噎食须及时，挽救生命靠大家！

儿歌二

宝宝背朝上，前臂平托住。

头低身体高，用力拍后背。

间隔约一秒，用力拍五下。

宝宝翻过身，手指按胸部。

宝宝得救了!!!

中央电视台《朝闻天下》栏目对项目进行独家报道

项目接受北京电视台新闻频道《都市晚高峰》栏目采访

凤凰新闻

立即打开

黄金救援4分钟 海姆立克记心中

宝宝小甜心

2019-05-07 23:13

关注

近年来，幼儿园小朋友、小学生发生噎食意外事件的新闻屡见不鲜。噎食一旦发生很危险，因为异物会堵塞气道，引起窒息，如果不能在“黄金四分钟”内取出异物，小朋友可能会因为窒息而死亡，性命攸关，发人深醒！！！

凤凰新闻对项目进行报道

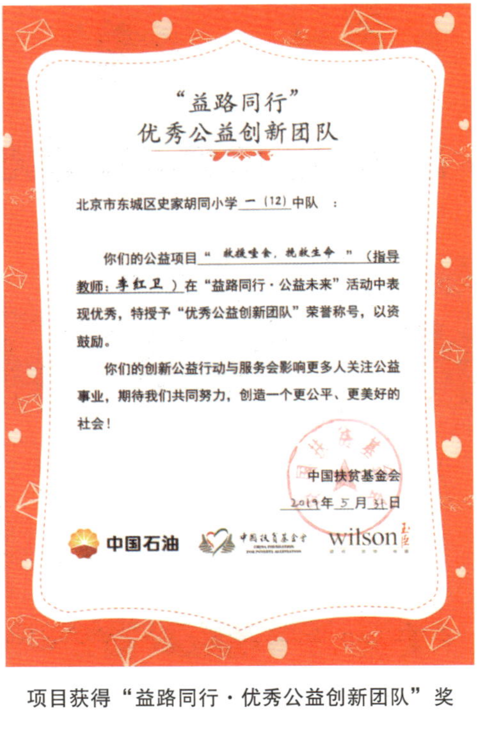

“益路同行”

优秀公益创新团队

北京市东城区史家胡同小学 一（12）中队 ：

你们的公益项目“ 救援噎食，拯救生命 ”（指导教师：李红卫 ）在“益路同行·公益未来”活动中表现优秀，特授予“优秀公益创新团队”荣誉称号，以资鼓励。

你们的创新公益行动与服务会影响更多人关注公益事业，期待我们共同努力，创造一个更公平、更美好的社会！

中国扶贫基金会

2019年5月31日

中国石油　中国扶贫基金会　wilson

项目获得“益路同行·优秀公益创新团队”奖

以爱传家，回家做饭

“以爱传家，回家做饭”服务学习项目由史家小学二（16）中队刘愿初同学发起，二（16）中队全体成员共同参与完成。项目指导教师为史家小学张牧梓老师。“以爱传家，回家做饭”服务学习项目自2018年11月初发起，至2019年6月底顺利完成。项目组通过校内外宣讲、烹饪培训、厨艺分享、美食故事分享、在线传家菜比赛等丰富的形式让更多的人提高对传统家文化的认知，向更多的家庭发出倡议：多回家做饭，多和家人一起吃饭。项目实施以来，项目组先后走进地安门德流光京城菜餐厅、新中国儿童用品商店、顺天府学东直门校区、十里堡盒马鲜生、盈科中心安利厨房、柳荫公园、史家胡同社区公园、史家胡同博物馆、卓美戏剧双井校区等地，累计举办10场活动，呼吁大家多和家人一起做饭，传承家庭手艺，在劳动中锻炼，在陪伴中体味亲情、享受亲情。项目受到社会各界广泛好评，《人民日报》、《北京日报》、搜狐网等新闻媒体对项目进行了报道。

一、指导教师推荐序

2018年10月，“服务学习”课程又一次拉开序幕。我们班同学积极响应，每人都上交了自己的提案。其中就有刘愿初同学发起的“以爱传家，回家做饭”公益项目。这个项目源于刘愿初同学发现的一个社会问题：身边的同学和朋友，家里要么不做饭，要么是老人或阿姨做饭，或者干脆点外卖，父母做饭的少之又少，同龄的伙伴会做饭的就更少了。因此，她希望通过“以爱传家，回家做饭”项目，号召父母回家和孩子一起做饭。每月至少一次，全家人踏踏实实聚在一起，做一顿家常饭菜。在这个过程中，传承家庭手艺，也让更多的同学学习做饭，参与劳动。

这个项目一下子触动了我。犹记我小时候，妈妈精心烹制的八宝豆腐是我的最爱，蒸得嫩嫩的鸡蛋羹成为我病中的一剂良药，可以让我胃口大开。一家人围坐在餐桌前，我向父母述说学校的见闻，温文尔雅的父亲含笑点头，不时插上一两句；疼爱我的母亲则是给我夹几箸菜，让我多吃少说。那情景成为我永远抹之不去的美好回忆。

俗话说“民以食为天”。1918 年，孙中山先生在《建国方略》中写道：“建设者首要在民生，故对全国人民之衣、食、住、行四大需要，政府当与人民协力，共谋农业之发展，以足民食……”这阐述了人民的物质生活主要是衣、食、住、行。做饭吃饭，除了维持生命体本身需求，满足口腹之欲，更应是家庭凝结的重要方式。一蔬一饭，一日三餐，看似普通循环的环节，传递的却是最纯粹的亲情。然而，生活像小溪潺潺流淌，生活的形式悄然发生着变化：随着智能手机的迅猛发展，越来越多的人成为平台点餐的常客，而回家做饭成为日常生活的点缀，偶一为之，一家人团坐在一起吃饭的机会变得少之又少。

“以爱传家，回家做饭”这个项目正是敏锐地捕捉到了这一问题，通过呼吁孩子和父母共同做饭将高质量的亲情陪伴、家庭文化的传承、劳动技能的习得巧妙地联系在一起，实现爱的分享与传递。最终，这份提案从全校三千多份提案中脱颖而出，成功上线，进入项目实施阶段，孩子们开启了自己的公益梦想之门。

是什么原因让“回家做饭，一起吃饭”成为现代家庭的一种奢望呢？项目核心团队决定发起调查。通过问卷调查他们发现，阻碍了父母回家做饭以及孩子学习做饭的主要原因有两个：一是父母忙于工作应酬，忽视了回家做饭的重要性；二是父母技能不足，不会做饭。于是，他们决定从自己做起，先进行一次“热身”。那天，孩子们带着各种餐具、食材，来到厨艺教室，初试身手。整个过程中，现场听到最多的话是：“老师，您看我这样切菜可以吗?”“妈妈，您别帮我，我可以做好。”虽说他们的手法笨拙，但他们积极的态度和一丝不苟的操作，让我们这些成人打消了代劳的心思，退居“二线”。不到一个小时，孩子们的作品一一呈现，虽说只是用蛋糕机烘焙了小蛋糕，用简单食材制作小拼盘，但在孩子们的细心构思下，图案精美的食物摆了一桌子。我和陪同的家长、志愿者们赞不绝口，孩子们也因初战告捷兴奋得涨红了小脸。此时我深切地感到，他们的兴奋除了因为听到赞赏，还有成功的自豪，更有我们的陪伴带给他们的满足，这是多少精美的礼物都无法替代的。随后的时间里，孩子们的动手能力不断得到提升，先后学会了做简单的家常菜：糖拌西红柿、凉拌黄瓜、煎荷包蛋……他们希望用亲身经历告诉大家：学习做饭并不像想象的那么难。

项目实施不久，孩子们在开学典礼上迎来了第一次推广展示自己项目的机会。至今，那震撼人心的场面仍让我记忆犹新。展示在戏谑中开始：孩子们互相调侃多久没吃过爸爸妈妈亲手做的饭了。有人说一个星期，有人说一个月，还有人压根儿没吃过，因为爸爸妈妈从不做饭。现场观众笑作一团，心里却五味杂陈。节目继续在深情讲述中启发观众思考：孩子们获得了爸爸妈妈拼尽全力的爱，却和大人一起深陷在时代和都市忙碌的漩涡之中。外卖的主流客户群体，除了写字楼里的年轻白领，大概就是又要忙工作又要带孩子奔走在各种课外班的中年父母了。时代把我们推到一个窘境：我们无暇做饭，孩子们难有机会细细品尝一顿家常饭菜，更别提和爸爸妈妈一起动手做饭了。

“好爸爸，好妈妈，同意吧，答应吧，全家一起做顿饭，传承手艺幸福长。”至此，场下掌声已经零落响起。但紧接着是：

“爸爸妈妈——回家做饭吧！”

“爸爸妈妈——回家做饭吧！”

“爸爸妈妈——回家做饭吧！”

孩子们真挚而高亢的三声呼唤响彻史家小学高年级部礼堂。

从那一天起，我们班的“以爱传家，回家做饭”公益项目一炮打响，同事见到我，会打趣地说一句：“张老师，回家做饭吧！”我则坚定地回应：“必须的。”接下来，孩子们利用双休日走出校园，来到多个公共场所开展宣传。在新中国妇女儿童用品商店，他们礼貌地请顾客驻足，宣讲项目内容，发放调查问卷。郭绮玥同学还创新地打着快板边说边展示，让外地游客直竖大拇指，连称：“北京的娃娃不简单！”在顺天府学的教室，孩子们面对高年级甚至初中学生介绍自家的传家菜，从选材到制作，介绍得有板有眼，听众听得津津有味。传家菜视频大比拼项目更是全班同学齐上阵，每人上传自己做饭的小视频，南甜北咸、东酸西辣，各种口味、各式菜品一应俱全。他们带动了身边的同龄人，一起努力传承着家的味道。短短几个月时间，孩子们的足迹遍及餐厅、商店、学校、公园、博物馆等地，在一场又一场的活动中，他们用实际行动向更多的家庭发出倡议：多回家做饭，多和家人一起吃饭！

爱是什么，它是人类最美的语言；家是什么，它是最小国，是每个人最安全守护的港湾。对于家，我们有本能的爱与守护，也会学习如何爱与守护，不断增大的生活压力不能成为不回家做饭的说辞。孩子们发起的“以爱传家，回家做饭”的公益项目，再直白不过地提醒着：爸爸妈妈，回家做饭吧！留点时间，找点空闲，陪伴孩子家人，做一顿家常饭，未必需要手艺高超，未必得是珍馐美味，但体现的是家的温暖，传递的是稳稳的幸福。孩子们的服务学习项目虽然已经收尾，但是他们心中的公益种子已生根发芽，假以时日，必会长成参天大树！

指导教师：张牧梓

二、创想梦工厂——种下一颗公益的种子

（一）创想动因

一天早上，项目发起人刘愿初的妈妈忘记买面包了，于是给她蒸了一个姥姥做的青团。这原本是她最爱吃的食物，清香碧绿的糯米外皮，包裹着甜滋滋的黑芝麻，可她却不忍吃掉。因为她偷偷看过冰箱，家里只剩下最后三个青团了，可是姥姥还要过好久才来北京。她多希望爸爸妈妈或者自己会做青团啊！她发现身边的同学和朋友面临的情况大致相同，家里要么不做饭，要么是老人或阿姨做饭，或者干脆点外卖，父母做饭的次数屈指可数，他们自己会做饭的就更少了。

于是，她和伙伴们针对 180 个家庭开展了问卷调查。通过调研，他们发现：在 7～11 岁孩子的家庭中，只有 34% 的家庭父母每日在家做饭，参与家庭做饭的孩子不足 10%。有 50% 以上的家庭拥有传家菜，但基本是老人在做，爸爸妈妈这一代人已无暇传承，小伙伴中会做饭的更是寥寥无几。阻碍父母回家做饭的主要原因有两个：一是忙于工作应酬，忽视了回家做饭的重要性；二是技能不足，不会做饭。

她和伙伴们希望发起“以爱传家，回家做饭”服务学习项目，通过校内外宣讲、烹饪培训、美食故事分享、厨艺分享、在线传家菜比赛等形式，号召父母回家和孩子一起做饭。每月至少一次，全家人踏踏实实聚在一起，做一顿家常饭菜，传承家庭手艺，在共同做饭的过程中获得亲情陪伴，习得生活技能，发扬中华民族爱家持家的传统，从而唤醒全社会对回家做饭的重视。

（二）团队介绍

发起人及总负责人	刘愿初	史家小学二（16）中队队员，热爱艺术，善于观察思考，充满创新精神，有很强的组织策划和沟通能力；热心公益，曾被授予区级“公益之星”。作为项目的发起人及总负责人，负责项目的整体推进与协调工作
团队伙伴	孙品卉	史家小学二（16）中队中队委，擅长绘画，有很强的策划、沟通、组织能力；富有爱心，乐于分享，三次获得“公益之星”荣誉称号。在项目中主要负责宣传工作
	吴昭可	史家小学二（16）中队副中队长，自信乐观，善于思考与表达，具有较强的组织协调能力和团队合作精神；热心公益，曾参加“支持乡村儿童”公益项目。在项目中主要负责外联工作
	张善睿	史家小学二（16）中队小队委，做事认真负责，自信乐观，细心且有耐心，善于和他人交流；热心公益，曾被评为“公益之星”。在项目中主要负责财务工作
	赵彦皓	史家小学二（16）中队小队委，做事认真负责，善于调动资源；有很强的组织协调能力；富有爱心，曾获得“公益之星”荣誉称号。在项目中主要负责组织工作
指导教师	张牧梓	史家小学二（16）中队班主任，担任多年班主任工作，教学经验丰富，热心公益，关注孩子各项能力的全面发展；曾获中国安全生产委员会中小学安全工作委员会“中国好老师”、东城区“优秀少先队辅导员”等荣誉称号。为项目的组织和实施提供专业的指导
专家团队	陈培毅	国家一级公共营养师，2009 年全国五星药师，2009 年全国优秀营养师，2013 年“健康北京”讲师团成员。为项目提供营养搭配指导

（三）实施过程

“以爱传家，回家做饭”项目自 2018 年 11 月初发起，至 2019 年 6 月底顺利完成，共分为前期筹备、项目推广、总结反思三个阶段。

第一阶段（2018 年 11 月 1 日至 2019 年 12 月 20 日）：前期筹备阶段。这一阶段，项目组核心成员策划、制作宣传视频，制作易拉宝、横幅、宣传页等宣传品；查阅资料，整理形成《儿童厨房安全守则》；采购线下活动所需要的物品；拟定宣传推广活动问答稿；注册并开通微信公众号，定期发布项目动态；招募家长志愿者和学生志愿者，为项目的顺利开展做好准备工作。同时，项目组在校内组织开展“拿起画笔”活动，倡导大家描绘自己心目中“以爱传家，回家做饭”的景象；并在校内开展“厨房初体验”活动，呼吁同学们和父母一起做饭。

第二阶段（2018 年 12 月 21 日至 2019 年 4 月 30 日）：项目推广阶段。在这一阶段，项目组先后走进地安门德流光京城菜餐厅、新中国儿童用品商店、顺天府学东直门校区、十里堡盒马鲜生超市、盈科中心安利厨

房、柳荫公园、史家胡同社区公园、史家胡同博物馆、卓美戏剧双井校区等地，通过活动宣讲、烹饪培训、厨艺分享、美食故事分享等方式，号召大家回家做饭，与家人一起吃饭。同时，项目组还在线上发起“味蕾的乡愁”征集活动，并开展“传家菜大比拼”线上征集、评选活动，更大范围地唤起人们对传统家文化的认知，呼吁大家发扬中华民族爱家持家的传统。

2018 年 12 月 30 日，项目组走进地安门德流光京城菜餐厅，学做传统美食。他们在地安门德流光京城菜餐厅开展厨艺培训，吸引了北京大学附属小学、北京市中芯国际学校、通州台湖小学、史家小学的 15 个家庭参与。爸爸妈妈和孩子们一起学习了传统京味美食艾窝窝、玫瑰饼和新爆三样的做法，在劳动和陪伴中实现爱的传递。

2019 年 1 月 5 日，项目组在线上发起“味蕾的乡愁”征集活动，面向公众征集家乡的美味家常菜以及背后的美食故事。

2019 年 3 月 10 日，开展“传家菜肴触味蕾，浓浓亲情暖人心”宣传活动。同学们精心准备了宣讲词，克服初次对外宣讲的羞怯，勇敢地向社会发声，呼吁大家回家做饭、陪伴家人。

2019 年 3 月 11 日，项目组走进顺天府学东直门校区，向高年级的大哥哥大姐姐们介绍“以爱传家，回家做饭”项目。项目组成员和志愿者分享了自己的做饭经历，呼吁大家学习做饭的技能，和爸爸妈妈一起做饭。

3 月 20 日至 4 月 30 日，项目组成功举办了在线“传家菜大比拼”活动。活动旨在通过评选“优秀传家菜”，激励父母和孩子传承家庭美食文化，使父母发挥榜样的力量，激励孩子们学习做饭，和家人一起做饭。

2019 年 3 月 23 日，项目组走进十里堡盒马鲜生超市，以“传承菜肴，传递亲情”为主题开展宣讲活动。孩子们发自内心的倡议和积极参与家庭劳动的热情受到了众多陌生人的肯定和赞许。

2019 年 4 月 8 日，项目组前往盈科中心安利厨房，开展“和爸爸妈妈学做饭，把爱的美食带回家”主题活动。他们在安利厨房体验馆成功组织了一场别开生面的烹饪培训活动。项目组面向社会招募了 8 个家庭参与活

动，在烹饪老师的指导下，孩子们和家长一起尝试制作红烧肉、炖汤、比萨等菜品，在家人的陪伴中感受做饭的乐趣以及劳动的意义。

2019 年 4 月 9 日，项目组前往柳荫公园，“大人小孩齐上阵，传家菜肴满院香”。经历了一系列校内校外宣讲之后，项目组继续深入推进，在柳荫公园组织了线下传家菜分享活动，分享各家菜品，交流烹饪经验。

2019 年 4 月 26 日，项目组分别前往史家胡同社区公园和史家胡同博物馆，开展宣讲活动。他们此行的目的不仅仅是呼吁更多的人回家做饭，还要鼓励更多的爸爸妈妈能够在快节奏的生活中适当放慢脚步，多多陪伴亲人。

2019 年 4 月 28 日，身着史家礼服的项目组成员走进卓美戏剧双井校区，向这里的家长和同龄人开展项目推广宣传活动，呼吁更多人回家做饭，

和家人一起吃饭，在陪伴中体味亲情、享受亲情。

第三阶段（2019 年 5 月 10 日至 6 月 20 日）：总结反思阶段。全体成员对项目进行梳理，总结经验、交流感受，整理项目过程中的图片和文字资料，并在学校“六一”活动中面向全校师生展示和汇报项目成果，呼吁广大师生学习做饭、回家做饭，关注传统家文化，共享亲情陪伴时光，领略爱的真谛。

三、学生行动日记——记录公益之花盛开全过程

学生行动日记精选（一）

2019 年 4 月 19 日　星期五　阴

二（16）中队　张善睿

我们的“传家菜大比拼”活动马上要开始了，作为项目组的核心成员，我当然要踊跃报名参加。

我家的传家菜是糖桂花拌莲藕。为了做好这道菜，最近几天我每天回家就赶快写作业，写完作业就去给妈妈打下手，看她是怎么做菜的。妈妈让我先从如何买莲藕开始学起。周五放学后，我和妈妈去超市，妈妈告诉我挑选莲藕的方法，我由此发现买菜原来有这么多的注意事项。看来真是天下无小事，件件有学问。

今天，我跟妈妈学习如何制作糖桂花拌莲藕这道菜。不动手不知道，比起买菜，做菜的难度更大。我按照妈妈教的方法，将买来的莲藕仔细地清洗削皮，认真地一点点地切藕片，再上锅焯藕片，焯好后再过凉水，最后再浇上一些糖桂花，这样糖桂花拌莲藕就做好了。别看说起来容易，但做起来并不简单，我一连试了好几次，最后才取得了成功。虽然前面几次有点问题，但我坚持自己动手，最终功夫不负有心人，我能独自完成这盘菜啦！

虽然我做的糖桂花拌莲藕味道没有妈妈做得好，但我自己吃起来却觉得美味无比。看来，靠自己劳动得来的东西就是不一样啊！这次传家菜大比拼活动让我开了眼界，又学习到了做饭技能，太有意义了。

学生行动日记精选（二）

2019 年 4 月 26 日　星期五　晴

二（16）中队　吴昭可

在 4 月这明媚的春光里，我和“以爱传家，回家做饭”项目组的小伙伴们一起来到史家胡同社区公园开展宣讲活动，希望通过自己的力量引导爸爸妈妈们在快节奏的生活中适当放慢脚步，多回家做做饭、陪陪亲人。

有了上次在新中国儿童用品商店的宣讲经历后，这次我一点儿也不紧张了。和小伙伴们一起布置好场地后，我便拿着宣传册勇敢而又自信地走向了人群。除了询问他们在家做饭的情况之外，我还热情地为他们讲解回家做饭的好处，比如培养孩子热爱劳动的品质、拉近亲子之间的距离以及传递家文化等。在我讲解的过程中，有一位年轻的阿姨说：“你们这个公益项目真不错，我们确实应该多回家做做饭了！”旁边的叔叔阿姨们也纷纷点头表示赞同。看到他们对我们的公益项目表示认可，一股暖流在我的心田不停地涌动着，因为我们在这里种下了公益和爱的种子。

虽然现在的我们可以很轻松地在外面吃到各种食物，但是再好吃的食物也比不上一家人在厨房里共同忙碌而制作出的食物，因为那里面有家的味道、有爱的味道。作为项目组的一员，今后我一定会更加努力，呼吁更多的人走进厨房为家人做饭，一起用心感受家的温暖。

四、学生反思工具——从回望中汲取前行的力量

学生反思精选（一）

姓名：刘愿初　时间：2019 年 4 月 9 日

提案名称：以爱传家，回家做饭

发生了什么	有何感受
今天，我们在柳荫公园进行传家菜分享活动。每个家庭都拿出了自家的看家本领，大展身手。我们小孩子也没闲着，帮着洗菜切菜，打下手。我还学会了剥蒜，调糊塌子面儿。现场的爸爸妈妈们互相切磋、讨教，分享菜谱和秘方，忙得不亦乐乎	和一大群人一起做饭，让我感到莫名的幸福。不仅仅是因为有很多好吃的，更是因为那种温馨热闹的氛围。温暖的阳光洒进院子里，欢声笑语此起彼伏，饭菜香气扑鼻。我希望有更多这样美好的时刻，让更多的家庭能够感受到这样的温暖
有哪些主意	**有哪些问题**
现场的厨具不够完备，没有打蛋器，所以我们用筷子打鸡蛋。好在之前妈妈就教过我，所以我又教了其他小朋友。时代在进步，厨具也在进步，打蛋有打蛋器，切菜有擦丝器，一些传统的方法反倒被人们忘记了。因此，我们应该学会因地制宜，普及更多的实用技能，并学会利用现有条件解决问题	有些家长也是初学做饭，一手拿着家里老人写的小纸条，一边试着做饭，把我们乐坏了。不过他们在我们眼里已经是最棒的爸爸妈妈了，因为他们和我们一起学习做饭。现场的孩子们主要是帮忙打下手，独立做菜的机会不多。希望爸爸妈妈们要对我们有信心，给我们提供更多的动手机会，我们一定能学会

教师评语

你成长了很多，不仅增强了沟通能力，还学会了解决问题。现场的厨具不够完备，正是我们开动脑筋的时候，正如你发现的那样，一些传统的方法有时可以替代专门的工具。老师为你点赞！希望你多做家庭的小帮手，继续加强生活技能的学习，并用你的热情感染身边更多的人

学生反思精选（二）

姓名：吴昭可　时间：2019 年 3 月 10 日

提案名称：以爱传家，回家做饭

发生了什么 今天，我们前往新中国儿童用品商店开展宣传活动。由于经验不足，项目组的小伙伴们都有些紧张，并且不知道应该如何与人们进行沟通，为此老师和家长们给我们做了一些简单的讲解，比如看到年轻的叔叔阿姨时可以问他们平时在家做饭的次数多不多，看到青少年可以问他们是否会做饭等。后来我们就照着老师和家长们的话进行询问和宣讲。然而，在现场看到一个只有四五岁的小朋友的时候，我们好几个人竟然毫不犹豫地问他会不会做饭。问完后，我们立刻感到了不妥	**有何感受** 虽然这只是一件很小的事情，但我觉得有些惭愧，并且意识到不论做什么事情，我们都要有自己的想法，绝对不能盲目地按照预定的计划和大人的指导来执行。任何一个项目在开展的过程中都会遇到各种各样的突发情况，我们要根据现场的具体情况，保持冷静、独立思考，学会举一反三，才能够把每一个环节都落实好
有哪些主意 在宣讲过程中，有一位老人表示对我们的项目十分感兴趣，尤其是“传家菜大比拼”活动，他很想参加，可是他不会使用手机参赛和制作视频，为此我们项目组决定今后采取多种参赛方式，也可以增设志愿者帮助老年人参赛，让更多的人能够参与到我们的活动当中	**有哪些问题** 要想做好一场宣讲活动，除了活动过程中的各个环节，宣讲前的准备工作也很重要。刚开始来到宣讲地点时，大家不知道该如何分工，后来在老师的指导下才共同将准备工作做好。由此可见，良好的组织协调能力对于一项活动的开展是非常重要的，在学习和生活中我们都要不断培养这方面的能力

教师评语

你是一个善于反思和发现自身不足的好孩子。在宣讲活动结束后你对自己的表现进行了反思，并意识到自己在宣讲过程中问了一些不恰当的问题，这种精神非常值得鼓励。同时，你还发现老年人不会使用手机进行参赛的问题，并针对性地提出了解决方案，从中可以看出你真是个细心又爱动脑筋的孩子。相信在大家的共同努力下，我们的项目活动会越办越好

五、家长感悟——在公益服务中和孩子一起成长

家长感悟精选（一）

相信公益的力量

刘愿初家长

“以爱传家，回家做饭”项目历时半年，其间经历了很多挫折、困难。项目在申报阶段时，曾有家长质疑：“现在的爸爸妈妈哪有时间做饭啊，项目点子是好，可是没法落地。”“就算爸爸妈妈回家做饭了，孩子能得到啥锻炼呢？跟孩子没关系啊。”坦白说，女儿刚开始向我提出她的公益创想时，我也产生过类似的质疑。但是，我们要感谢这些质疑和不同的声音，正是这些疑问，促成了我和孩子更深入的思考和对话：如何把想法变成行动？如何让孩子们真正参与其中？带着这些疑问，我们在一次又一次的讨论中，对项目方案进行着细化和优化。

在制订项目计划时，我们侧重于理论与实践相结合：一方面要让人们认可和接受“以爱传家，回家做饭”所倡导的生活理念；另一方面力所能及地为人们提供烹饪培训、组织聚餐，让人们在真实的氛围中体会做饭的乐趣和温情。最重要的是，项目组的 5 个孩子身体力行，首先学会了做饭。他们用事实证明：孩子们有能力学习做饭这一基本生活技能，并且在劳动过程中，孩子们收获了独立、尊重、付出、感恩等诸多珍贵品质。

女儿刘愿初的进步让我非常欣慰。印象特别深的是，一个周末，我醒来时屋里静悄悄的。“糟了，几点了？是不是睡过头了？”我赶紧起身。我推开女儿房间的门，瞬间就呆住了，然后眼睛不知不觉已经湿润。只见她安静地坐在书桌前看书，桌边放着一盘切好的水果。“妈妈，您再睡一会儿

吧。我自己泡了牛奶麦片，切了水果哦。”女儿长大了，懂事了，会体贴父母了，也会照顾自己了。

“以爱传家，回家做饭”的初衷是爱，推动项目进展的是爱，最终收获的也是爱。我们很庆幸，可以通过做饭这种朴素的行动表达爱、分享爱。随着项目推进，我们得到了越来越多人的支持。每次在班里征集志愿者，名额都会被一抢而空；朋友圈里越来越多的人晒自己在家做的美食。我们收到了来自各方面的反馈，大部分家长向我们传递的是感激和欣喜：感激这个项目，使全家人在一起的意识增强了，相处时间增多了，家里更有爱了；感激这次机会，重新梳理和传承了家庭传统，家里老人们会做的菜品不用担心失传了；欣喜孩子们居然真的开始学习做饭了，而且显然他们的能力在之前被低估了。

除了 10 场线下活动，我们还特意设置了一场在线传家菜比赛——上传孩子们在家制作传家菜品的视频。线上活动不受地理时空限制，且易于传播、能扩大影响力，而且我们希望通过这个比赛真正检验孩子们的参与程度和动手能力。事实证明，传家菜比赛成为我们项目的一大亮点，最终有 118 名选手参加，其中还有外省份和海外的小朋友，比赛吸引了 100 多万人次参与评选投票。通过视频上传这种方式，留下了很多珍贵的影像记录。让我们欣慰和骄傲的是，它也会成为这些参与家庭一份难忘的成长记忆。

一个好的公益项目，绝非单方面的思想灌输，它一定凝聚了众人的探讨、行动和贡献，并在此基础上不断完善。所谓公益，一定是公众受益、众人受益。始终把“公”字放在最前面，是我们的信念和力量的源泉。公益之路，道阻且长，让我们“益路同行”，让我们始终相信公益的力量！

家长感悟精选（二）

让公益之灯照亮自己，温暖他人

吴昭可家长

伴随着孩子们项目汇报展示的落幕，“以爱传家，回家做饭”这一公益项目取得了圆满成果。每每回想起这一项目开展以来的种种历程，我心中总会涌动着一股暖流，甚至好几次都流下了眼泪，既为这一项目的成功感到开怀，也为孩子的成长感到欣喜。

“妈妈，我真的能够把‘以爱传家，回家做饭’这一项目做好吗？”项目发起之初，孩子用那如同湖水一般清澈的双眸望向我，我知道她想在我这里寻求一个肯定的回答。我毫不犹豫地告诉她：“你当然可以！只要有公益的心，不管遇到什么困难，都不要害怕，努力前进！”孩子使劲地点了点头。我想，在那一刻，公益的种子已经在她的心中萌芽了。

在项目真正进行的过程中，孩子有过胆怯、畏惧，但我能感受到她在努力克服它们。最开始时她不敢走向人群，和陌生人说话时很羞涩和紧张。在张老师和家长们的鼓励下，她勇敢地向前迈出了一步。后来的她能够在人群中自信而从容地介绍项目，看着她那“小大人”的模样，我感到无比欣慰。

我曾问孩子做公益项目的意义是什么，她很自信地告诉我是帮助他人，并说一个人如果能够奉献自己的力量帮助他人，那他的生活一定是有意义的。我不曾想过这样的话语会从孩子的口中说出来，原来孩子的成长看似很慢，但总有那么一个瞬间足以令人泪目。

通过这一项目，孩子的独立思考能力、合作能力和责任心都有了很大的提升。非常感谢老师、同学们对孩子的帮助，愿她继续在公益活动中不断奉献和成长，并成为一个更加阳光开朗、积极向上的人。愿孩子们这盏公益之灯照亮自己，温暖他人。我将继续守护她成长的路途。

家长感悟精选（三）

烹调快乐时光　品味成长快乐

孙品卉家长

从 2018 年 11 月“以爱传家，回家做饭”公益提案通过评审后，我陪同女儿参加了项目组的所有活动，切身感觉到这个公益项目真的是既接地气又有传承，让孩子和家长都收获满满。

首先，该项目让女儿感受到了动手的乐趣。从 2018 年 12 月的第一场校外活动开始，女儿的劳动技能就得到了大幅度提升。还记得在德流光京城菜餐厅，餐厅的任楠阿姨耐心细致地教孩子学做京城点心艾窝窝和玫瑰酥，孩子们非常用心，最后每个人都学会了这两种点心的做法。女儿后来又在家里自己做了两次，还把这个技艺教给了表哥。通过参与这个项目，女儿现在已经会做好几道家常菜了。每次做完菜，她都会发自内心地对我说：“妈妈，我太开心了！”

其次，该项目让女儿感受到了集体的快乐。从项目立项到教室里的“热身”，从开学典礼上的展示、德流光的操练再到王府井和顺天府学的推广……在每一场活动中，孩子们都表现出了高昂的精气神儿，团结一心、相互协作，打心眼里流露出开心和快乐，深深地打动并感染了我们这些家长。

再次，该项目增进了家人间的感情。品卉的爸爸是一名企业家，整天忙于事业并且经常出差，平时父女之间的交流很少。在这个项目进行过程中，爸爸有两次全程陪伴，孩子显得特别高兴，父女之间的感情由此增进不少。在项目开展过程中，我们也看到很多像我们一样的家庭，因为这个项目，父母抽出了更多的时间给予孩子高质量的陪伴。这对孩子们来说是最珍贵的。

最后，该项目让女儿对责任有了初步认识。许多孩子从小到大都是饭来张口、衣来伸手，不仅生活能力差，也缺乏相应的责任心。经过项目的历练，我发现品卉对家务劳动有了一种自觉，会主动做一些力所能及的家务了。从家庭责任到社会责任，我想，这正是责任心的萌发和表现。

实践证明，孩子们通过参与这个公益项目，学到了很多课本里没有的生活技能，也充分地感受到了帮助他人、服务他人的快乐。我为孩子们感到高兴，也希望这样的公益项目持续下去，让更多的人一起参与烹调快乐时光！

六、帮扶对象——公益服务社会，爱心连接你我

帮扶对象感言精选（一）

新中国儿童用品商店顾客：“‘以爱传家，回家做饭’项目的宣讲内容带给我十分深刻的感触。平时，我的工作相对来说比较忙，家里基本上都是老人做饭，每天晚上回到家时饭菜已经准备好，只等开饭了，很长一段时间我们都习惯了这种生活方式。记得有一次孩子开玩笑地说：‘爸爸，我都忘了你做的饭是什么味道了！’当时一家人都笑了，我虽然嘴里说着等爸爸有空了就给你做，但并没有真正把孩子的这句话放在心上，现在想起来真的非常惭愧。今后我一定会多抽出时间给孩子做做饭、带着孩子一起做饭，我想那样的时光一定会特别温馨；同时也希望在这一公益项目的引导下，有更多的家长能够回到厨房为家人做顿饭。这不仅能够拉近亲子关系，还能够培养孩子热爱劳动的品质，传承家文化！”

帮扶对象感言精选（二）

社区居民马昊远："非常幸运地在3月初参加了'以爱传家，回家做饭'项目的宣讲活动，得到了意外的收获和醒悟。当张善睿小朋友拿着宣传单向我走来时，我的本能是羞愧的。孩子的一句'叔叔，您最近给孩子做饭了吗'勾起了我的思绪。这些年，天南海北地飞，生活中除了忙还是忙，家里两个孩子的生活起居都是爱人照顾，什么时候给孩子做过饭，什么时候陪孩子出去玩，已经记不起来了。孩子的一句话，让我忽然间惊觉，事业和金钱都可以从头再来，但缺席了孩子的成长，就再没有弥补的机会。回家做饭，从现在开始！谢谢这群小朋友们，叔叔给你们竖个大拇指！"

帮扶对象感言精选（三）

卓美戏剧双井校区老师 Bruce："非常感谢刘愿初小朋友和她的同学们发起的'以爱传家，回家做饭'公益项目。这是个非常具有现实意义的项目，让我们反思在追求自身事业发展和孩子学业进步的同时，该怎样重温家庭传统。作为一家艺术类培训机构，我们了解家长们望子成龙的心情，也见过太多在校区内捧着外卖盒饭凑合的家长和孩子。但是从长远而言，我们并不认可这样高负荷和快节奏的生活方式。这个项目非常有意义！在宣讲过程中，孩子们自信大方地和家长们沟通，家长们耐心地倾听，并且很受触动。孩子们还展示了自己做饭的视频，让人印象深刻。家长们都表示这个项目提出的问题在生活中普遍存在，只是不知如何改变。孩子们太了不起了！因为他们不仅发现了问题，还提出了问题的解决方案，并且付诸行动、为之努力。"

七、成果展示——公益，我们一直在路上

“以爱传家，回家做饭”服务学习项目自开展以来，累计举办 10 场活动，得到社会各界的肯定与好评。项目还通过互联网开展“传家菜大比拼”线上征集、评选活动，吸引 118 名选手参赛，100 多万人次参与评选投票，取得了较大的社会影响力。项目组还创建了“以爱传家，回家做饭”微信公众号，定期发布项目进展情况的原创文章，呼吁大家学习做饭、回家做饭，在劳动和陪伴中实现爱的传递，让更多的人从中获得传统家文化的认知。《人民日报》、《北京日报》、搜狐网等新闻媒体对项目进行了报道。因表现突出，项目最终获得了由中国扶贫基金会颁发的“益路同行·优秀公益创新团队”奖。

13 社会

北京菜篮子，越升级越稳当

回家做饭，做的是陪伴

《人民日报》对项目进行报道

七日谈

以最好状态迎接大事喜事的来临

解决维权问题不能“按闹分配”

《北京日报》对项目进行报道

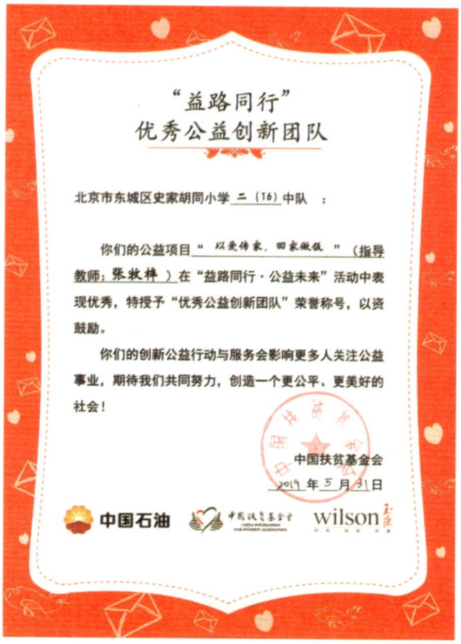

“益路同行”
优秀公益创新团队

北京市东城区史家胡同小学 二（16）中队 ：

你们的公益项目“ 以爱传家，回家做饭 ”（指导教师：张牧桦 ）在“益路同行 · 公益未来”活动中表现优秀，特授予“优秀公益创新团队”荣誉称号，以资鼓励。

你们的创新公益行动与服务会影响更多人关注公益事业，期待我们共同努力，创造一个更公平、更美好的社会！

中国扶贫基金会
2019 年 5 月 31 日

项目获得“益路同行 · 优秀公益创新团队”奖

一页书共享图书馆

“一页书共享图书馆”服务学习项目由史家小学二（17）中队张逸凡同学发起，二（17）中队全体成员共同参与完成。项目指导教师为史家小学徐虹老师。“一页书共享图书馆”服务学习项目自2018年12月初发起，至2019年6月底顺利完成。项目组以“荐页书以享千册、留片段以成精髓”为项目宗旨和口号，利用线上与线下相结合的途径，以主题宣讲、情景剧、视频播放、交换图书、现场互动交流等方式开展宣传推广。项目线上共录制400多个书籍推广视频，包括名著、绘本等各类书籍，阅读次数达4.8万余次，累计获得19666次转发和评论，在学生家庭中产生了较大的反响。在线下活动开展中，项目组先后走进复兴路28号社区、通州福利院、金北街北社区、大方家回民幼儿园、北京电视台、言几又今日阅读三里屯店、言几又方寸王府中环店、德威英国国际学校、东四九条小学、北京广播电台、妙峰山等地，累计举办11场活动，得到学生、社区居民、书店读者、游客等人群的广泛好评。“一页书共享图书馆”服务学习项目还得到了中国青年网、北京电视台《小童大艺》栏目、北京青年广播等新闻媒体的关注。

一、指导教师推荐序

厚积薄发，“一页书”的厚重和前行

如果要用一句话来概括“一页书共享图书馆”项目的意义和过程，我

觉得“有容乃大，厚积薄发”最合适不过了。孩子们用自己辛勤的汗水一点一滴地浇灌和培养着“一页书共享图书馆”创想的幼苗，用勇气和自信践行着自己的诺言和责任，用巨大的热情书写着“服务学习，家国情怀”的新篇章，作为项目指导老师，我深感欣慰和自豪。

实际上，“一页书共享图书馆”早在2017年就已开始酝酿并运作。项目虽然并未入选学校2017～2018学年“益路同行”服务学习项目，但孩子们仍在中队的组织下自主启动。2018年2月开始至2018年6月顺利完成第一期。利用网络共享和传播力量，第一期累计完成“一页书”推荐76本。我们欣喜地看到，这个数字持续地增长着：截至2019年底“一页书共享图书馆”共录制收集400余本“一页书”，上线了200多本。家长志愿者们纷纷在微信朋友圈转发，很多学生家长都对孩子们的创意和做法表示欣赏。据后台统计访问人次过万，点击阅读次数近4万，而且仍处于快速增长中，取得了广泛的好评和良好的社会影响。

“一页书共享图书馆”从开始策划到实施，经历了一年半有余，孩子们深度参与其中。我作为指导老师也一直在思考一个问题，就是“一页书共享图书馆”到底是什么？它仅仅是线上图书馆，还是普惠性的数字共享图书馆？它仅仅是一个阅读平台，还是孩子们人生的大舞台？我思索良久，如果给“一页书共享图书馆”一个真正的定位，我觉得它就是一座孩子们心中的知识宝库，这座宝库每个孩子原先深藏于自己心中，现在要拿出来，传递、分享，长知识、促成长，共同塑造未来，共同托起明天的希望。

“一页书共享图书馆”累计在微信公众号推送超过400本书籍。每当我翻看孩子们的“一页书”，看着孩子们对每本书的精炼总结以及对其中最喜欢的“一页书”的生动描述，听着他们用清脆悦耳的声音娓娓道来精彩的“一页书”，看着他们那“小大人”般栩栩如生的表演，我的心都被融化了，这哪里还是那“一页书”、一本书，这完全是孩子们的一颗心——一颗求知之心，一颗甘愿分享和传递爱服务同学、造福他人的公益之心。

阅读分享，学生成长的大舞台

在新一期的“一页书共享图书馆”服务学习项目中，我们把重点放在了线下推广上，向更多人宣传“一页书”的意义和价值。在线下宣传推广的过程中，发生了很多让我感动的事情。当我们的项目成功上线后，随之而来的问题也出现在孩子们面前，线下活动去哪些地方推广？以什么形式推广？项目组核心成员们一有时间就“碰个头”，大家纷纷献计献策，向老师、家长、附近社区寻找资源。孩子们还提出每场线下活动都制定不同的主题，根据宣传地点、受众人群等设置不同的主题。从后续每次活动的效果来看，孩子们的创想都得到了大家的肯定和赞扬。

随着项目的推进，“一页书共享图书馆”服务学习项目走访了多所小学，其中我印象最深刻的就是东四九条小学和德威英国国际学校。东四九条小学平时组织很多读书的活动，但更多是“请进来”的读书活动，学生大多是被动接受的角色。而这次，听说我们的“一页书共享图书馆”是要他们自己录制图书推荐视频放到线上共享图书馆永久保存，并在“一页书”阅读平台上进行对外展示播放，孩子们极为踊跃，纷纷在活动现场开始了对最喜欢的书籍精彩片段的讲解，能看出来孩子们渴望有这样一个自我展示的平台，渴望有这样一个传递知识和分享知识的平台，也渴望能共同建造这一座属于孩子们自己的图书馆。

德威英国国际学校当天的活动进行了两场，分别为三年级和四年级两个年级的所有同学进行“一页书共享图书馆”服务学习项目的宣讲。德威英国国际学校近一半的学生是阅读英文的学生（只能理解很少部分中文），现场通过项目组的表演展示和同学们的英文翻译，帮助他们更好地理解“一页书共享图书馆”的内容。这些学生也表现出极大的热情，他们被中国的传统文化和中国文学的深厚积淀深深吸引。

在一次次的线下活动推广中，孩子们的表现也让我欣慰不已。刘禹彤同学带病完成了线下活动推广的小主持工作。因为怕她的身体情况不能出席活动，我跟她的家长沟通是否安排替补成员，但孩子妈妈的答复是："我们也劝她以身体为重，以后有机会再参与，但她坚持要参加。她说她一定要完成她的主持工作，把最精彩的'一页书'推荐给大家。"听到这里，我的眼眶湿润了。这就是孩子的爱和责任，她要传递爱，把传递爱自觉地当成她的责任。

"一页书共享图书馆"既是一座阅读平台，也是一座人生的大舞台。"腹有诗书气自华"，良好的阅读改变的不仅仅是知识和见识，更会潜移默化地改变孩子们的学习习惯和学习素养。经过"一页书"线上平台的建设，以及线下活动实施过程中各种阅读活动的历练，我们班学生的整体阅读能力都有提高，部分学生的改变很明显，甚至有的学生的学习成绩也有所提高。很多家长反映孩子们回家就读书，有些孩子从此爱上了阅读。我想，发自内心的爱才是形成良好习惯最好的老师。人生这个大舞台，处处锻炼着孩子们的意志和品质，也锻炼着孩子们的自信和自强。在"一页书"这个舞台上，孩子们有了展现自己的平台，得到了"秀"自己的机会，孩子们在演、讲、读等多方面都得到了充分的锻炼，同时也更加懂得了分享，"一页书"成为连接孩子们彼此心灵和友谊的纽带。

社会传播，展现"一页书"独特魅力

"一页书"阅读平台作为一个完全由孩子们自主发起、参与建设、传播分享的阅读平台，从搭建初就充满了儿童属性，孩子们用自己的语言、用自己喜欢的讲解方式介绍书中最精彩的一页，更符合小学生的年龄特点和阅读需求。同时，平台充分考虑到小受众的不同需求和视角，广泛地进行书籍征集，分栏目、分类别地构建"一页书共享图书馆"。这让这个阅读平台有着自己独特的亮点，这也是“一页书”阅读平台深受孩子们喜爱的重要原因。

酒香不怕巷子深，我们在如火如荼地开展“一页书共享图书馆”线上与线下活动时也惊喜地发现，我们的项目受到了多家媒体的关注、宣传，孩子们也受邀走进北京电视台《小童大艺》节目展示“一页书”的魅力。“世界阅读日”当天，北京人民广播电台《青年说》栏目邀请孩子们到电台进行“一页书共享图书馆”的专题直播，当天直播参与听众约 14 万人，近 2000 人参与视频直播互动。孩子们接受主持人采访时，落落大方，自信表达，带动了大众阅读，传递了爱与希望。截至 2019 年 5 月 26 日，节目回放达 60012 人次。中国青年网、北京卫视公众号等媒体也进行了广泛宣传，让更多的人了解了“一页书”，让更多的孩子爱上了阅读。

“为中华之崛起而读书”，多读书、爱读书、读好书、会读书，既是学生们的学习目标，也是学生们肩负的历史使命。拥有一颗服务学习之心，才能拥有更为广阔的家国情怀。这既是“一页书”的初心，也是“一页书”带给孩子们最大的收获！

指导教师：徐　虹

二、创想梦工厂——种下一颗公益的种子

（一）创想动因

史家小学二（17）中队的张逸凡同学非常喜欢读书，经常和父母一起阅读。但是有一次在国家图书馆借阅图书时，他遇到了一个小麻烦：图书馆的书实在太多了，又没有对此的重点介绍，他花了很长时间才选出两本自己感兴趣的书。经过调查，张逸凡了解到，目前很多小学生普遍存在阅

读量偏低、阅读效果不佳的问题，有很多小伙伴不知道该读什么书，甚至不知道该怎么读书。这些小伙伴的爸爸妈妈们也缺乏指导经验，对于如何给孩子推荐适合阅读的图书束手无策。

于是，他萌生了创建“一页书共享图书馆”的想法，通过小学生自己录制小视频的方式将每本书中最精彩的一页讲述出来，再加上对整本书的简单介绍，让选择者根据介绍快速地选出自己喜欢的书籍。张逸凡和小伙伴们还计划走进幼儿园、小学、社区、书店等地宣讲“一页书共享图书馆”，让线上图书馆资源与线下活动相结合，让“一页书共享图书馆”成为一座富有长久生命力的知识宝库。他们希望通过线上持续不断的更新和线下的阅读分享，让更多的小学生喜欢阅读、热爱阅读。

（二）团队介绍

发起人及总负责人	张逸凡	史家小学二（17）中队成员，副中队长，活泼开朗，善于思考，富有爱心，有很强的表达能力和组织能力。作为项目的发起人及总负责人，负责项目的整体推进与协调
团队伙伴	耿梦萱	史家小学二（17）中队成员，中队长，思维清晰，有很强的组织协调能力。在项目中主要负责组织工作
	吴宗璞	史家小学二（17）中队成员，性格开朗热情，善于沟通，有良好的表达能力。在项目中主要负责外联工作
	张梓彤	史家小学二（17）中队成员，吃苦耐劳，细心严谨，有较强的团队精神。在项目中主要负责财务工作
	李子沫	史家小学二（17）中队成员，热心公益事业，善于策划。在项目中主要负责宣传工作
指导教师	徐　虹	史家小学二（17）中队班主任，关心、爱护学生，富有责任心和爱心，从教经验丰富，所带班级多次获奖，是学生和家长都非常尊敬和喜爱的班主任老师，为项目的组织和实施提供专业的指导
专家顾问	陈永刚	资深软件技术专家，曾在多家跨国公司负责技术研发工作，为项目线上平台的建设、运作提供全面专业的技术支持

（三）实施过程

“一页书共享图书馆”项目自2018年12月初发起，至2019年6月底圆满结束，共分为前期准备、项目推广、总结反思三个阶段。

第一阶段（2018年12月1日至2019年1月15日）：准备阶段。项目组核心成员集体讨论并设计宣传手册、横幅、书签等宣传资料，录制“一页书共享图书馆”宣传视频，选定各主题宣讲适用的5～10本书籍。全体中队成员熟悉“一页书共享图书馆”的宣讲内容和宣传流程，确保全体成员能够在线下活动中自如地进行项目宣传。项目组与北京市通州儿童福利院、东四九条小学等单位提前沟通，确定线下推广计划。

第二阶段（2019年1月16日至5月20日）：项目推广阶段，分为线上和线下两个部分。

线上宣传推广：每周增加 3 ~ 5 本“一页书”精品推荐，另外设置主题推送“一页书”，例如科普主题、童话主题等，通过线上链接、分享、转发等方式宣传“一页书共享图书馆”。同时，逐步完善借书分享功能，实现线上流畅借书、分享，让更多人关注并加入“一页书”录制计划。

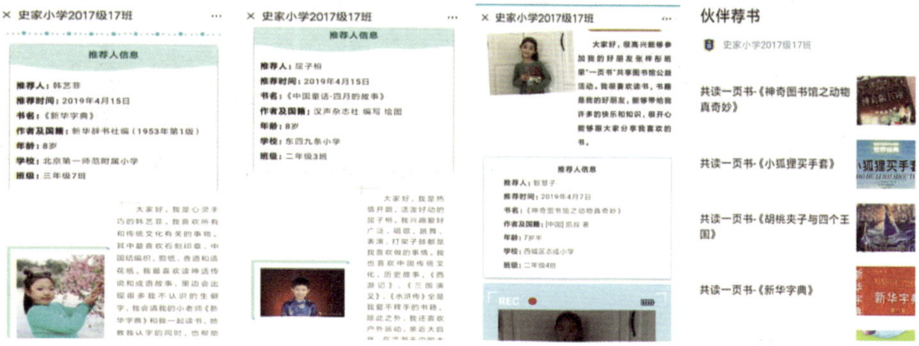

线下宣传推广：全体中队成员先后走进复兴路 28 号社区、通州福利院、金北街北社区、大方家回民幼儿园、北京电视台、言几又今日阅读三里屯店、言几又方寸王府中环店、德威英国国际学校、东四九条小学、北京广播电台、妙峰山等地开展“一页书共享图书馆”活动宣传。

2019 年 1 月 19 日，项目组成员走进复兴路 28 号社区，以“爱上阅读，爱上古诗词”为主题，邀请来自人大附小、育英学校、首师大附小、培英小学的学生参加活动，向他们推荐“一页书共享图书馆”，并由这些学生向自己的同学推荐“一页书”活动，使更多的同龄人了解“一页书共享图书馆”项目，帮助更多的人爱上阅读。

2019 年 1 月 26 日，项目组成员走进通州福利院，以“我的祖国”和“我有一个家”为主题，用幽默诙谐的“三句半”《有这样一个图书馆》、情景剧《书山有路》《有你更精彩》、互动感极强的小游戏“词语接龙”“飞花令”等多种方式进行项目宣传推广，为福利院儿童带去阅读的乐趣。

2019 年 2 月 18 日，项目组成员走进金北街北社区，分享了以“中国传统习俗”为主题的优秀“一页书”，并通过传统节日元宵节情景剧表演“节

日猜猜猜”“我画你来说”等互动小游戏增加了活动的趣味性，调动了参与者的热情，收到了很好的推广效果。

2019 年 3 月 19 日，项目组走进大方家回民幼儿园。他们以“我们的民族”为主题，推广“一页书共享图书馆”，开展阅读分享活动，并精心准备了关于少数民族的情景剧、傣族舞蹈，通过合唱、互动游戏、手工制作体验等方式，让每个孩子亲身体验“我们的民族”这一主题。通过阅读学习，了解更多的民族文化知识。

2019年3月30日，项目组成员走进北京电视台，参加“小童大艺”栏目录制。他们围绕“项目宣传”和“一页书展示”两个主题，将“三句半”、情景剧、诗朗诵有机融为一体，进行“一页书共享图书馆”项目的舞台节目表演。

2019年3月31日，项目组走进言几又今日阅读三里屯店。他们以“小小的我勇敢面对大大的世界”为主题，开展阅读分享及项目推广活动。现场播放了项目的公益宣传片，项目组成员向在场人员宣讲“荐页书以享千册，留片段以成精髓”的动因、创意，以及帮助很多同龄人爱上读书的实际成效。他们选取“我不怕”系列丛书中自己喜欢的一页进行宣讲，同时邀请在场小朋友认真推荐自己喜欢的“一页书”，通过阅读分享实现互动交流。

2019年4月13日，项目组走进言几又方寸王府中环店。他们以“品读经典，做文化传承的小使者”为主题，开展阅读分享及项目推广活动。8位项目组成员现场分别宣讲四大名著中自己喜欢的一页，同时向店内读者介

绍项目，并邀请他们关注“一页书共享图书馆”项目，倡导大家一起来读书。项目组成员还走上街头向陌生人宣传介绍“一页书共享图书馆”项目，扩大影响力。

2019 年 4 月 18 日，项目组走进德威英国国际学校。他们以“北京小吃”为主题，分别与德威英国国际学校三年级和四年级的共 200 余名同学开展了“一页书共享图书馆”项目宣传与交流活动。通过项目介绍、情景剧《窝窝头的故事》《寻味北京》“一页书”展示、互动游戏等宣传中国传统文化，增进国际学校学生对中国传统文化的了解。

2019 年 4 月 22 日，项目组走进东四九条小学。他们以共建“一页书共享图书馆”为主题，进行校际阅读交流活动，通过情景小快板《一页书连接你我他》表演、“一页书”联播、互动竞答等形式，进行项目宣传推广。

2019年4月23日，项目组成员走进北京广播电台《青年说》栏目，通过FM98.2、AM92.7和新浪进行直播宣传推广。三位成员分别展示了自己喜欢的“一页书”，通过节目宣传推广“一页书共享图书馆”项目，共有11万人在线观看、收听了直播节目。

2019年5月4日，项目组成员利用五一假期走进妙峰山，开展“一页书·读书情”活动。通过发放传单、“一对一”宣讲、互动宣传、邀请关注“一页书共享图书馆”微信公众号等方式进行宣传推广，引导更多的人喜爱阅读，养成良好的阅读习惯。

第三阶段（2019年5月10日至6月20日）：总结反思阶段。项目组展开内部总结反思，形成项目成果集，在校内进行宣传分享。同时，对线上平台进行扩展和运维，增加和改善功能，提升“一页书共享图书馆”的用户体验，增加“一页书”图书容量，吸纳更多的学生加入，持续扩大影响力。

三、学生行动日记——记录公益之花盛开全过程

学生行动日记精选（一）

2019 年 1 月 25 日　星期六　晴

二（17）中队　吴宗璞

上学期，张逸凡同学发起了“一页书共享图书馆”公益项目，从那时开始，我们每周都会推荐一本自己喜爱的书录成视频，我非常喜欢把自己最喜欢的书推荐给大家。这学期，我们“一页书共享图书馆”项目组又策划了线下活动，这次的线下活动是去通州福利院宣传。因为活动那天正好是放假的第一天，我主动报名参加了这次的线下活动。去之前我很好奇福利院到底是什么样子的，不知道那里的同学是怎么生活、学习的。

今天上午，我们项目组核心成员终于来到了通州福利院宣传我们的“一页书共享图书馆”，这是我第一次走进福利院。一层的大厅干净整洁，我们乘坐电梯来到二层的小礼堂，放下东西后赶紧布置会场，在楼道张贴宣传画报，放置好易拉宝展架。不一会儿，小礼堂里面已经坐满了人，有

年龄跟我们差不多大的人，有比我们大的人，也有比我们小的小朋友。

一开场，我们项目组成员用快板表演的方式，介绍了“一页书共享图书馆”项目，在场的同学们都听得聚精会神。接下来，我们又玩起了互动环节小游戏——成语接龙，这可激发了大家的兴趣，台下的同学们都积极举手抢答，全场的气氛一下子活跃了起来，大家都乐此不疲。游戏结束的时候，大家还有点意犹未尽。我们很快又进行下一个环节：彼此认识、交流。我和一个比我大一些的男孩交流了一会，聊我们彼此喜欢的游戏、喜欢看的动画片、喜欢看的书……我们聊得非常高兴，还约定以后要经常联系。活动结束时，我们把准备好的书籍分享给福利院的每个同学，也把“一页书共享图书馆”活动小礼品——精美书签送给他们，希望他们也推荐一些自己喜爱的书籍。

一上午的时间很快就过去了。这是我第一次参加线下活动，当时在台上还有点紧张，但看到同学们在台上都很熟练、自信，慢慢地，我也放松了心情，语调也变得自然了许多。我很喜欢参加线下的活动，这让我锻炼了自己的表达能力，也增加了与陌生人沟通的勇气，希望下次有机会还可以继续参加！

学生行动日记精选（二）

2019 年 3 月 25 日　星期一　晴

二（17）中队　耿梦萱

今天是“一页书共享图书馆”公益项目第四次线下活动。值得一提的是，这次对接的线下活动地点是我曾经上学的幼儿园——大方家回民幼儿园春松分园。妈妈说我们的幼儿园是少数民族特色的幼儿园，所以我们项目组就把这次的活动主题定为“我们的民族”。在活动前期我们项目组成员做了大量的准备工作。我们和老师、家长们一起沟通情景剧应该演什么，别看我们年龄小，我们的好点子可多呢！最后我们想出了一个特别有意思的方案，就是用三个民族节日引出节日主题“一页书”情景剧。

除了情景剧以外，我们和幼儿园的弟弟妹妹们分别代表自己所在的学校、幼儿园精心准备了与“一页书”有关的少数民族歌舞。我们组的四位小女生表演的是傣族舞蹈《彩云之南》，这个舞蹈用到的基本动作很多，我们表演时负责旁白的同学同时介绍关于傣族节日的“一页书”，幼儿园的弟弟妹妹们都聚精会神地听着。

其实这些民族歌舞和“一页书共享图书馆”公益项目都是有紧密关系的，“一页书共享图书馆”有个专门的系列就是同学们分集介绍我国的少数民族、各个民族的特点及代表歌舞等。在“一页书共享图书馆”的线上与线下宣传活动中，我们帮助了很多同龄人选好书、读好书。希望把“一页书共享图书馆”公益项目继续推广给更多的人，让大家都爱上读书，加入公益的行列中来！

学生行动日记精选（三）

2019 年 4 月 8 日　星期日　晴

二（17）中队　张梓彤

最近我读了四大名著之一的《红楼梦》，我特别喜欢关于大观园的那部分内容，正好“一页书共享图书馆”项目这次线下推广活动的主题是“品读经典，做文化传承的小使者”，我赶紧报名参加这次活动，希望能在现场推荐《红楼梦》，分享我喜欢的“一页书”。

以前爸爸妈妈带我去过很多次大观园，我经常在园子里跑来跑去，那时我没有读过《红楼梦》，对里面的建筑、景物也不太感兴趣。我读完《红楼梦》后，就特别想再去一趟大观园，去看看我很喜欢的“元春省亲”中描述的荣国府和大观园景色，于是爸爸带我又去了一趟大观园。我带着书，边走边对照书里的描述，我发现自己对大观园有了更深的了解，也更加喜欢《红楼梦》这本书了。

这次分享，除了向小伙伴介绍我喜欢的“一页书”，我还分享了如何结合实地观察读懂“一页书”背后的经验。我觉得我们的“一页书共享图书馆”项目非常棒，不仅让我们在推广活动中对图书产生了浓厚的兴趣，而且还可以跟小伙伴们分享，这样会有越来越多的人加入分享的队伍中。相信我们在推荐自己喜欢的图书时，肯定有很多人由这“一页书”而想看“一本书”，从而开始阅读，并爱上阅读。

四、学生反思工具——从回望中汲取前行的力量

学生反思精选（一）

<table>
<tr><td colspan="2">姓名：吴宗璞　时间：2019 年 3 月 25 日
提案名称：一页书共享图书馆</td></tr>
<tr><td>发生了什么
我们项目组前往德威英国国际学校进行“一页书共享图书馆”宣传推广，因为德威英国国际学校的学生绝大多数是外国人，听不懂太多中文，所以我们想在活动中用英文进行简单的介绍。刚开始我有点儿担心，怕自己说不好。但是妈妈和老师一直鼓励我。每天我写完作业就拿着英文稿练习，读了一遍又一遍</td><td>有何感受
正式推广宣传的时候，我脱稿为德威英国国际学校的同学们进行英文讲解，当时我一点也没感到紧张。徐老师还夸我的英文比中文说得好，我心里偷偷地乐开了花</td></tr>
<tr><td>有哪些主意
德威英国国际学校的老师说我们的活动特别好，很多外国小朋友也想参加“一页书共享图书馆”活动，为大家推荐他们喜欢的书籍，但是他们的中文不是特别好。我想能不能跟他们建立手拉手友谊班，我们教他们中文，他们教我们英文，这样交流起来就会有更好的效果</td><td>有哪些问题
“一页书共享图书馆”可以在公众号上试着推荐几本用英文录制的“一页书”，让更多的外国小朋友了解“一页书共享图书馆”活动，并加入伙伴荐书活动中来</td></tr>
<tr><td colspan="2">教师评语
首先老师为你勇于面对困难鼓掌，我相信通过这次尝试，你拥有了更多的勇气和自信。只有具备自信和勇气，所有的问题才可能迎刃而解。感谢你用英文让外国小朋友了解我们的公益项目，也期待你们项目组能尽快录制英文“一页书”视频，吸引更多外国小朋友加入，加油</td></tr>
</table>

学生反思精选（二）

<table>
<tr><td colspan="2">姓名：李子沫　时间：2019 年 5 月 5 日
提案名称：一页书共享图书馆</td></tr>
<tr><td>发生了什么
第十一次线下宣传活动时，妙峰山的工作人员说，由于现场条件所限，无法安装播放视频的设备，因此不能进行“一页书共享图书馆”现场活动的视频宣传</td><td>有何感受
之前线下活动都有精彩的“一页书共享图书馆”视频宣传资料，这次如果也播放宣传片，游客们会更加直观地了解“一页书共享图书馆”公益项目</td></tr>
<tr><td>有哪些主意
通过和家长商量，我们决定采取手机视频播放的方式对参与者进行一对一的宣传，并发放统一印刷的“一页书共享图书馆”宣传手册。通过这些措施，我们的活动也达到了预期的效果</td><td>有哪些问题
妈妈说虽然现在科技都很发达了，但是为了保护文物，有些地方不允许安装视频播放设备。我想我们能不能准备一种便携式的设备，可以投影在简易屏幕上，或者把宣传片通过手机蓝牙发送给小朋友的爸爸妈妈，这样他们就可以随时观看了</td></tr>
<tr><td colspan="2">教师评语
遇到困难不可怕，只要你肯动脑筋想办法。老师觉得你的办法也很不错，既能达到预期效果，又很环保。老师为你点赞</td></tr>
</table>

五、家长感悟——在公益服务中和孩子一起成长

家长感悟精选（一）

成长与收获

刘子晗家长

自从刘子晗升入二年级，他所在的二（17）中队继续开展一年级时策

划的“一页书共享图书馆”公益项目。孩子非常喜爱这个项目，假期里也会在读书后主动录制视频，让家长帮忙上传到班级的公众号上。而且经过半年多的练习和摸索，孩子在选书、总结信息、分享心得和表达方面都有了很大提高，不到一年的时间，就为“一页书共享图书馆”录制了近10本书的推荐视频。

今年孩子们又有了新目标，就是要进行线下“一页书共享图书馆”公益项目宣传，让更多的小朋友参与进来，也让更多的小朋友从这个公益项目中有所收益。“一页书共享图书馆”的口号就是“荐页书以享千册，留片段以成精髓”，这个理念会激励孩子们更多地分享、更好地积累。

为了更好地宣传项目，孩子们主动编排了“三句半”、情景剧等小节目，为项目采买宣传资料、为同学购买出行保险，还让爸爸妈妈们帮忙联系演出地点等。这些体验都是家庭教育中缺少的，但是在参与这个项目的过程中孩子们都有了很真切的体验和感受。这个过程让孩子们体会到做一件事情需要考虑很多问题和风险，让他们有了更全面的思考和实践。所有参与到项目中的孩子们在项目设计和解决问题的能力方面都有了很大的提高。

特别是走进通州社会福利院的项目宣传活动，孩子们虽然年龄小，但面对满场高年级的哥哥姐姐和家长们，表现出从容淡定、临危不乱的良好心理素质，出色地完成了表演和宣传任务。孩子们的表现也受到了福利院老师和到场家长们的称赞，特别是“一页书共享图书馆”这个项目的理念，更是深受家长和小朋友们的认同。

非常感谢“益路同行”给了孩子们这样一个机会和平台，让孩子们思想上的闪念落地为“一页书共享图书馆”这个公益项目。孩子们将在这个项目的推进中用自己小小的力量去影响更多的伙伴，也收获更多的成长！

家长感悟精选（二）

懂得分享，感受成长

王佳奕家长

这个学期二（17）中队持续开展“一页书共享图书馆”公益项目，每个孩子都分享自己喜欢的书，并且还要简单介绍自己为什么喜欢这本书。自从活动开展以来，看到每个孩子分享的书籍，涉及自然、地理、文学等各个方面，让我不禁感叹，现在的孩子获取知识的途径真的很多，并且效率更高。

参与活动之后，慢慢感受到这个活动的意义：每个孩子都有机会去了解别人分享的书，感受书中的内容，从而增长自己的见识、丰富自己的知识；每个孩子在看别人分享的书籍的过程中，也会慢慢找到自己新的兴趣点，还可以发现很多自己感兴趣的书籍并主动进行阅读。

在参与活动的过程中，选择什么样的书与大家分享，经常是我和孩子争论的焦点。选择分享的过程，也让我们对读过的书有了更深入的理解。在整个活动中，我们发现孩子明显地对读书有了更多的兴趣与热爱，分享阅读也增加了孩子的责任感和成就感。而透过讲述喜欢一本书的原因，让我感受到孩子对一本书的理解与大人理解角度的不同，我想这才是教育的意义。

希望“一页书共享图书馆”公益项目可以持续下去。分享也是一种督促，感受到分享的快乐之后，孩子得到了莫大的鼓励，从而也促使他继续主动阅读更多的书，再分享给其他孩子。希望其他孩子也能够感受到一本书所带来的满足感。

六、帮扶对象——公益服务社会，爱心连接你我

帮扶对象感言精选（一）

通州社会福利院老师：“2019年1月26日，史家小学二（17）中队的十几位小朋友一大早就来到我们通州福利院，也带来了‘一页书共享图书馆’公益项目。我作为福利院的老师，对这个公益项目非常好奇，也想看看二年级的小朋友会用什么形式进行公益活动的宣传推广。平时空旷的多功能会议室由于有了孩子们和家长们的到来，显得热闹非凡。史家小学的孩子们身穿漂亮得体的校服，一个个精神饱满地在进行着活动前的准备工作。活动开始后，孩子们表演了他们精心准备的节目，有‘三句半’、情景剧、互动游戏等，这些节目都深入浅出地说明了‘一页书共享图书馆’的缘起、意义、形式以及参与办法。现场的同学们被这些小朋友们的表演深深吸引了，他们非常积极地参与进来，所有的人都兴高采烈地在一起讲典故，玩成语接龙、古诗飞花令等。整场活动下来，我也被史家小学孩子们的热情深深感染了，他们对读书有最本能的渴望，对社会和生活有最原始的洞察，一颗颗小小的心灵希望通过自己的努力去影响身边的人们，去认识世界、改变世界。我相信活动现场的同学和家长们都会不虚此行，都会通过这个活动对阅读产生更大的热情。作为一名从事教育工作的老师，我从这些孩子身上也学到了很多东西，他们让我看到了教育领域更多的可能性，给了我很大的启发。从孩子的角度出发、用孩子的眼光看世界、用孩子的思维去思考，是我们教育工作者最基本的素养和最终极的追求！”

帮扶对象感言精选（二）

李予舟学生家长（民族文学研究人员）：“吴柏江和我的孩子李予舟是

曾经的邻居和发小，上小学以后他们虽然分开了，但仍然保持联系。去年，吴柏江向李予舟介绍了‘一页书共享图书馆’项目，请大家为项目攒花、观看他的‘一页书’推荐视频。吴柏江的妈妈也给我们老邻居们推荐了这个公益项目，欢迎大家关注并推广项目。自项目上线以后，我一直关注这个项目。作为小学生家长，同时也作为民族文化的研究者、传播者，我有几点体会：首先，项目立意高。当前，参与公益、推广公益，已经为世界人民所共识。让孩子们从小树立公益意识，发自内心地为他人、为世界作出力所能及的贡献，将会帮助孩子们更和谐地与世界共处。‘一页书共享图书馆’项目将读书与公益相结合，立意非常高远。其次，项目形式新颖，线上与线下相互结合。线上推广图文并茂，很好地运用了公众号、媒体宣传等。除了线上推广以外，我还关注到同学们去社区、去福利院宣传，宣传范围和力度都很大。最后，项目精品多。我认真浏览了公众号推送的精品作品，我感到孩子们推荐的作品都是经过精挑细选的，阅读涉猎范围也很广。不得不说，现在的孩子们起点高、眼界开阔。非常感谢史家小学二（17）中队同学们给我们带来这么好的活动。我也期待更多的孩子参与到这个项目，爱上阅读，受益无穷。”

帮扶对象感言精选（三）

大方家回民幼儿园齐玥的妈妈：“首先，非常感谢史家小学二（17）中队同学们给我们带来这么好的活动。听到这些孩子推荐‘一页书’时，他们还会谈到自己的想法，孩子们的介入点和他们从‘一页书’上领悟到的是这个年龄的孩子对世界美好的认知，让作为成年人的我都意识到他们的阅读世界是如此美好，永远充满着阳光。通过同学们的互动推荐，我了解到原来分享阅读的方式有很多种，看书的形式也不局限于每次到图书馆。我特别期待我们幼儿园大班的孩子在自己的班级分享这个活动，给老师和同学们推荐他们所喜欢的‘一页书’。‘一页书共享图书馆’项目不仅发挥了公益项目的优秀示范作用，同时也为幼儿园孩子们的交流提供了一个平台，起到了推动全民阅读的作用。该项目将更多更好的阅读形式和参与方式带给幼儿园的孩子们，真正意义上实现了帮扶的概念。”

七、成果展示——公益，我们一直在路上

“一页书共享图书馆”服务学习项目以“荐页书以享千册，留片段以成精髓”为宗旨和口号，通过线上与线下相结合的方式进行宣传推广。累计举办 11 场活动，有效地帮助了一批青少年培养阅读习惯，建立阅读兴趣。项目先后吸引了近万人次参与，在社会中产生了较大的反响，得到了广泛好评。项目还得到中国青年网、北京电视台《小童大艺》栏目、北京青年广播等新闻媒体的关注。经过评比，项目最终获得了中国扶贫基金会颁发的“益路同行·优秀公益创新团队”奖。

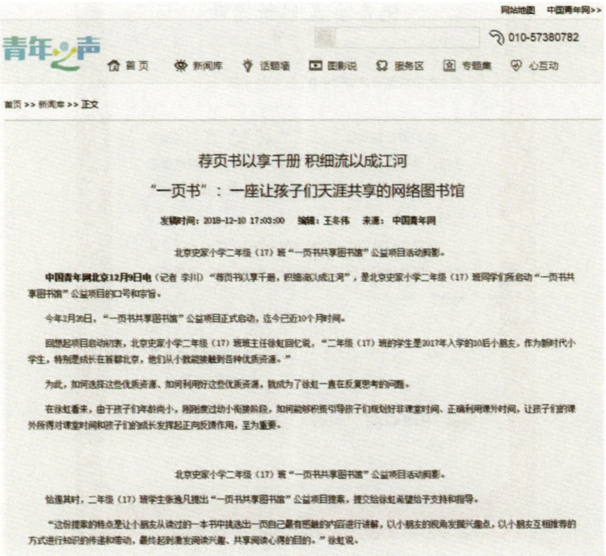

网站地图　中国青年网>>

青年之声　010-57380782

首页　新闻库　话题谱　图影说　服务区　专题集　心互动

首页 >> 新闻库 >> 正文

荐页书以享千册 积细流以成江河

“一页书”：一座让孩子们天涯共享的网络图书馆

发稿时间：2018-12-10 17:03:00　编辑：王冬伟　来源：中国青年网

北京史家小学二年级（17）班“一页书共享图书馆”公益项目活动剪影。

中国青年网北京12月9日电（记者 李川）“荐页书以享千册，积细流以成江河”，是北京史家小学二年级（17）班同学们所启动“一页书共享图书馆”公益项目的口号和宗旨。

今年2月26日，“一页书共享图书馆”公益项目正式启动，迄今已近10个月时间。

回想起项目启动初衷，北京史家小学二年级（17）班班主任徐虹回忆说，“二年级（17）班的学生是2017年入学的10后小朋友，作为新时代小学生，特别是成长在首都北京，他们从小就能接触到各种优质资源。”

为此，如何选择这些优质资源、如何利用好这些优质资源，就成为了徐虹一直在反复思考的问题。

在徐虹看来，由于孩子们年龄尚小，刚刚度过幼小衔接阶段，如何能够积极引导孩子们规划好非课堂时间、正确利用课外时间，让孩子们的课外所得对课堂时间和孩子们的成长发挥起正向反馈作用，至为重要。

北京史家小学二年级（17）班“一页书共享图书馆”公益项目活动剪影。

恰逢其时，二年级（17）班学生张逸凡提出“一页书共享图书馆”公益项目提案，提交给徐虹希望给予支持和指导。

“这份提案的特点是让小朋友从读过的一本书中挑选出一页自己最有感触的内容进行讲解，以小朋友的视角发掘兴趣点，以小朋友互相推荐的方式进行知识的传递和带动，最终起到激发阅读兴趣、共享阅读心得的目的。”徐虹说。

中国青年网对项目进行报道

北京电视台《小童大艺》节目对项目进行报道

北京青年广播对项目进行报道

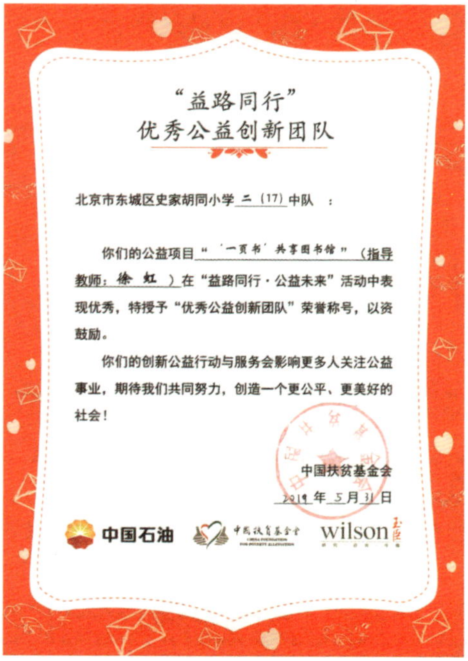

“益路同行”
优秀公益创新团队

北京市东城区史家胡同小学 二（17） 中队 ：

你们的公益项目“‘一页书’共享图书馆”（指导教师：徐虹）在“益路同行·公益未来”活动中表现优秀，特授予“优秀公益创新团队”荣誉称号，以资鼓励。

你们的创新公益行动与服务会影响更多人关注公益事业，期待我们共同努力，创造一个更公平、更美好的社会！

中国扶贫基金会
2019 年 5 月 31 日

中国石油　中国扶贫基金会　wilson

项目获得“益路同行·优秀公益创新团队”奖

三代童年看变迁

“三代童年看变迁”服务学习项目由史家小学三（1）中队马千寻同学发起，三（1）中队全体成员共同参与完成。项目指导教师为史家小学贾维琳老师。项目自2018年12月初发起，至2019年6月底顺利完成。项目组收集了“1950～1960年”“1970～1990年”“2000～2010年”三个时间段具有代表性的童年物件，通过富有年代感和艺术感的展览，唤醒童年记忆，促进三代人相互了解，并以童眼看时代变迁，展示社会进步和国家发展的成就。项目组先后走进国家博物馆、中国妇女儿童博物馆、旧物仓、老A农场、南锣鼓巷、非遗博物馆、奥林匹克森林公园等地开展了10余场活动，共收集200件不同年代的童年物件，并在罗马嘉园社区、史家胡同博物馆、朝阳大悦城举办了三场公益展览，吸引近万人观展。同时，项目组的公益行动还得到河北、山西、黑龙江、广西等多个省份10余所学校学生的积极响应。项目也得到了人民网、新华网、凤凰网、《北京日报》、北京卫视等近50家新闻媒体的报道，影响人群达百万人次。

一、指导教师推荐序

三（1）中队一直是一个热心公益的集体。学校自开展“服务学习”课程以来，在两年的时间内，三（1）中队成功入选了三个公益项目，从2018年度的“家书守护行动”“濒危盒子”项目，再到2019年的“三代童年看变迁”项目，孩子们的公益梦想一次又一次被点亮。经过层层筛选，“三代童年看变迁”项目顺利从全校3000多个项目中脱颖而出，成功入选，这让孩子们的梦想再一次有了实现的机会。

梦想是丰满的，可现实是骨感的，“三代童年看变迁”项目的启航并不是一帆风顺的。当孩子们第一次用略显稚嫩的声音对项目进行介绍的时候，情况并不十分理想。“这么小的孩子，要发起一个围绕改革开放40年，关心祖国的变化和发展的公益项目，到底要怎样去做?”我想，当时孩子们心中对于在这个项目中究竟能做些什么，实际上是很困惑的。实话说，当时我的心里也是挺没底的。虽然这不是我第一次带领学生参与服务学习项目，但是之前的公益项目选题相对较小，实操起来难度较低。可这次的项目不管从时间跨度上还是难度上，都有不小的挑战。幸好有校领导的鼓励与支持，在与项目团队成员及家长多次沟通后，我们逐渐制订出了切实可行的项目计划书，让项目能够顺利开展。

随着“三代童年看变迁”项目的正式启动，孩子们也开始了他们的行动。想要顺利地开展活动，事前的准备工作必须要充分，而孩子们首先遇到的困难便是对于父辈、祖辈的童年了解太少。因为时间紧，任务重，所以孩子们必须两手抓。一方面，他们前往国家博物馆、中国妇女儿童博物馆和旧物仓等地参观、调研，近距离地看到祖辈和父辈们童年时的样子——他们用过的家具、写字的书本、迷恋的玩具等。这让他们在逐渐了解祖辈和父辈童年的同时，也初步体会着时代的发展和生活的巨变。另一方面，他们通过纸质和电子问卷，分工收集不同年代人群的资料，关注不同时代人们的童年记忆。

完成前期调研工作之后，孩子们便全身心投入到公益项目展的设计和布置中。他们不仅通过网络媒介向外界征集40年来家里留存的老物件，而且还联系旧物仓寻求支持，并在专家的指导下逐渐梳理出展品展现思路、展品类别，对适展物品清单进行扩展和调整，研究出重点展品、典型展品。除此之外，孩子们还向美术老师寻求帮助，希望能够借助美术课这个平台，让更多同学们参与到活动中。这个想法得到了刘楝老师的大力支持，在她的帮助下，300 多名学生拿起画笔绘制不同年代的童年印记，这也为后期的展览提供了素材。

当然，在活动顺利且忙碌的推进过程中，孩子们也没忘对项目进行宣传。除了利用公众号进行网上推介，孩子们还去公园、胡同等地进行实地宣讲。在同伴的相互带动下，在家长的鼓励下，孩子们逐渐克服了胆怯、尴尬，勇敢地和路人进行沟通。大家的关注和支持给予了他们莫大的能量。

酷日当头的 5 月，孩子们也没有停止推广的脚步。其中最令人难忘的是在朝阳大悦城举办的为期 14 天、观展人数达万人的“三代童年记忆物件展”。虽然孩子们年龄尚小，在搭建展览方面还没有经验和行动能力，但是他们并没有因此置身事外，而是充分发挥想象力，不断和负责展览搭建的叔叔阿姨们沟通自己的设计理念及想法。当这场以明晰又交错的年代场景构成的展览真实地出现在孩子们眼前时，他们心中别提多开心、多自豪了！

在正式开展的第一个周末，核心团队的成员们都来到展览现场，当起了讲解员，按“1950～2010 年”时间轴向前来参观的人们介绍。他们认真负责的模样、自信大方的状态以及扎实的宣传沟通能力得到了很多人的认可。此外，为了让更多人参与进公益项目中，项目组还在班内进行招募，邀请有时间、有意愿的同学一起走进这场展览，成为小小公益讲解员。最终，这场饱含孩子们的公益想法和 170 多天行动汗水的展览取得了非常好的效果，不仅勾起了大家对童年的美好回忆，而且让大家切身感受到了中国社会的巨大发展。

在“六一”儿童节这个特殊的日子里，“三代童年看变迁”项目组在全校师生面前进行精彩展示，并把项目成果集《我们的年代　我们的童年》

赠送给了到场嘉宾。这个串联了三代人童年时光的公益项目，虽然现场展示时间只有短短三分钟，但是我们把我们的声音——“三代童年看变迁，童心筑梦家国情”传递给了更多的人。

在“三代童年看变迁”项目中，孩子们的进步是大家有目共睹的。在项目开展的过程中，孩子们施展各自的特长，优势互补，共同克服困难。他们的团队协作能力、语言表达能力、临场应变能力等都得到了很大的提升。通过项目的开展，孩子们还认识到了改革开放带来的伟大成就，体会到了祖国的变迁与进步，也坚定了未来要为祖国贡献力量的理想信念。

公益，需要从一点一滴开始，也需要日复一日地践行。很高兴这一路我能够见证孩子们的进步与成长，我为孩子们骄傲！“三代童年看变迁”项目虽然暂时画上了休止符，但我相信，孩子们带给他人的这份情怀和感动不会轻易消失。公益不止步，希望孩子们能继续用明亮的双眼探索和发现，心怀他人、胸怀社会，不畏困难、勇敢前行！

指导教师：贾维琳

二、创想梦工厂——种下一颗公益的种子

（一）创想动因

巴尔扎克说：“童年原是人生中最美妙的阶段。”我们每个人都有属于自己的童年记忆，而成长于不同年代的人，也有属于他们童年的共同语言。在一个家庭中，爷爷奶奶、爸爸妈妈和孩子三代人不同的童年记忆，也成为时代变迁和国家进步的剪影。

2018 年，史家小学三（1）中队的马千寻同学参加了“守护家书行动”服务学习项目，在收集家人的旧照片和旧书信时，她在一张张泛黄的纸页

上，既读到了家人的情感，也看到了时代的印记和变迁。在和妈妈一起整理书房时，她还在收藏柜里发现了妈妈当年用过的小霸王学习机。妈妈告诉她，这是他们那代人童年时期共同的记忆物件。这让她开始好奇妈妈、姥姥的童年是什么样，她们的童年和自己的童年有什么不同。通过和家人的交谈，她发现虽然三代人的童年处于不同的时代，但是对童年都有很快乐和独特的记忆。这让她认识到，每一代人的童年都有共鸣的物件，可以是一本书、一部动画片、一类小游戏、一种食品、一个玩具……

于是，马千寻和伙伴们发起了“三代童年看变迁”的项目，希望做一系列特别的年代记忆展览，将爷爷奶奶、爸爸妈妈和自己三代人的童年物件进行展出，以童眼看变迁，唤醒大家的童年记忆，促进三代人相互了解。他们希望通过这个项目唤起全社会的情感共鸣，展示时代的发展与国家的进步，呼吁大家珍惜今天来之不易的生活。

（二）团队介绍

发起人及总负责人	马千寻	史家小学三（1）中队中队长，善于沟通、协调、策划，热心公益，曾作为核心成员参与“家书守护行动”项目，并获得“小小公益创想家”奖。作为项目的发起人及总负责人，负责项目的整体推进与协调
团队伙伴	罗悠可	史家小学三（1）中队中队委，性格开朗，热心公益，曾发起“家书守护行动”项目，并获得“小小公益创想家”奖；有学校报社记者站工作经历，具备较强的表达能力。在项目中主要负责宣传工作
	温舒雯	史家小学三（1）中队中队委，乐观热情，善于沟通，热心公益，曾作为核心成员参与“家书守护行动”项目，并获得“小小公益创想家”奖。在项目中主要负责外联工作
	李奕彤	史家小学三（1）中队成员，活泼开朗，积极向上，热心公益，曾作为核心成员参与“家书守护行动”项目，并获得“小小公益创想家”奖。在项目中主要负责组织工作

续表

团队伙伴	于浩云	史家小学三（1）中队成员，性格开朗、直率，做事认真、执着，热心公益，具有团队合作精神，乐于参与集体活动。在项目中主要负责财务工作
指导教师	贾维琳	史家小学三（1）中队班主任及语文老师，细腻、富有责任心，是一位热心公益、热爱教育事业的优秀教师。曾组织、指导“环保布袋 DIY”等优秀公益项目顺利实施，有丰富的公益项目指导经验，能够为学生提供有效、细致的指导和帮助

（三）实施过程

“三代童年看变迁”项目自 2018 年 12 月初发起，至 2019 年 6 月底圆满结束，共分为宣传准备、展品收集、展出实施、总结分享四个阶段。

第一阶段（2018 年 12 月 1 日至 2019 年 2 月 14 日）：宣传准备阶段。这一阶段主要明确团队阶段任务，设计调查问卷，通过问卷调查等方式梳理出各个年代适合展出的物品清单，商讨确定具体的展出形式；设计海报、横幅、宣传页等宣传品；撰写剧本，拍摄宣传短片；开通微信公众号，开始项目的初步宣传工作；进一步明确展品储藏地、保存方式，落实展出场地；在校内组织预演活动，进行项目宣传推广和展品征集。

第二阶段（2019 年 2 月 15 日至 5 月 10 日）：展品收集阶段。在这一阶段，项目组先后走进国家博物院、中国妇女儿童博物馆、旧物仓、老 A 农场调研学习，收集旧物件，为展览做准备。同时，项目组还走进南锣鼓巷、非遗博物馆、奥森公园、学校附近社区等地开展系列宣传推广活动，并征集到具有代表性的童年物件展品达200件。

2019年3月13日，项目组走进国家博物馆，参观“伟大的变革——庆祝改革开放40周年大型展览”。根据项目组最初的构想，“三代”分别指1950～1960年、1970～1990年、2000～2010年出生的人，他们正好是新中国成立以后出生和成长起来的三代人。改革开放给这三代人带来了不同程度的影响，因此，项目组将国家博物馆作为公益项目的第一站。项目组成员在参观过程中，认识了很多他们没有见过的东西，比如“磁带”“缝纫机”等，从一个个老物件中感受社会的变迁和进步，并在专家的讲解下学习策展的相关知识。

2019年3月13日，项目组走进中国妇女儿童博物馆参观学习。经过第一站的参观学习，核心成员们一致认为，充分的参观学习能够为项目成功开展起到很大的帮助作用，所以第二站他们选择了中国妇女儿童博物馆，馆内的很多资料和展品给了他们莫大的启发。

2019 年 3 月 31 日，项目组成员来到旧物仓，向机构负责人介绍“三代童年看变迁”项目的理念，寻求展品支持。成员们在旧物仓展馆内认真调研学习，并根据前期调研的结果确定了展品的清单。

2019 年 4 月 5 日，项目组走进老 A 农场体验农活，收集旧物件。在调研的过程中，项目组成员虽然收集了很多的旧物件，但是他们感觉到自己离祖辈的生活还是比较远，光靠调研和采访不足以让他们真正了解爷爷奶奶那一辈人的生活。于是，项目组成员来到位于北京郊区的老 A 农场，拿起爷爷奶奶那一辈人用过的农具，体验祖辈们童年里经历过的农村生活。

这让他们不仅感受到祖辈童年的特殊魅力，也感叹到现在的美好生活来之不易。

2019 年 4 月 21 日，项目组走进南锣鼓巷和非遗博物馆，开展项目宣传推广活动。南锣鼓巷是项目宣传的第一站，这里不仅有许多店铺在售卖跟儿童、童年相关的新旧物件，而且游客聚集，是宣讲项目的好地方。成员们在众多店铺中收集了一些让三代人有感动、有感悟、有惊喜的童年物品；同时向来往的行人宣传项目，邀请他们填写调查问卷并观看在朝阳大悦城举办的同名展览。

当天，项目组成员还来到了非遗博物馆。在每个人的记忆里，传统技艺都占有一席之地，它们点缀着我们多彩的童年。因此，项目组计划在公益特展上让这些传统技艺再次绽放光芒。他们希望能邀请一些非遗传承人到展出现场，为观展人群展示传统技艺的魅力。

2019 年 5 月 1 日，项目组成员利用假日来到奥林匹克森林公园。他们在前几次宣传经验的基础上，大胆、自信地向人们宣传项目。他们的积极宣传获得了很多人的支持。

第三阶段（2019 年 5 月 11 日至 5 月 31 日）：展出实施阶段。在这一阶段，项目组先后在八里庄罗马嘉园社区、史家胡同博物馆完成了两场简易展览，并在人流聚集的朝阳大悦城举办了一场大型展览。通过线上宣传，项目组的公益理念还得到河北、山西、黑龙江、广西等多个省份 10 余所学校的积极响应。

2019 年 5 月 8 日，项目组成员在美术老师的支持下，向全校同学征集关于童年的物品绘画，并在八里庄罗马嘉园社区举办了为期 10 天的“对话童年”简易展览。虽然同学们都是“00 后”“10 后”，但是大家在自己家人指导下画出了许多 1950 ~ 1960 年、1970 ~ 1990 年的物品。这次展览吸引了很多社区的居民驻足观看，使他们沉浸在童年的回忆中。

2019 年 5 月 10 日，项目组将第二场“对话童年”简易展览放在了充满历史韵味的史家胡同博物馆，展览为期一个月。在这次展览中，同学们不仅展出了童年物件的绘画，还动手制作了很多“复古”的不同年代的童年小物件，吸引了很多观展的人。同学们也借此机会邀请观展的人去朝阳大悦城观赏“三代童年看变迁”的公益特展。

2019 年 5 月 13 日，经过前期周密的安排和充分的准备，项目组在朝阳大悦城举办了为期三周的“三代童年看变迁”的公益特展。展览将年代感和艺术感相结合，吸引了近万人观展。现场展出分为“1950 ~ 1960 年”“1970 ~ 1990 年”“2000 ~ 2010 年”三个年代场景，每个场景中都会有各种尘封的玩具、书籍、食品、物件、家具进行展出。现场各个年龄段的参观者都表达了他们内心的感动和对时代变迁、社会进步的感慨，很多观众拍照留念，并在留言区留下自己的“童言童语”。项目组成员作为小讲解员，在现场进行了详细的讲解。此外，展览还设置了非遗互动专区，让人们感受面塑、曹氏风筝、泥彩塑等非遗手艺。

好好学习 天天向上

儿童

FOREVER YOUNG

项目的成功开展和多方宣传，也让很多外省份的伙伴加入这次公益行动中。广西师大附中、黑龙江齐齐哈尔水师小学、山西省实验小学、山西省太原市大营盘小学、山西省太原市第二实验小学、河北建材技术学院等校师生通过主题班会和外出宣传的方式呼应此次公益项目，共同唤醒更多人的童年美好回忆。

第四阶段（2019 年 5 月 20 日至 6 月 20 日）：总结分享阶段。项目组全体成员对项目进行总结和反思，整理项目相关资料，完成了《我们的童年　我们的时代》项目总结手册的设计、编辑与制作工作。同时，项目组还积极准备学校“六一”汇报演出，面向全校师生进行分享，并向现场嘉宾赠送这本有关童年的特别手册。

三、学生行动日记——记录公益之花盛开全过程

学生行动日记精选（一）

2019 年 3 月 31 日　星期日　晴

三（1）中队　温舒雯

今天下午，我们项目组来到位于南四环的旧物仓参观学习。此行我们还有一个重要的任务，就是要为我们的展览挑选展品。

我们之前去过国家博物馆，参观过改革开放 40 年的成就展，里面好多的展品就是旧物仓提供的。旧物仓的阿姨听说我们的项目后，特别支持我们，答应为我们的展览支持展品。今天我们就要根据前一段调研的结果，把需要的展品确定下来。

来到旧物仓后，我们发现这里的东西比在国家博物馆看到的还要多，简直令人眼花缭乱。我们随着管理员阿姨，把各个展区都转了一遍。我看到了爸爸妈妈小时候用的课桌，看到了特别大、特别重的自行车，还看到了各式各样的老式家具。

这么多的东西，真是不知道该怎么选了。对于我们来说，每一件都很有意思，都很想拿到我们的展览上去。但我们决定还是按照调研的结果来选择，挑选那些在调研中大家选得最多的东西进行展出。因为那些是大家最常用也最能引起回忆的东西。于是我们根据调研结果列了一个清单，按照清单很快就选好了需要的展品。不过因为我们展出的场地有限，很多大件的物品，比如自行车和摩托车肯定是搬不过去了，有点可惜。但我们和自行车合了一张影，这样就可以通过照片让更多人看到了。

挑选好照片，我们几个小伙伴都非常兴奋，开始期待我们的展览。相信我们一定会为大家呈现一个难忘的展览！

学生行动日记精选（二）

2019 年 5 月 19 日　星期日　晴

三（1）中队　于浩云

今天我们来到朝阳大悦城，为展览做现场讲解。一大早，我就很兴奋，换好了校服，高高兴兴地出发了。今天我负责的是“1950～1960 年”的展览区，这里面的展品都是爷爷奶奶们童年的物件。“1950～1960 年”的生活离我们很遥远，展出的大多数物品在做这个项目之前，我甚至不知道它们叫什么、有什么用途。为了准备这次展览和讲解，我和小伙伴们学习了很多知识。

到了展览场地，已经有一些人在参观了，我赶紧走到自己的岗位，心里还是有些忐忑不安：我能不能讲好呢？大家会不会喜欢我们的展览呢？这时候，一对爷爷奶奶来到我负责的展区。这位爷爷看到展区的家具，就很激动地给旁边的人说：“这个椅子、这个沙发感觉我曾经坐过一样，看着这些就好像回到我家似的！”看着这位爷爷脸上的笑容，我也跟着笑了起来，我一下子有信心了，看来大家都很喜欢我们的展览。

慢慢地，我开始进入了状态，向参观的人介绍我们的展览。来参观的人很多，超出了我的想象，有爷爷奶奶，有叔叔阿姨，也有哥哥姐姐和弟弟妹妹。他们对我们的展览都很有兴趣。爷爷奶奶们对我所在的“1950～

1960 年”的很多展品比较熟悉，有的还会动手操作一下；叔叔阿姨们对旁边“1970 ~ 1990 年”的展品更感兴趣，他们对小卖部里的零食、黑板上的数学题议论纷纷；哥哥姐姐、弟弟妹妹们则对“2000 ~ 2010 年”的电子游戏、乐高玩具更熟悉和喜爱。大家都很喜欢旁边的互动和留言区，很多人在留言条上写下了自己的感受。

看到很多人的留言，我很感动。今天的讲解虽然很忙碌，但是看到大家这么喜欢我们的展览，在我们的展览中找到了自己童年的美好记忆，我感觉我们的努力和付出非常有价值。能够为大家做点有益的事情是这么美好！以后，我会更加积极地参与公益活动，为他人和社会奉献出自己的一份力量！

四、学生反思工具——从回望中汲取前行的力量

学生反思精选（一）

姓名：罗悠可　时间：2019 年 3 月 31 日 提案名称：三代童年看变迁	
发生了什么	**有何感受**
我们的项目主题是“三代童年看变迁”，为了筹备反映三代人童年生活的展览，我们需要收集不同年代的东西，但这些东西人们很少保留下来。如何收集这些东西成为一个首要问题，如果这个问题解决不了，我们的展览就无法顺利开展了	针对旧物件比较难收集这个问题，我们有一种感受，那就是国家发展很快，各种行业高速发展，人们的生活水平提升得很快，各种生活用品的更新速度也很快，所以旧的物件很快被淘汰，很难被人们留存下来

续表

有哪些主意	有哪些问题
为了可以收集到预期达到的数量，我们尽可能发动身边的人来参与。同时，我们发现有一些个人和机构专门收集旧物件，于是我们也和他们进行了沟通交流，希望能够用他们收集的一些物件进行展览和宣传活动。如果得到他们的支持，我们的展览筹备就顺利多了	虽然我们的活动在宣传的时候得到了大家的支持，很多人都表示可以把老物件借给我们进行展出，但是这些东西的邮寄和运送是个问题，有的东西体积和重量都很大，有的还很容易破损，所以这些东西的安全也是问题。如果这几个问题不解决，我们的展览可能会遇到很多麻烦
教师评语 很高兴看到你们在项目推进过程中不断思考、发现问题，并针对问题去寻找合适的解决办法。解决问题的过程是一个循序渐进的过程，让我们一起努力吧	

学生反思精选（二）

姓名：马千寻　时间：2019 年 6 月 2 日 提案名称：三代童年看变迁	
发生了什么 我们在公益项目的执行期间去了很多地方进行宣讲和调研，很多行走在博物馆、公园、商业街、社区、胡同、学校中的人们都停下脚步或是放下手中的事，仔细倾听我们的宣讲和调研，整体进行得很顺利。但是也有一些小插曲，如有些人会拒绝我们，或者给我们不好的回应	**有何感受** 我觉得在做公益宣讲和调研的时候被拒绝是一件很正常的事情。因为不是每个人都有时间停下来倾听我们项目的意义和用心。起初，我和小伙伴一样，觉得被拒绝很难堪、很难过。但慢慢地，我们都适应了，正确看待了这件事，无论别人是否回应，我们都会对他们说声“谢谢”
有哪些主意 如果我们在宣讲前就多锻炼与陌生人交流的能力，根据不同人群灵活宣讲，应该能提高我们的宣讲成功率。我们还可以准备一些小纪念品，以吸引更多的人参与。我们还要提前做好分工，才能顺利达成目标	**有哪些问题** 有时候我们在推广、宣讲时太依赖事先准备的宣讲词了，这样交流起来不够灵活，显得有点呆板。还有就是在宣讲的时候，团队成员的分工不是很明确，这导致我们在人多的时候宣讲有点手忙脚乱

续表

教师评语
看到你们在被拒绝后能够及时调整情绪，没有一直灰心丧气或中途放弃，老师很欣慰。就像你说的，下一次你们可以做好更充分的准备，提前练习如何与陌生人交流，再把宣讲词准备得更熟练一些，相信效果一定会更好

五、家长感悟——在公益服务中和孩子一起成长

家长感悟精选（一）

童心童眼看变迁　公益践行助成长

马千寻家长

马千寻这届孩子很幸运，他们的入学年和史家小学开展“服务学习”课程同为一年。一年级时，他们年龄尚小，还不能深入参与其中，但给优秀项目投票和围观学习高年级同学的项目成果是一年级的他们所能做到的事。也是从那时起，公益、创想、服务、学习的启蒙就慢慢地在这届孩子的心灵沃土里扎了根、发了芽。自二年级开始，孩子们终能越过提案“门槛”，有能力去尝试提交自己的公益创想提案。令人欣喜的是，马千寻所在的中队在两年的时间内成功入选了三个公益项目——“家书守护行动”“濒危盒子”“三代童年看变迁”。而马千寻每年提出的公益提案也都在首轮就入选为 A 级方案，有幸年年参与。我作为一个旁观者和助力者，和孩子们一起走过了两年的时间，感悟也渐增。

从提出提案到项目成型，再到执行项目，从核心成员到项目发起人，从“家书守护行动”到“三代童年看变迁”，经历与经验的累积势必带来孩子能力的叠加变化，而我也在其中见证了她与几位伙伴的成长：二年级时

他们还带着一张张稚嫩的脸和一双双好奇的眼睛在理解公益、感受公益，在家长的帮助下慢慢地形成执行的逻辑；到了三年级，有一定经验的他们已经知道如何通过讨论、设计、调研、宣讲，让他人感知、参与到公益活动和公益项目中来，完成了从“我能做”到“我可以这样做”的转变，孩子们的策划、组织、宣传等综合实践能力得到很大提高。

比如，孩子们会意识到“三代童年看变迁”是一个见证变迁、激发情怀的公益项目，必须要大胆地“走出去”和“走近”。因此他们不再拘泥于过去的校园宣讲，而是主动要求并尝试深入到更多的公共空间去调研，去影响他人关注这一公益项目。相较之前，在公园、城市商业综合体、社区、胡同里留下践行公益身影的他们在宣讲时更为自信，也更懂得侧重表述的逻辑，更注重情感的传递。

再比如，他们开始学会从过去的组内协调合作进阶到调动一切力量整合资源，以更好地完成项目目标。他们主动联系指导老师，求助任课老师，将校内课程和项目活动相结合。如果没有这样的尝试，就不会有社区和史家胡同博物馆两场简易展上那些洋溢着童趣的生动素材。

试想，如果当年同为孩子的我们也能在这样的学校，有这样的“服务学习”课程，是不是如今对很多事情和项目的看法会更进一步？羡慕史家孩子在小小年纪就能拥有这样的机会和平台，进行学习和锻炼。感谢学校让孩子们行走、成长在如此美好和多彩的公益之路上。

家长感悟精选（二）

穿越三代童年　感受幸福力量

温舒雯家长

“三代童年看变迁”项目非常有意义。一直以来我就在想，这一代的孩子自出生就不会经历太多生活方面的苦难，父母都想给他们最好的条件。

但是孩子们很难感受到“最好”，因为他们没有体验过不好，甚至没见到过。没有对比，自然没有感受。这会让他们缺乏珍惜，缺少期盼，也缺少奋斗的动力。

这次的项目让我不禁感叹，当社会的经济水平发展到一定程度时，思想层面的追求就会发生变化，其中也包括生活方式的改变。在爷爷奶奶那一辈，吃饱穿暖是他们最大的愿望；而到了父母这一辈，虽然吃饱穿暖已不是问题，但一切生活都提倡节俭；而新时代的年轻人更加注重生活的体验，在享受生活中感受乐趣。

通过这次的活动，孩子们充分地了解了三代人的成长环境是如何变化的，里面的差距有多大。温舒雯在活动中也一直在总结，哪些东西是他们还会玩儿的，哪些东西是压根没见过，而且即使现在知道了也不会去玩儿的。她也亲眼看到了现在习以为常的很多东西在过去是奢侈品，甚至是想都不敢想的。我觉得这对她而言，就是最大的收获，因为她对社会的发展有了一个最直观的认识。

幸运的是，我们这一代生于改革开放、祖国逐步富起来的年代，而他们这一代生于经济飞速发展、祖国逐步强大起来的年代。“三代童年看变迁”项目串联了三代人的童年，孩子们以管中窥豹的方式感受到了国家的发展和时代进步。更重要的是，在此过程中他们感受到祖辈们的生活，无论是 1950 ~ 1960 年的粮票还是 1970 ~ 1990 年的作业本，都能让孩子在这种对比中，体会到自己今天的幸福生活。

温舒雯非常幸运地连续两年参与服务学习项目，作为家长，我们看到她通过深度参与项目，锻炼了自己的语言能力和思考能力，提升了胆量，也对团队有了更多的认知。希望以后她能继续在服务学习中认识这个社会，也在实践中慢慢成长。

六、帮扶对象——公益服务社会，爱心连接你我

帮扶对象感言精选（一）

观展者李静："2019 年 6 月 1 日一大早，我带着孩子和老公、婆婆从北五环外赶到东四环看展。选在这一天看展，对我们家的这三代人有着特殊的意义：一个展览连接了婆婆、我们夫妇和女儿三代人的童年生活，穿越了 40 年。40 年的光阴弹指一挥间，40 年的巨变历历在目。我家三代人的童年生活变化，折射出改革开放的伟大成就。我们相信，新时代一定会更美好。感谢项目组的孩子们，谢谢你们让我们三代人在同一个时间同一个地点都回到了各自的童年，过了一个开心的儿童节！"

帮扶对象感言精选（二）

观展者赵萍："我是一名'80 后'，今天在朝阳大悦城逛街的时候，碰巧遇到了一个很特别的展览，叫作'三代童年看变迁'。让我意外的是，这个展览竟然是由几名史家小学的三年级学生发起的，展品包括 20 世纪 50 年代到今天的物件，展现了三代人童年生活的巨大变迁。我看到了我小时候的教室、课桌，还有唤起很多回忆的玩具，心中很感慨。变迁的背后是祖国社会经济的高速发展，我为祖国骄傲，也为这几个小朋友点赞！感谢你们，让我重返童年，让我很庆幸生在这个伟大的时代！希望未来你们把祖国建设得越来越强大，加油！"

帮扶对象感言精选（三）

观展者张序："三代人的典型生活老物件，集聚于'三代童年看变

迁’展台。展览以童眼看时代变迁，以童心感受社会的飞速发展，以亲切的童年物品，让人们回望自己温馨的童年生活，触摸时光留下的印痕，让人心中不禁荡起温暖的柔情，进而体会到我们生活在一个伟大的时代。感谢项目组的孩子们为我们呈现了如此精彩的展览，从三代人的童年生活这个角度，反映出时代的前进步伐，让人深切地体味时代的变迁。我们需要洞悉生活的改变，我们需要知晓民族的历史，我们需要传承前辈的精神。”

七、成果展示——公益，我们一直在路上

在近 7 个月的时间里，“三代童年看变迁”公益项目组开展了 10 余场活动，策划并制作了 2 部宣传短片，收集了 200 件不同年代的童年物件，并举办了 3 场公益展览，吸引了上万人观展。项目组的公益行动还得到了河北、山西、黑龙江、广西等多个省份 10 余所学校学生的积极响应。人民网、新华网、凤凰网、《北京日报》、北京卫视等近 50 余家新闻媒体对项目进行了报道。经过评比，项目最终获得了由中国扶贫基金会颁发的“益路同行·优秀公益创新团队”奖。

梦回60年前 "对话童年·难忘史家"主题展在史家博物馆开幕

人民网北京6月11日电（池梦蕊）“让我们荡起双桨，小船儿推开波浪……”一迈入史家胡同博物馆的大门，一首婉美动听的歌曲悠然传来。环顾博物馆，墙面上斑驳的彩色壁画述说着社区居民们的童年回忆，展厅里也保存着一些曾经孩子们玩耍的老物件儿。六一儿童节的余热还没褪去，一场关于胡同童年的“对话”又将在这座充满故事的小院里拉开序幕。

本网原创

人民网对项目进行报道

三代五味话童年--串联三代人童年记忆公益展在京开展

2019年05月15日 15:26:11

来源：凤凰网商业

5月15日，一场串联70年时光，以高2.4米，长45米的立体“记忆童书”为载体，

凤凰网对项目进行报道

新华在线 社会

新闻首页 国内 国际 各地 社会 公益

当前位置：主页 > 新闻 > 社会 > > 正文

新华在线-优秀的都市白领资讯门户

三代五味话童年--串联三代人童年记忆公益展在京开展

时间：2019-05-15 14:38 来源：未知 责任编辑：何云

5月15日，一场串联70年时光，以高2.4米，长45米的立体“记忆童书”为载体，旨在唤起三代人童年记忆的公益展览在北京朝阳大悦城9层震撼开展。这场以“三代童年看变迁”为名，以明晰又交错

新华网对项目进行报道

博物馆，看两代小学生的日常

2019-06-12 21:02 来源:北京日报

《北京日报》对项目进行报道

北京卫视对项目进行报道

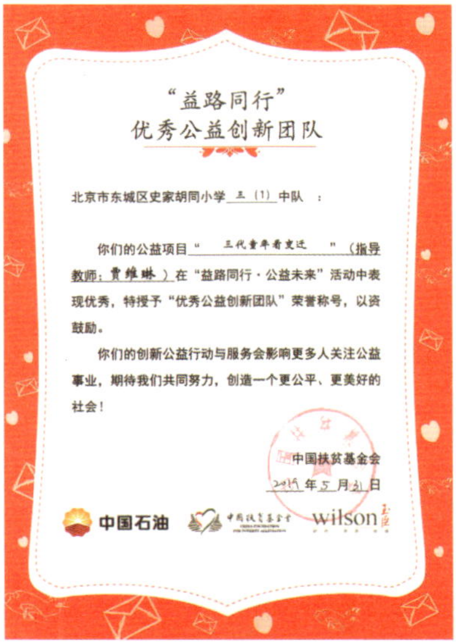

“益路同行”
优秀公益创新团队

北京市东城区史家胡同小学 三（1） 中队：

你们的公益项目“ 三代童年看变迁 ”（指导教师：贾维琳）在“益路同行·公益未来”活动中表现优秀，特授予“优秀公益创新团队”荣誉称号，以资鼓励。

你们的创新公益行动与服务会影响更多人关注公益事业，期待我们共同努力，创造一个更公平、更美好的社会！

中国扶贫基金会

2019 年 5 月 31 日

中国石油 wilson

项目获得“益路同行·优秀公益创新团队”奖

轮易行——乘坐轮椅人士地铁导行指南

“轮易行——乘坐轮椅人士地铁导行指南”服务学习项目由史家小学三（8）中队刘耀阳同学发起，三（8）中队全体成员共同参与完成。项目指导教师为史家小学李芸芸老师。“轮易行——乘坐轮椅人士地铁导行指南”项目自2018年12月初启动，至2019年6月底顺利完成。项目先后走进朝阳门地铁站、东四残联、地铁6号线沿线站点、东四温馨家园、豆瓣胡同小区、北京希望之家、北京外国语大学、东四七条养老驿站等地，开展了10场调研及宣传活动，影响人群达2000余人。项目组通过对乘坐轮椅人士的深度调研，了解他们地铁出行的真正需求和困难，结合真实数据向北京地铁发出完善地面导引标识的倡议。项目还以地铁6号线为试点，通过小学生手绘导引路线图，形成《北京地铁6号线乘坐轮椅人士地铁导行指南》，帮助更多有需求的人士顺利获取地铁出行指南，并通过开展系列宣传活动，向乘坐轮椅人士介绍如何便捷出行，从而引导全社会关心、关注、帮助残障群体出行问题。新华网、未来网、网易新闻、《东四奥林匹克社区报》等多家媒体对该服务学习项目进行了报道。

一、指导教师推荐序

“服务学习”课程对于三年级的孩子来说都不陌生，有了一、二年级的实践经验，孩子们更加积极踊跃地参与。在参加“学会发现”主题讲座时，可爱的孩子们坐得腰杆笔直，一个个盯着大屏幕，竖起小耳朵，认真倾听上一届学生的优秀项目的经验。课下大家纷纷开动脑筋，寻找“志同道合”的小伙伴，一起交流讨论，回家后再征求爸爸妈妈的意见……看到孩子们一脸认真的样子，连我也开始期待起来。

正如预期的那样，第二天我们班涌现了20余份新奇的创想：“外地动物No！No！No！”“你是我的好朋友”“轮易行——乘坐轮椅人士地铁导行指南”“冰雪奇缘”……经过层层筛选、审核，最终我们班的“轮易行——乘坐轮椅人士地铁导行指南”项目在全校3000多个项目中脱颖而出，成为20个正式上线项目之一。孩子们激动极了！

用心感受，发现社会问题

“轮易行——乘坐轮椅人士地铁导行指南”项目的发起源于刘耀阳同学和姥爷的一次地铁“历险记”。姥爷的日常出行需要乘坐轮椅，那天耀阳和妈妈推着姥爷从青年路乘坐地铁6号线到国贸。但他们在换乘10号线时彻底转了向。因为换乘站面积很大，人流拥挤，找不到下楼的直梯，后来在地铁工作人员的协助下才得以换乘，并且还得再麻烦工作人员通过升降平台将姥爷送上地面。这样的换乘使原本5分钟到达的路程，变成了半小时之久。

这次经历后，耀阳决定尝试着去改善这种情况：将从地铁的入口到地铁站台这一段路程用无障碍导行图绘制出来，制成一本导行指南，就不用绕大圈找路，也不用地铁工作人员的帮助，乘坐轮椅的人士就真的“易行”了！而且不光乘坐轮椅人士，其他有需要帮助的人也可以按照图示利用地铁里的无障碍设施。

作为指导教师，当我看到孩子们自主发起的“轮易行——乘坐轮椅人士地铁导行指南”公益项目时，欣慰之余忍不住为孩子们点赞。乘坐轮椅人士的出行问题，是一个很多人都会忽视的问题，却被孩子们看在了眼里，记在了心上，决定用自己小小的力量作出改变。作为指导教师，我愿意和家长志愿者们一起，为孩子们的公益梦想实现搭建步梯，帮助他们实现自己的公益梦想。

深入调研，为爱携手前行

项目入选后，孩子们经过讨论认为，要想帮助乘坐轮椅人士解决地铁出行的问题，首先需要深入调研，一方面要对地铁站进行实地考察，另一方面还要走进乘坐轮椅的人群中，了解他们的实际困难和需求。

明确了方向以后，孩子们说干就干，在2019年新年前夕，开始了第一次集体活动——走访朝阳门地铁站。核心小组5位成员从入口开始细心做笔记，认真观察通往站台的各个区域，记录每一处拐弯和有无障碍标识的地方。在整理好路线笔记后，又马不停蹄地奔向地铁服务窗口，将自己的项目意图和目标与工作人员沟通。地铁站的叔叔为孩子们竖起了大拇指，并表示愿意帮助大家。“首战告捷”，让孩子们激动不已，他们坚定了初心，更加期待接下来的活动。

为了增进对残障群体的了解，孩子们先后走进东四街道残联、东四温馨家园，家访乘坐轮椅的安奶奶、拜访北京希望之家创始人唐占鑫阿姨，采访他们使用地铁的感受和看法。一次次活动让大家更多地了解到了乘坐轮椅人士的出行困难，也让他们更加坚定了要做好“轮易行——乘坐轮椅人士地铁导行指志”项目的信心。

团结互助，在服务中收获成长

在核心小组5位成员的带动下，三（8）班全体成员都加入“轮易行——乘坐轮椅人士地铁导行指南”的大团队。通过实地调研和集体创作，同学们将北京6号线地铁各个站点的无障碍线路手绘成图。大家在地铁6号线奔忙的身影成为寒假里一道道暖暖的风景。最终在同学们的共同努力下，我们收集、绘制了6号线全线导行图，并将其编辑成册。在2019年5月19日"全国助残日"这一天，孩子们举行了"成果发布会"，正式发布绘制的《北京地铁6号线乘坐轮椅人士地铁导行指南》。除了绘制6号线地铁导行指南，孩子们还向地铁部门提交倡议书，开展助残日特别宣传，并先后走进北京外国语大学、东四七条养老驿站开展宣传活动。孩子们宣传介绍无障碍设施的知识，用笑容与行动传递温暖，在公益之路快乐同行，也在服务中收获着不一样的成长。

李娟校长曾经说过："开展服务学习，是想让活动与课程相融，让服务与学习相遇，让孩子在成长过程中能够真正学有所获。"在活动进程中，我看到越来越多的孩子加入项目团队，积极参加项目组的每一次公益活动。"轮易行——乘坐轮椅人士地铁导行指南"项目成为孩子们日常交流中最喜爱的话题，大家在课间常常聚在一起讨论活动方案，为项目的开展献计献策。甚至在孩子们的作文中也频频记录着自己参与活动时紧张、激动和快乐的心情，以及活动带给自己的心得、收获。

孩子们这样写道：

"我的创想带动了全班同学的热情，在李老师的带领下，我们积极参与公益，同时公益活动也提供给我们接触社会的机会，让我们学会了心中有他人。"

"当我奉献自己一份力量的时候，心里会觉得很幸福，觉得终于为社会做了一点力所能及的事情，在服务学习中找到了自己的价值。"

"其实我们每个人的心中都会有一份爱，一种对弱势群体的无名的爱。我相信凭着这心中的一份爱，从我做起，从我们每一个小学生做起，我们可以让自己、让别人看到这个社会始终还是温暖的。"

……

每每看到这样的文字，我心中十分感动。我们做的公益是微小的，因为它涉及的范围有限，但它又是伟大的，因为在有限的范围中让获得帮助的人露出了笑容，让他们感受到了社会的温暖。孩子们用心在做公益，用行动向社会中的弱势群体传递着阳光与关爱。他们在一次次的服务中学习着、成长着，他们用心温暖着周围的人，他们的笑容点亮了生活，也照亮了世界。

指导教师：李芸芸

二、创想梦工厂——种下一颗公益的种子

（一）创想动因

2018 年“十一”期间，项目发起人刘耀阳和妈妈陪因腿脚不便、需要乘坐轮椅的姥爷从青年路乘坐 6 号线地铁到国贸时，第一次体验到了坐轮椅者使用公共交通工具的不便。例如，北京地铁各站的入口很多，但只有一两个入口设有直梯或无障碍升降平台，且地面入口没有明显标识；站厅中也没有明显标识指引乘坐轮椅人士专门通行的刷卡通道，更没有标识导引他们从站厅乘坐直梯到达站台，这使他们需要花大量时间寻找和询问。

因此，他和伙伴发起“轮易行——乘坐轮椅人士地铁导行指南”项目。希望通过这一项目，让更多有需求的人士便捷地获取乘坐地铁的导引信息，同时也让更多人关注乘坐轮椅人士的公共出行问题。

（二）团队介绍

发起人及总负责人	刘耀阳	史家小学三（8）中队成员，有较强的组织能力和沟通能力。作为项目的发起人及总负责人，负责项目的整体推进与协调

续表

团队伙伴	余弘毅	史家小学三（8）中队成员，非常细心，有耐心，有很强的团队意识。在项目中主要负责财务工作
	张宗耀	史家小学三（8）中队成员，热情、善良，喜欢帮助别人，有很强的沟通能力。在项目中主要负责外联工作
	李牧孜	史家小学三（8）中队成员，做事认真、执着，善于沟通。在项目中主要负责组织工作
	万依宁	史家小学三（8）中队成员，热心公益，善于沟通。在项目中主要负责宣传工作
指导教师	李芸芸	史家小学三（8）中队班主任，热心公益，年轻有活力，有干劲，注重培养孩子的独立性和创新能力，能够给孩子提供有效指导，引导大家完成项目

（三）实施过程

“轮易行——乘坐轮椅人士地铁导行指南”项目自 2018 年 12 月初发起，至 2019 年 6 月底圆满结束，共分为前期准备、宣传推广、总结反思三个阶段。

第一阶段（2018 年 12 月 1 日至 2019 年 1 月 20 日）：前期准备阶段。核心成员查阅资料，自主设计地铁地面路标，设计宣传手册、海报、横幅等宣传品，购买活动所需纪念品等；招募项目志愿者，组建项目团队；前往地铁部门调研，与地铁部门进行沟通，确保行动方案的可行性；与社区、残

联等机构沟通，进一步确认活动时间、地点及形式等；申请公众号，定期发布活动信息及资讯。

第二阶段（2019 年 1 月 21 日至 5 月 25 日）：宣传推广阶段。核心成员及全体中队成员分别走进朝阳门地铁站、东四残联、地铁 6 号线沿线站点、东四温馨家园、豆瓣胡同小区、北京希望之家、北京外国语大学、东四七条养老驿站等地，开展校外宣讲活动，向社会各界宣传推广“轮易行——乘坐轮椅人士地铁导行指南”服务学习项目。

2019 年 1 月 21 日，项目组成员走进朝阳门地铁站，集体探寻地铁站内的无障碍路线，为各自绘制导行图做准备；并与地铁工作人员积极沟通，争取得到地铁部门的支持。

2019 年 1 月 24 日，项目组成员走进东四残联，向残联的工作人员开展主题调研活动，了解残障人士的实际需求和困难。

2019 年 2 月 1 日，项目组成员走进地铁 6 号线，分组对沿线各站无障碍设施的使用情况进行调研，为导行指南的绘制做好准备。

2019 年 3 月 5 日，项目组成员走进东四街道温馨家园，和居委会的叔叔阿姨们一起举办志愿助残活动，并向社区群众和残障人士推广项目理念。

2019 年 3 月 11 日，项目组成员跟随东四街道温馨家园的工作人员走进豆瓣胡同小区，参访残障人士安奶奶，了解残障群体关于地铁出行的实际困难和真实需求。

2019 年 5 月 14 日，项目组再次走进朝阳门地铁站，结合前期调研所得真实数据向北京地铁部门提交完善地面导引标识的倡议书，并开展项目宣传活动。

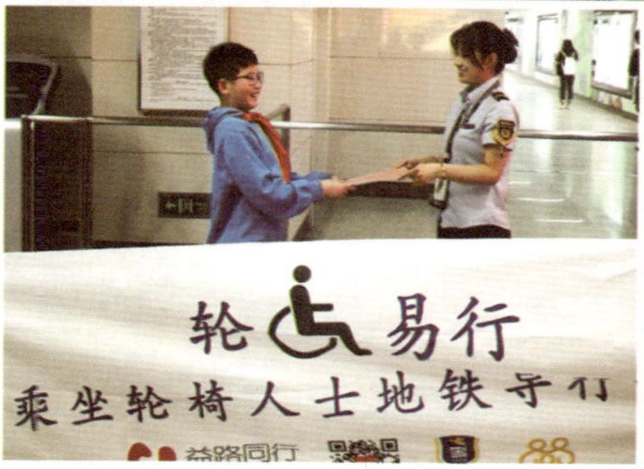

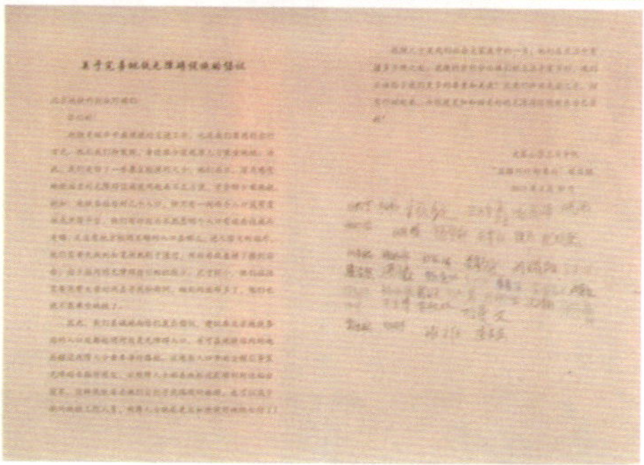

2019 年 5 月 15 日，项目组成员走进北京希望之家，向创始人唐占鑫阿姨介绍项目，并通过访谈了解残障人士使用地铁无障碍设施时的感受及建议。

2019 年 5 月 19 日，在第 29 个“全国助残日”，项目组成员走进朝阳门地铁站开展了一场特别的宣传活动——发布他们亲手绘制的《北京地铁 6 号线乘坐轮椅人士地铁导行指南》。

2019 年 5 月 25 日，项目组成员走进北京外国语大学，宣传推广《北京地铁 6 号线乘坐轮椅人士地铁导行指南》手册。

第三阶段（2019 年 5 月 26 日至 6 月 20 日）：总结反思阶段。活动实施完成后，全体成员对活动进行项目复盘和反思，总结项目经验；同时参与学校“六一”展演，展示项目成果，进一步扩大项目影响力。在“六一”儿童节当天，项目组成员还走进东四七条养老驿站，和那里的爷爷奶奶一起度过了一个别样的儿童节，并在现场发放导行手册，指导坐轮椅的老人如何乘坐地铁，持续对项目进行宣传推广。

三、学生行动日记——记录公益之花盛开全过程

学生行动日记精选（一）

2019 年 1 月 21 日　星期一　晴

三（8）中队　余弘毅

为了做好“轮易行——乘坐轮椅人士地铁导行指南”服务学习项目的前期准备工作，今天，我和项目组的小伙伴们实地走访了朝阳门地铁站。

经过调研，我们发现在朝阳门地铁站 H 口有一个可供乘坐轮椅人士使用的直梯，虽然直梯内空间比较狭窄，但是乘坐该直梯可以到达地下一层。地下一层的几个闸机中有一个较宽的，乘坐轮椅人士可顺利地通过。通过闸机后，还需要再向前走一段路才能到达去往地下二层的直梯，从该直梯下来后就可以乘坐地铁到达目的地了。

经过今天的实地走访，我们认识到，由于地铁站内空间有限和其他各种原因，直梯经常会设在不显眼的地方，乘坐轮椅人士寻找起来相对比较困难，他们在乘坐地铁出行的时候很不方便。尤其在早晚高峰时间段，地铁站内的人流量很大，清晰明确的指示牌将起到至关重要的作用。如果能够绘制出方便他们出行的地铁线路导行图，或者能够铺设更明显的导行标识，那么，将给乘坐轮椅人士的出行带来极大的便利。

在接下来的活动中，我们将完成地铁 6 号线线路导行图。相信这份经过我们实地调研、亲手绘制的导行图将会实实在在地帮助乘坐轮椅人士的地铁出行，也会让更多的人关注乘坐轮椅人士的公共出行问题。我们的“轮易行——乘坐轮椅人士地铁导行指南”项目真是一个非常有意义的项目！

学生行动日记精选（二）

2019 年 5 月 15 日　星期三　晴

三（8）中队　刘耀阳

今天我们项目组成员一起拜访了北京希望之家创始人唐占鑫阿姨。唐阿姨曾获中国残疾人事业十大新闻人物、2016 年度北京榜样等称号，她创立的北京脊髓损伤者希望之家荣获了 2019 年度全国 100 个残疾人之家的光荣称号。能够有机会采访唐阿姨，我们非常激动。

大家首先向唐阿姨询问了残障人士使用地铁无障碍设施时的感受及建议。唐阿姨热情地与大家分享了自己乘坐地铁的感受。她家住海淀区，每天都乘坐地铁到在丰台区的“希望之家”上班，地铁的残障设施相对于其他公共交通是较好的，也是她使用得最多的。她觉得现在北京市地铁的无障碍设施已经比较完备了，但也存在很多问题，特别是无障碍设施常被健全人占用，给她带来很多困扰。

通过对唐阿姨的访问，我们认识到向公众加大宣传很重要，要帮助大家关注乘坐轮椅人士公共出行的问题，特别是要让大家树立把无障碍设施主动让给最有需要的人的意识，并在他们使用无障碍设施时给予必要的帮助。正如唐阿姨所言，当大家身边出现有需要无障碍设施的人时，我们要将直梯优先让给他们使用，因为这是他们唯一的选择；当他们使用升降平台或无障碍车厢中的固定轮椅设施时，我们要主动空出位置，力所能及地帮助他们。

改善地铁无障碍标识的设计是项目的第一步，但下一步如果能改变人们的思想，影响到更多的人，以现在已有的无障碍设施就已能充分发挥应有的作用了，残障人士也就会更愿意、更敢于使用地铁出行了。虽然离这个目标还比较远，但我们“轮易行——乘坐轮椅人士地铁导行指南”项目组会尽自己最大的努力，从自己做起，从小树立关爱残障人士，将无障碍资源优先留给残障人士使用的理念。我相信在我们的努力下，未来我们的社会会更和谐、美好。

学生行动日记精选（三）

2019 年 5 月 19 日　星期日　阴转小雨

三（8）中队　万依宁

今天是第 29 个“全国助残日”，空中还飘着小雨，但我一大早便起了床，怀着激动的心情来到了朝阳门地铁站口。我们“轮易行——乘坐轮椅人士地铁导行指南”项目组的全体成员今天要在这里举办一场特别的宣传活动，把我们亲手制作的《北京地铁 6 号线乘坐轮椅人士地铁导行指南》推荐宣传给大家。

虽然在“学雷锋日”和项目组的伙伴们一起参加过宣传推介《北京地铁六号线乘坐轮椅人士地铁导行指南》活动，但我还是有点紧张，因为这次宣传推介的对象是乘坐地铁的人们，我不仅要向大家讲解地铁无障碍设施小知识，介绍自己手绘的地铁 6 号线各站点无障碍导行图，还要让大家多关注“轮易行”的公众号。进出地铁的人们都行色匆匆，要引起他们的注意，令我紧张又忐忑，生怕他们无视我们的行动和宣传，但是我一想到通过这个活动能更多地推广我们的项目，让更多的人关注乘坐轮椅人士的公共出行问题，顿时又觉得全身充满了力量。

我们5名同学组成了一个小组，专门负责地铁E口的宣传和推介。一到地铁口，就碰上了在地铁口执勤站岗的武警叔叔，他们对我们的活动非常感兴趣，主动了解和询问了我们的项目。我们拿起小宣传册认真地为武警叔叔讲解项目的情况，还特别嘱咐武警叔叔不执勤的时候一定要记得关注我们的公众号。受到武警叔叔的鼓舞，我们的宣传活动进行得非常顺利，进出地铁站的叔叔阿姨们虽然行色匆匆，但只要我们一向他们介绍项目，他们都会立刻停下脚步认真地听我们介绍。让我印象最深刻的是一位老奶奶，一开始她不明白我们在做什么，以为是发小广告的，根本不理我们，后来我们向她解释是公益项目，是为了帮助更多的残障人士，她不仅收下了宣传册，还说要帮我们好好宣传，并且表扬我们做了一件好事。看到我们的公益行动得到了奶奶的夸奖，我心里别提多高兴了。别看我们小，我们也能把公益行动做得非常好！

活动结束时，看到满满一箱宣传手册都已发到经常乘坐地铁的叔叔阿姨、爷爷奶奶手中，看到大家都开始了解这个项目，了解无障碍设施的使用，关心乘坐轮椅人士地铁出行的问题，我感觉到再辛苦也是值得的。大家的支持和认可是对我最大的鼓励，也是我最大的骄傲！

学生行动日记精选（四）

2019年5月19日　星期日　阴转小雨

三（八）中队　张宗耀

今天是个特殊的日子，不仅是第29个“全国助残日”，也是我们“轮易行——乘坐轮椅人士地铁导行指南”项目举行最重要的一次集体活动的日子。我们班里近20位同学在地铁2号线、6号线枢纽朝阳门站开展了助残日特别宣传活动，向人们介绍我们的公益项目，并把《北京地铁6号线乘坐轮椅人士地铁导行指南》发放到乘坐地铁的人手中，以帮助更多的残障人士方便地搭乘地铁。虽然天气阴沉，但阻挡不了我们支持公益、传播爱心的热情。

清晨9点，同学们陆续抵达地铁朝阳门站，大家身着校服，佩戴红领巾，精神勃发。我们分成了4个小组，在领队家长志愿者讲解完注意事项后，各自取了一叠宣传材料，奔向不同的地铁口，开始了今天的宣传活动。

我们小组一共4个人，作为组长，我给大家安排好位置，并商定如何向行人介绍我们的“轮易行——乘坐轮椅人士地铁导行指南”项目。我以身作则，首先走到一位行色匆匆的叔叔身边，开口介绍起来：“您好，我是史家小学三（8）中队的少先队员，这是我们正在开展的公益项目……”还没等我说完，叔叔就打断了我的话：“不好意思，我赶时间哈！”说完他就走了。第一次没有成功，我很沮丧。而且这种情况不止我遇到了，我们小组的其他同学也遇到了。我开始反思，看来我们的介绍不能太长太啰唆，必须要抓住重点，简明扼要地向大家介绍。我把想法分享给同组的同学，得到了大家的一致肯定，“对，我们就说您好，请您关注我们的‘轮易行’公益项目，然后把宣传材料发给过路的行人”，“当然，如果有人停下来听我们讲，我们可以介绍得更加具体细致”。

就这样，我们靠近路过的行人，努力地向他们介绍我们的公益项目，并把导行指南发到他们手上。我们还进入地铁站里，让更多的人了解“轮易行——乘坐轮椅人士地铁导行指南”项目，关注乘坐轮椅人士地铁出行的问题。虽然也有人拒绝听我们介绍，但是更多的人对我们报以鼓励的微笑。

活动结束后，我们欣喜地发现今天共散发出去近千份指南，远远超出我们的预期。通过和行人的互动沟通，也锻炼了我们与人交流的能力，增强了我们的自信心。我高兴地看到，人们对社会公益事业普遍持有理解和支持的态度，我想这就是公益的力量、善良的力量吧！公益永远在路上，让我们用爱心和行动共同打造一个和谐、温馨、美好的社会！

四、学生反思工具——从回望中汲取前行的力量

学生反思精选（一）

姓名：万依宁　时间：2019 年 3 月 5 日

提案名称：轮易行——乘坐轮椅人士地铁导行指南

发生了什么	有何感受
今天是“学雷锋日”。我们项目组一行 5 人走进东四街道，和居委会的叔叔阿姨们一起举办了一场别开生面的“弘扬雷锋精神，争做志愿者先锋”的宣传活动，向大家宣传推广我们的项目，将关爱残障人士出行的理念分享给更多的人。通过我们热情、详细的宣传，我们的项目得到了大家的认可并频频收获赞许	我看到越来越多的人积极报名成为学雷锋助残志愿者，参加帮助残障人士的志愿和公益活动，大家都有一颗公益心。我能够有机会参与这个活动，并在活动中宣传我们的项目，号召大家关注乘坐轮椅人士的出行问题，我感觉很骄傲、很自豪
有哪些主意	**有哪些问题**
我们的活动有意义，形式新颖，吸引了很多人前来询问和报名，但是我们的宣传场地不够大，宣传的范围有限。我们需要多制作一些宣传资料，在人流量较集中的公共场所多做宣传、派发，让更多的人了解和关注我们的项目	现场活动的组织工作非常重要，参加志愿活动的志愿者们也都留下了联系方式。但怎么充分发挥志愿者的作用呢？这就需要我们及时汇总整理志愿者的档案，了解他们的特长，同时也多向有经验的志愿者学习，更好地发挥各自的特长，为残障人士服务

教师评语

看到越来越多的人加入我们的团队中来，支持和参与我们的公益项目，不只是你，作为指导老师，我也深感自豪。正如你所说，我们的项目在宣传上下的功夫还不够，如果能加大宣传力度和广度，那么就能呼吁更多的人，共同为残障人士创造更加便捷的出行环境

学生反思精选（二）

姓名：李牧孜 时间：2019 年 5 月 15 日

提案名称：轮易行——乘坐轮椅人士地铁导行指南

发生了什么	有何感受
今天我们项目组来到位于丰台区的北京希望之家进行参观并对其创始人唐占鑫阿姨进行了专访。我们聆听了唐阿姨自强不息的事迹并体验了驾坐轮椅。通过这次活动，我更加深刻地体会到“轮易行——乘坐轮椅人士地铁导行指南”项目的重要性和紧迫性，并为自己能投身到这个项目中而感到自豪	今天的参观、专访活动是我们第一次近距离感受残障人士的日常生活。从听到唐阿姨说最初要放弃生活到最后勇敢地开始了新的人生，我感受到了残障人士巨大的心理压力。在亲身体验残障人士使用的工具后，我感受到他们日常生活、出行的不便，从而认识到关爱、关心残障人士是非常重要的
有哪些主意	**有哪些问题**
通过这次活动，我对关爱残障群体有了更加深入的感触。我觉得我们应该多邀请像唐阿姨这样的人来学校和同学们做交流，创造更多机会让同学们参观像“希望之家”这样的公益场所。这样大家才会有切身的感触，才会更好地理解、关心残障人士	在访问活动中，由于我们都急切地向唐阿姨提出自己的问题，使得唐阿姨没法对每一个问题进行深入地回答。我想我们可以多看看各种访谈节目，学习访谈的技巧，在访谈之前先集体讨论，确定访谈提纲，这样我们的访问就会有更好的效果

教师评语

你是个有想法的孩子，对每件事都有自己独到的见解。你说得没错，如果能够给同学们创造更多的机会，和残障人士面对面接触，相信会有越来越多的同学加入我们的项目组。在访谈前先确定访问提纲也是一个不错的主意，我们可以一起学习如何确定访问提纲

学生反思精选（三）

姓名：张宗耀　时间：2019 年 5 月 19 日

提案名称：轮易行——乘坐轮椅人士地铁导行指南

发生了什么	有何感受
今天是“全国助残日”，我们项目组成员再次来到地铁 6 号线朝阳门站，举行《北京地铁 6 号线乘坐轮椅人士地铁导行指南》发布活动。我们分成 4 个小组，在不同的地点向过路的行人以及地铁站里的人发放我们制作的宣传材料，请他们关注和传播我们的项目，以帮助乘坐轮椅人士更好地使用地铁出行。最后我们共发放出近千份宣传册	看着我们亲手制作的《北京地铁 6 号线乘坐轮椅人士地铁导行指南》发放到广大市民朋友手中，想到无障碍导行图能够帮助到更多有需要的人，我感到无比骄傲和自豪！让更多的普通人和乘坐轮椅人士了解无障碍出行的知识，一起呼吁全社会共同关心残障人士，相信我们通过努力一定能够实现目标
有哪些主意	**有哪些问题**
我觉得可以在前一段工作的基础上，继续开展项目，争取为每条地铁线路都绘制出无障碍导行图，这样可以帮助更多有需要的人。同时，我们要用好自己的微信公众号，加大对项目的宣传和成果的展示，争取引起更多的人关注和参与。我们要听取大家的意见和建议，将项目做得更充实，更有实效	在活动过程中大家要和各种各样的人交流，介绍项目情况，请大家关注支持。但是我们经常会遇到被拒绝的情况，这说明我们和别人沟通的经验很不足，推介项目的技巧还有欠缺，需要改进。同时，我们在遭遇拒绝和挫折时也不能气馁，要从中吸取教训、有所收获

教师评语

在介绍项目的时候被拒绝是很正常的情况，不要气馁，你们可以试试改进一下起始语，争取在第一句话的时候就引起别人的兴趣，我相信你们的成功率会大大提升的。你提到要继续开展项目，老师为你点赞，希望未来我们一起努力

五、家长感悟——在公益服务中和孩子一起成长

家长感悟精选（一）

探寻初心

刘耀阳家长

最近有机会和孩子一起听著名主持人董卿的一场名为《探寻初心》的讲座，讲述了她如何制作《朗读者》这一档脍炙人口的文化节目。董卿说：“主持人当然是贪念鲜花和掌声的，而鲜花和掌声背后的付出，才是最真实的。”这引起了我和孩子强烈的共鸣。

回想项目策划之初，我和孩子一起探讨我们要做一件什么样的事，能对社会中哪些不完美的角落产生一点点改变。我们不约而同地想到了那次带姥爷坐地铁的经历，于是提案前的那个晚上，由孩子口述，我手写了一份提案，但上交后并没有更多的期待。未曾预料的是，提案一步步地通过并最后入选了，这让我和孩子都有点意外，因为当时没怎么想过如何落实。幸好有平台的老师们，他们丰富的经验和耐心的指导像一盏明灯照亮了我们落实理想的道路。

项目执行过程并非一帆风顺，我们有时发愁如何接触到更多乘坐轮椅的人士，了解他们地铁出行的困难和需求。在调研中我们也了解到当下还无法在站内铺设我们设想的导行路标……这些困难并没有阻止项目的进展，我们记得更多的是那一张张真诚热情的脸庞。正如无障碍指南项目领域的先行者——北京“希望之家”创始人唐占鑫女士对孩子们所说的：“真正让我充满敬意和感动的是你们，因为你们代表未来，看到你们在做的事，我就想到我们在未来的社会，会生活得更便利、更美好，你们一定要坚持下

去!”我们的项目也许还不够完美，但它的整个过程没有偏离我们实施项目的初心——用孩子的视角和力量，让社会生活中不完美的角落发生改变。

初心不改，孩子的视角广阔了，“服务”的本领提高了，认识和观察社会的能力增强了，这些都是孩子们在项目执行过程中最为宝贵的收获，而项目本身对孩子的积极影响，远比一时的荣誉更真实、更深远。

家长感悟精选（二）

艰辛知人生，实践长才干

万依宁家长

很荣幸和孩子一起参加了“轮易行——乘坐轮椅人士地铁导行指南”公益项目，经过近半年的时间，项目圆满完成了。参与活动的每一个孩子特别是项目组的孩子们出色地完成了项目的各次活动。不仅仅是孩子们，作为家长，我也在参与项目的过程中受益良多。

自地铁6号线调研手绘无障碍设施地图开始，“轮易行”项目组的队员们就开始了公益之旅。从东四残联调研到在社区残障人士安奶奶家访问，从“学雷锋日”争当助残志愿者到递交改善地铁无障碍设施倡议书，从采访“希望之家”创始人唐阿姨到“全国助残日”宣传和发布《北京地铁6号线乘坐轮椅人士地铁导行指南》……一个个小小的身影逐渐成熟起来，忙碌而又认真地一步一个脚印、用心体会着项目的每一个活动历程。

孩子们在此次公益项目中得到了成长和锻炼，通过和残障人士的接触和交流，学会了理解他人的生活习惯、个性特点和职业情况，懂得了尊重人、体谅人；通过和项目组的小伙伴们协同合作，形成了团结合作的团队精神；通过开展志愿助残服务活动，不知不觉中掌握了志愿服务的有关知识和技能，从而自觉而乐意地为他人服务。每开展一项活动，每发现一个问题，每提出一个想法，孩子们都在不断地学习、成长和进步。

“艰辛知人生，实践长才干”，仅仅靠学习书本上的知识是远远不够的，通过参与“轮易行”公益项目，孩子们不仅开阔了视野，更培养了责任心和爱心。现在万依宁每次乘坐地铁都会主动去看一看有没有无障碍设施，以及使用起来方不方便。这正是参与这一项目带给她的潜移默化的改变。如果再有机会参与这样的公益活动，我和孩子都会毫不犹豫地参与其中。

家长感悟精选（三）

投身公益，永葆初心

张宗耀家长

“轮易行——乘坐轮椅人士地铁导行指南”项目圆满收官。作为家长，能够陪伴孩子全程参与项目，目睹孩子在活动中不断成长，我由衷地感到欣喜。

还记得孩子有幸成为项目核心成员的那天，他放学后兴冲冲地向我“报喜”，兴奋和期待的心情溢于言表。我在为他感到高兴的同时，也深深感叹孩子们对于探求未知的渴望与贡献社会的热忱。

还记得好几个周末，我陪着孩子从东三环跑到西四环，在好几个地铁站里跑上跑下，仔细考察残障人士地铁出行设施。我们俩认真地讨论种种利弊和改善的可能，同时用纸笔和手机镜头详细记录下残障人士搭乘地铁的导航路线。来来回回、上上下下，不知跑了多少腿，却也不觉得累。

还记得好几个夜晚，孩子独自起草、设计地铁站的导行图，然后我们一起分析，一点点修改，直到拿出一个比较满意的作品。当孩子的劳动成果被收入最终的《北京地铁6号线乘坐轮椅人士地铁导行指南》后，我们会心地微笑，一起分享成功的喜悦。

还记得在“全国助残日”与其他家长志愿者陪着孩子们在地铁站里做

宣传、发放宣传品的场景，家长们在背后鼓励孩子们向陌生的往来行人作项目介绍，看着他们从害羞甚至有些胆怯，到最后的落落大方，勇敢地表现自己，感觉到孩子们几乎在瞬间长大了！

陪伴是最好的教育，也是最好的爱，更是一种共同成长。在项目中，孩子们表现出来的纯真、努力、无畏、执着，对我来说也是一种教育和激励。为中国人民谋幸福、为中华民族谋复兴，这是我们每个人的初心。孩子们也一样，他们的初心就是希望能够为社会和身边的人做些有益的事情。引导、鼓励和支持孩子积极参与社会公益事业，是让他们永葆初心的最好方式之一。感谢学校为他们创造了这个机会，希望未来这样的机会越来越多。

六、帮扶对象——公益服务社会，爱心连接你我

帮扶对象感言精选（一）

北京地铁6号线黑晓津区长："感谢项目组的同学们，让我们看到小学的孩子们如此关注和关心北京地铁的无障碍设施建设。我们一直致力于改进地铁无障碍环境，改善对特殊人群的服务质量。孩子们的项目让我们注意到自己的工作中有待提高的地方。我看了孩子们的手绘导行图，没想到他们对地铁站内观察得这么仔细，能把6号线每一站的导行图都画出来，确实非常不容易。孩子们辛苦了，给他们点赞！谢谢大家支持我们的工作！"

帮扶对象感言精选（二）

北京东四街道残联负责人房主任："'全国助残日'这天我去6号线朝阳门地铁站观摩了项目组的孩子们举行的特别宣传活动。看着他们冒着风

雨发放自己课余制作的宣传手册，我特别感动。我们社区里孩子们参加的帮助残障人士的活动还不是太多，听说这个项目是他们自发组织的，我很欣喜。我希望孩子们以后能更多地走进社区，经常与残联保持联系，如果有合适的活动，希望残联也能参加。残障人士很希望能更多地融入社会，特别是和孩子们交流，很难得。这样的交流对孩子们树立正确的人生观和价值观也很有帮助！”

帮扶对象感言精选（三）

豆瓣胡同社区残障人士安秋英女士：“2019 年 3 月份，项目组的同学随着东四街道温馨家园的工作人员来到我家，给我讲解他们正在做的帮助乘坐轮椅人士地铁出行的项目。孩子们的天真可爱，还有认真的精神打动了我。他们问了我很多关于使用地铁的问题，虽然我觉得坐轮椅去乘地铁很不方便，也很少坐地铁，但我觉得如果他们的项目成功了，我想我会试着去乘坐地铁，毕竟那样可以去更远的地方。孩子们非常懂礼貌，除了讲项目，还问我有没有别的需要帮助的地方，这让我非常感动！”

帮扶对象感言精选（四）

北京东四街道温馨家园负责人颜霏：“我第一次见到孩子们是在街道办事处残联接待窗口。当时街道的同事说有几个史家小学的孩子们想参加残障人士的活动，做一些社会调研。后来我安排他们去社区的残障人士家里探访，没想到不到 10 岁的孩子和残障老太太聊得特别好，还跟老太太说了自己正在做的项目。我特别支持孩子们的项目，这不仅是对他们能力的锻炼，更让我们看到了未来的希望。在孩子们的带动下，我相信会有更多的人关注残障群体，关注他们的出行问题。”

七、成果展示——公益，我们一直在路上

“轮易行——乘坐轮椅人士地铁导行指南”项目自开展以来，项目组先后走进朝阳门地铁站、东四残联、地铁6号线沿途各站进行调研，撰写倡议书，建议相关部门进一步完善地铁站铺设乘车地面导引标识。同时项目组手绘乘坐地铁导行图，形成《北京地铁6号线无障碍导行指南》，并在沿途地铁站开展特别宣传活动。为了让更多有需求的人士便捷地获取信息，项目组还前往东四温馨家园、豆瓣胡同小区等地开展宣传活动，有针对性地帮助更多有需求的群体。项目组创建了微信公众号，定期发布项目进展情况的原创文章。项目的实施受到了新华网、未来网、网易新闻、《东四奥林匹克社区报》等多家媒体的关注与报道。因表现突出，项目最终获得了由中国扶贫基金会颁发的“益路同行·优秀公益创新团队”奖。

项目组编写的《北京地铁6号线无障碍导行指南》

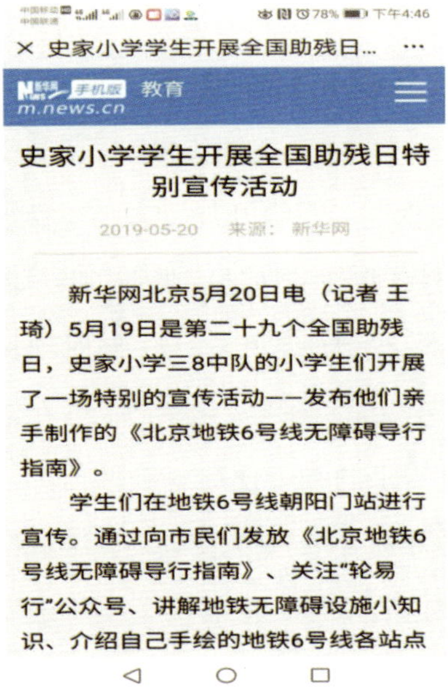

史家小学学生开展全国助残日特别宣传活动

2019-05-20　来源：新华网

新华网北京5月20日电（记者 王琦）5月19日是第二十九个全国助残日，史家小学三8中队的小学生们开展了一场特别的宣传活动——发布他们亲手制作的《北京地铁6号线无障碍导行指南》。

学生们在地铁6号线朝阳门站进行宣传。通过向市民们发放《北京地铁6号线无障碍导行指南》、关注“轮易行”公众号、讲解地铁无障碍设施小知识、介绍自己手绘的地铁6号线各站点

新华网对项目进行报道

《东四奥林匹克报》对项目进行报道

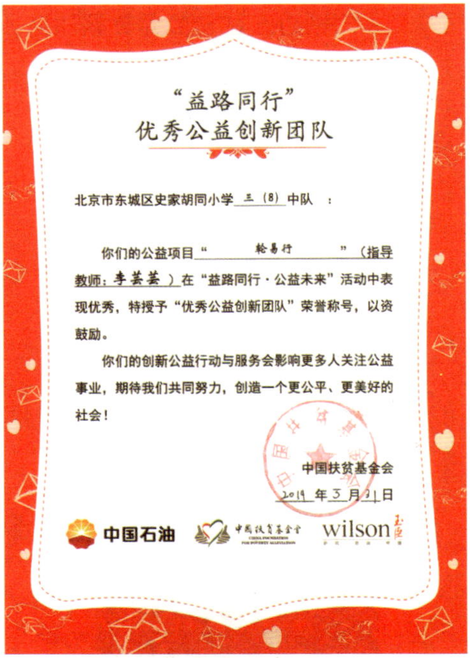

“益路同行”
优秀公益创新团队

北京市东城区史家胡同小学 三（8）中队 ：

你们的公益项目“ 轮易行 ”（指导教师：李芸芸）在“益路同行·公益未来”活动中表现优秀，特授予“优秀公益创新团队”荣誉称号，以资鼓励。

你们的创新公益行动与服务会影响更多人关注公益事业，期待我们共同努力，创造一个更公平、更美好的社会！

中国扶贫基金会
2019 年 3 月 31 日

项目获得“益路同行·优秀公益创新团队”奖

濒危植物“笑起来”

“濒危植物‘笑起来’”服务学习项目由史家小学三（12）中队刘泊言同学发起，三（12）中队全体成员共同参与完成。项目指导老师为史家小学祁冰老师。“濒危植物‘笑起来’”服务学习项目于2018年11月初发起，至2019年6月底顺利完成。项目组通过资料查阅、向专家学习、校外调研、创意作品评比等多种方式了解濒危植物，完成调查问卷400多份，编制《濒危植物保护行动手册》，并开发出濒危植物主题明信片等延伸宣传品。项目实施以来，项目组先后走进中山公园、北京二中分校、北京教学植物园、中科院北京植物园、圆明园、建国门社区、史家社区、北京市园林绿化局、北京电影学院等地，累计举办10场活动，通过多种方式向人们普及濒危植物保护知识，号召大家保护濒危植物，受到社会各界广泛好评。项目组还开通了微信公众号及时进行活动的展示和宣传，《科普时报》、《少先队报》、《北京日报》、北京电视台新闻频道《北京您早》栏目、学习强国App、今日头条等多家媒体对项目进行了报道。

一、指导教师推荐序

2019年是我第三年组织、带领学生参加服务学习项目，从“为井盖穿上彩衣”到“文明遛狗　安全出行”，再到“濒危植物‘笑起来’”，孩子们发起的一个个优秀公益项目深深地打动了我，让我在惊叹于孩子们的创造力和执行力的同时，也深刻认识到服务学习对于孩子们成长的重大作用。通过“濒危植物‘笑起来’”项目，同学们聚焦身边影响深远的社会问题，通过主动、系统的专业学习，不断研究问题，进而走出校园，践行公益计划。

勇担社会责任，聚焦身边影响深远的社会问题

“濒危植物‘笑起来’”服务学习项目的发起人是刘泊言同学，她在提交的项目书中写道：“长久以来，人们忽略了对珍贵濒危植物的保护，使得它们出现在我们视线中的机会越来越少。造成这种局面的原因是对濒危植物的知识了解太少，很少有人会主动地保护它们，有时甚至会无意中破坏它们的生长地。”

资料显示，在我国，鸽子树、银杉、梵净山冷杉、天目木兰、羊角槭等一大批美丽、珍稀的植物正在丧失自然生长地。其中百山祖冷杉、天目铁木等 9 种植物每种野外数量仅存 1 ~ 10 株，广西火桐等 54 种植物都只有一个分布点……濒危植物的生存境况值得关注，濒危植物没有替代品，一旦灭绝就意味着永远消失，我们要像保护眼睛一样保护濒危植物。2019 年中国北京世界园艺博览会在北京延庆园博园举办，保护濒危植物、营造绿色生态环境再次成为人们关注的焦点。

正是在这样的背景下，史家小学三（12）中队发起了“濒危植物‘笑起来’”的创想，对人与自然和谐共生以及美丽星球美好未来的渴望，在孩子们的心里逐渐转化为具体的行动方案。孩子们对动植物有天然的亲近感和好奇心，濒危植物的问题不仅与孩子们的生活息息相关，更加点燃了孩子们的社会责任感。“濒危植物‘笑起来’”项目从提出就受到了全班同学的高度认可，他们从这个项目中找到了自身的使命，并愿意为此奔走、呼吁。经过海选、初评、当面答辩等环节，项目于 2019 年初正式上线。

构建专业知识体系，在服务中不断学习、深度研究

为保障项目的科学性，项目组请来了北京市植物科普中心副主任陈红岩作为项目的专家顾问。陈老师从事植物科普工作十余年，为孩子们提供了很多一手的资料和及时中肯的建议。

项目还得到了中国科学院植物研究所覃海宁博士的关注和支持。覃博士受邀来到课堂上，为同学们做“濒危植物‘笑起来’”的讲座，将物种保护的专业知识用浅显通俗的语言娓娓道来。讲座生动形象、干货满满，孩子们瞪大眼睛听着，不时发出一声声惊叹和欢笑。

通过学习，同学们更加真切地了解到物种濒危的原因，还了解到濒危植物对人类的重要意义。

除了向专家请教，同学们还以小组学习的方式深度阅读《北京珍稀濒危及常见野生植物》《小眼百科濒危植物》《手绘濒危植物》《中国珍稀濒危植物图鉴》《中国生物多样性红色名录·高等植物卷》《中国植物红皮书》等专业书籍，利用课余时间开展主题研究。在系统学习的基础上，同学们编制了《濒危植物保护行动手册》，并开发出明信片等延伸宣传品，助力传播濒危植物保护知识，激起人们对保护濒危植物的重视。

孩子们对濒危植物保护的责任感在美术课上开出了震撼、惊艳的“花朵”——分工完成了《国家重点保护野生植物名录（第一批）》50 多种植物的绘制。平时画儿童画的孩子们，在学习了陈老师植物标本科普画的知识和查阅了自己要画的濒危植物的科学属性后，用灵巧稚嫩的手画出了一幅幅濒危植物的画作。这是热爱和求真带来的震撼！

这些画作在史家画苑进行了展览，引来全校师生驻足观看。同学们在现场耐心、热情地介绍每一幅画的背景信息，同时不忘提醒同学和老师要保护濒危植物。这些手绘作品还被请进了全国电影最高学府——北京电影

学院，与该校摄影学院2019届研究生毕业作品联合展出。对专业知识的系统学习使同学们更加信心满满，创作和展览更是让他们体验到了担负起社会责任，做未来主人的成就感！

以核心团队为主，带动全班、辐射全校、影响全社会

“濒危植物的消失意味着什么？它们面临的生存威胁是什么？它们有什么样的容貌和故事？它们在期盼着我们什么样的行动去保护它们……”孩子们不断探究，从提高自我认识开始，像开足马力的发动机，只需要一根火柴，就能燃起熊熊火焰，只需要一个引导程序就能启动整个操作系统！

刘泊言、胡天翼、葛涵玉、刘泰泽、王禹博组成核心团队，在课余时间不断进行讨论，细化活动内容，商讨实施细节。在这个过程中，几位同学相互启发、互相鼓励，并学习如何消除争议、锻炼为共同目标分工合作的本领。

通过广泛动员，全班同学都积极参与进来，一起写倡议书和保护濒危植物的标语，甚至在放学后放弃了每日放学后半小时的集体狂欢，前往附近的社区开展宣传活动。他们充分利用社区书报栏的宣传功能，在书报栏中张贴保护濒危植物的倡议书，并向社区居民发放倡议书，向他们介绍濒危植物保护的相关知识。大家你一言、我一语，把保护濒危植物的意义、初衷，甚至如何扫码公众号都介绍得清清楚楚。孩子们时而聚集、时而转移，用最原生态的旋风式的“快闪”做了一次公益活动。

活动还带动了全校的同学，同学们利用寒假外出的机会，参观植物园或野生林园，与祖国及世界各地的珍稀、濒危植物进行了“亲密接触”。在云南西双版纳植物园、昆明植物园，新加坡植物园、美国洛杉矶植物园、美国国家自然博物馆……同学们发回了与望天树、桫椤、野生兰花、珙桐

（鸽子树）、索赞芦荟、小叶玫瑰、榆绿木、铁力木、银杉、四合木等的合影。对史家小学的同学们来说，珍爱植物，热爱大自然，已经深入内心，变成日常的自觉意识和行动。

除了学校和周边，项目成员还积极走出校园，面向更广大的受众进行宣传。

“黄花梨可以打造家具，可是现在它越来越少……”“云杉可以制作优质吉他，可是现在它变得难寻……”项目团队走进北京二中分校开展濒危植物保护宣讲交流活动。

“生态环境丧失及过度采集导致多数猪笼草、野生兰花、苏铁、人参等植物面临濒危，请您关注濒危植物，参与我们开展的濒危植物调查”。孩子们拿出自己设计的调查问卷，对行人开展现场调查。

“据估计，一种植物的消失将影响到多达30种其他植物。”孩子们用具体的数据在建国门社区服务中心开展宣讲。

在老师的帮助下，孩子们申请了项目微信公众号，并积极联系新闻媒体，通过电视、报纸、网络等多种渠道宣传他们的活动和理念，讲解保护濒危植物的必要性，扩大项目影响力。

短短半年时间，“濒危植物‘笑起来’”项目从发起到圆满结束，作为指导老师，我看到了同学们一路的付出与成长。正如“服务学习”的口号那样：“我服务，我学习，我成长。”在陪伴孩子们开展“濒危植物‘笑起来’”项目的过程中，我和孩子们共同领悟到：自主学习是终生进步的动力，团队合作是通向成功的法宝，动手实践是不断前进的途径。公益这把钥匙为孩子们开启了自我学习、勇于承担社会责任的快速通道，孩子们放眼社会、聚焦公益、提出创想、开展实践，在服务中学习、在服务中成长，最终体会到努力就有收获的成长经验。我们相信，只要坚持，向善向美的公益心就不会“濒危”；只要坚持，我们终会为自己的付出会心一“笑”。期待大家一起行动起来，为弘扬生态文明，建设美丽家园出一份力。

指导教师：祁　冰

二、创想梦工厂——种下一颗公益的种子

（一）创想动因

项目发起人刘泊言暑假和父母一起去了美国，发现那里空气清新、植物非常繁盛。站在居民区里不论朝哪个方向看去，都能看见奇形怪状的植物耸立，很多都是她没见过的植物。爸爸告诉她，这些很多是居民刻意种植的珍稀、受保护或者濒危的植物，它们为环境增色不少。另外，在一些自然保护区或植物园里，她也看到了很多濒危植物。这使她深深理解了人与植物和谐相处的重要性。

回国后，她总在思考濒危植物的问题：中国的濒危植物现状如何？人们是否在保护它们？这些问题引起了她的好奇心，于是她上网查找资料，她发现《中国珍稀濒危植物名录》收录了近 2000 种濒危植物（国家重点保护植物等），像兰花、银杉、天目木兰、羊角槭等看似普通的植物正在丧失自然生长地；但人们对濒危植物的认识不足，对其保护力度更是欠缺，相对于濒危动物的保护在中国还没有受到足够的重视。很多濒危植物具有特殊的用途，对生态环境也有重大意义，比如云杉是制作优质吉他的材料、黄花蒿是制作疟疾药物的重要材料……

于是，刘泊言和小伙伴倡议发起“濒危植物‘笑起来’”服务学习项目，希望让更多的人了解濒危植物，并参与濒危植物的保护，为保护和挽救濒危植物出一份力。

（二）团队介绍

发起人及总负责人	刘泊言	史家小学三（12）中队中队委，热爱自然，多次到自然博物场馆及植物园参观学习；善于观察，美术功底好；想象力丰富，善于写故事，喜欢探究新鲜事物；善于沟通，有较强的组织协调能力。作为项目的发起人及总负责人，负责项目的整体推进与协调工作
团队伙伴	胡天翼	史家小学三（12）中队成员，善于表达，热情有活力，喜欢宣传推广，对与植物相关的知识有较广泛的涉猎。在项目中主要负责宣传工作
	葛涵玉	史家小学三（12）中队成员，善于绘画、表演，喜欢动植物，热心公益，多次组织并参加公益活动。在项目中主要负责组织工作，并参与绘本小册子的编制工作
	刘泰泽	史家小学三（12）中队中队委，敢于创新、勇于奉献，富有团队合作精神；思维活跃、理解力强，善于谋划。在项目中主要负责外联工作，为外出调研及活动提供对接和资源保障
	王禹博	史家小学三（12）中队成员，多才多艺，动手能力强。在项目中主要负责财务工作，同时参与活动的策划和图文设计等
指导教师	祁　冰	史家小学三（12）中队班主任，所带班级被全国少工委评为"优秀动感中队"，获北京东城区教育系统"育人奖"、"优秀教师"、东城区骨干教师等荣誉称号。曾组织、带领"为井盖穿上彩衣""文明遛狗　安全出行"等优秀公益项目，有丰富的公益项目指导经验
专家顾问	陈红岩	北京市植物科普中心副主任，从事植物科普工作十余年，始终专注于植物科学传播、科普活动策划及科普文章写作。为项目提供专家咨询服务
	朱华忠	中国科学院地理科学与资源研究所副研究员，第二次青藏高原综合科学考察队成员。为项目提供科学指导

（三）实施过程

“濒危植物‘笑起来’”项目自2018年11月初启动，至2019年6月底圆满结束，共分为前期筹备、组织实施、总结反思三个阶段。

第一阶段（2018年11月1日至2019年2月28日）：前期筹备阶段。这一阶段，项目组核心成员一方面分组讨论项目计划，设计关于濒危植物保护的调查问卷，拍摄濒危植物介绍视频，注册并开通项目微信公众号，为项目执行做好准备工作；另一方面前往中山公园开展前期调研工作，初探“濒危植物”，走进北京二中分校开展“濒危植物保护”主题试讲活动，并邀请二中师生填写濒危植物调查问卷。同时，项目组还呼吁全校同学在假期探亲访友或旅行途中关注濒危植物，拍摄与濒危植物的合影。

第二阶段（2019 年 3 月 1 日至 5 月 22 日）：组织实施阶段。在这一阶段，项目组成员不仅在校内开展系列宣传，还邀请专家学者做关于濒危植物的讲座；同时，项目组成员走进北京教学植物园、圆明园等地，了解濒危植物的现状和具体保护措施，并在园内开展丰富多彩的项目宣传推广活动。

2019 年 3 月 5 日，项目组成员开展校内系列宣传活动。他们制作广告海报，以绘画和文字的形式讲述濒危植物保护的故事，让更多小学生成为保护濒危植物的主体倡议者。

2019 年 3 月 11 日，项目组邀请中国科学院植物研究所覃海宁博士来到课堂上，为项目组全体同学做关于濒危植物的讲座。在覃博士的指导下，同学们系统地学习了物种保护的专业知识。

2019 年 3 月 21 日，项目组开展“手绘濒危植物”活动，以手绘画的方式展出国家第一批一级重点保护植物共 52 种，整理形成文字介绍，并在史家画苑进行展览，进一步宣传和推广濒危植物保护常识。

2019 年 3 月 26 日，在祁老师的指导下，项目组在校内开展调查研究，主动发现校园绿化问题，为校园绿化贡献自己的力量。在全体成员的共同努力下，大家亲手栽种植物，观察植物种子的发芽与生长，用行动维护校园绿化。

2019 年 3 月 30 日，同学们来到北京教学植物园，近距离观察植物，发放保护濒危植物倡议书、胸章和书单，并进行了保护濒危植物的倡议宣传。

2019 年 4 月 1 日，项目组走进建国门社区，发放濒危植物倡议书，倡导身边的人关注濒危植物，扩大项目影响力。

2019 年 4 月 5 日，项目组全体成员来到圆明园，仔细观察园中的植物，通过植物辨认和现场学习，加深对植物的认识和了解，并向游客发起保护濒危植物的倡议。

2019 年 4 月 10 日，项目组成员走进史家社区，开展“保护濒危植物”主题宣传活动。为了这次宣传活动，项目组成员在一周前就联系好了街道派出所的工作人员。他们的活动更是得到了社区工作人员的全力支持。

2019 年 4 月 11 日，项目组成员拜访北京市园林绿化局，向那里的工作人员宣传保护濒危植物的理念，并了解北京市目前的绿化现状，听取绿化局工作人员对项目推广的意见和建议。

2019 年 4 月 20 日，项目组走进中科院北京植物园，现场观察辨认植物，了解植物的喜好，对植物的种类、外形、生长环境有了更进一步的了解，并在园区内开展以“濒危植物保护”为主题的宣传活动，呼吁更多的人关注濒危植物。

2019 年 5 月 12 日，项目组邀请北京植物园专家陈红岩老师，为项目组全体同学做关于濒危植物的讲座。陈老师为同学们讲解了濒危物种和灭绝物种的概念，以及保护濒危植物的重要意义。

2019 年 5 月 22 日，在北京电影学院的邀请下，项目组同学携绘画作品参加该校摄影学院 2019 届研究生毕业作品联合展出，并在展览中进一步宣传推广项目。

第三阶段（2019 年 5 月 23 日至 6 月 20 日）：总结反思阶段。这一阶段，全体成员对活动进行梳理，总结经验、交流感受，同时在学校“六一”活动中进行汇报演出，总结、分享项目经验，持续宣传、呼吁人们保护濒危植物。

三、学生行动日记——记录公益之花盛开全过程

学生行动日记精选（一）

2019 年 3 月 11 日 星期一 晴

三（12）中队 王禹博

植树节前夕，我们有幸邀请到了中国科学院植物研究所覃海宁博士来班里做讲座。覃海宁博士现任中国科学院植物研究所“物种信息与快速鉴定研究组”组长，研究领域为植物分类学、科学数据库和生物多样性保护。他先后主持了国家自然科学基金面上项目 2 项，中科院重点项目 2 项以及多项部委科研课题。

覃博士为我们做了一场题目为“濒危植物‘笑起来’”的专家讲座，我们三（12）中队和四（17）中队的全体同学一起认真聆听了这场讲座。覃博士将物种保护的专业知识用浅显通俗的语言娓娓道来，讲解条理清晰、生动有趣。因为讲解内容很契合同学们的兴趣点，加上核心团队前期对濒危植物保护的宣传，我们两个中队的很多同学已经对濒危植物有了一定的认知。大家热情高涨，积极地参与互动问答，争先恐后地踊跃发言，一次次将课堂气氛推向高潮。一堂课下来，同学们个个都是收获满满。学校也给予我们很多的支持，专门派出了摄像摄影老师录制了专家讲座的全过程，为这宝贵的分享瞬间留下了珍贵的影像资料。

专家的讲解极大地开阔了同学们的视野，丰富了同学们的知识面。本来一个小时的讲座，最后在两个多小时后才结束，而大家依然意犹未尽。我们还与覃博士约好下一次再相聚。我们希望通过自己的努力，把濒危植物的知识带给更多的人，让我们一起加油吧！

学生行动日记精选（二）

2019 年 3 月 30 日　星期六　晴

三（12）中队　葛涵玉

迎着格外明媚的晨光，我们三（12）中队的队员们在中队辅导员祁老师的带领下，怀着激动的心情来到北京教学植物园。队员们个个摩拳擦掌，倍感振奋。今天，在“地球一小时”日这个特殊的日子，我们“濒危植物‘笑起来’”公益项目的小卫士们要举行神圣的签名仪式。我们要积极探究濒危植物的种类和现状，通过关注并宣传保护濒危植物，以实际行动倡导人与自然的和谐共生。

这个看起来并不是很起眼的园子里会有什么呢？植物园的老师边走边给我们介绍这座精致的“宝库”。原来北京教学植物园虽然占地才 11 万平方米，却有近 2000 种植物在这里“安家落户”，其中不乏全市乃至全国的保护树种。瞧！那些挂黄牌的是北京市保护植物，挂红牌的属于国家级保护植物。这里不光有医学界前三名的药用植物——柳树、红豆杉、青钱柳，还有“植物活化石”之称的中生代孑遗植物银杏、水杉等国家一级保护植物。老师还给我们讲了许多关于植物的有趣知识，真是让我大开眼界！

老师的讲解让我明白了一个道理：人类不能过多地砍伐掠取大自然宝贵的资源，要取之有度，不然后果不堪设想。要知道一种植物的消失会引起多达30种其他植物的消失呢！保护濒危植物，刻不容缓！

学生行动日记精选（三）

2019年4月15日　星期一　晴

三（12）中队　刘泰泽

今天是我们的公益活动“濒危植物‘笑起来’”走进社区进行宣传的日子。放学后，我和小伙伴们一起来到了东城区建国门街道长安太和小区进行实地宣传。为了这次宣传活动，我们在一周前就联系好了建国门街道派出所的叔叔，让他对项目进行了备案。同时，我们的活动也得到了长安太和物业阿姨们的全力支持，她们不仅把我们的宣传海报放进社区大堂的显眼位置进行宣传展示，还号召社区的居民积极参与到保护濒危植物的活动中来。

我和我的小伙伴们每见到一个路人，就由一位同学先介绍我们的公益活动，再由其他同学进行补充。如果路人有不清楚的地方，大家会群策群力一起回答。就这样，我们乐此不疲地进行着宣传活动。大家开始时还有一些紧张和拘谨，不过，很快就熟练起来，自然地与社区居民进行互动。我们的宣传活动持续到路灯都亮了，大家依然兴致勃勃，不愿结束今天的宣传工作。直到家长们告知时间太晚了，让我们尽快收场，我们才发现已经到晚上9点了。最后，同学们聚到一起，开了一个小小的总结会，把今天的收获和心得进行了分享。我们希望尽项目组的最大努力，让更多的人参与到保护濒危植物的行动中来。

四、学生反思工具——从回望中汲取前行的力量

学生反思精选（一）

姓名：胡天翼　时间：2019年4月2日 提案名称：濒危植物“笑起来”	
发生了什么 在祁老师的引导下，我们核心小组提出了“手绘濒危植物”的创想。付蕊老师帮我们整理了54种濒危植物的资料。美术老师带我们仔细观察分析每种植物的特征。在老师们的指导下，我们中队全体同学独立完成了54幅濒危植物手绘作品，并在史家画苑进行了专栏张贴展示，引来老师和同学们的驻足观赏	**有何感受** 植物画是认识和了解植物、了解自然的一种特别好的方式。通过手绘濒危植物，我们更深入地了解了每种濒危植物以及它们的故事。人类与植物息息相关、共荣共生！植物滋养人类，人类应该呵护植物生长。我们更加深刻地认识到保护濒危植物是一件多么有意义又刻不容缓的事，任重道远
有哪些主意 要想服务他人，我们自己先要有过硬的本领，要先开展专业学习。同学们如果有时间，可以多搜集濒危植物的相关图片和资料，在进行户外活动或去植物园、公园时，要多观察、多思考，随身携带小本子，随手画，随手做自然笔记。这有利于更好地了解植物，了解自然，掌握更多濒危植物的专业知识，对于我们后期开展项目宣传推广非常有帮助	**有哪些问题** 手绘哪些植物，需要作出选择，我们的时间和精力有限，只能选择最具代表性、特征显著的濒危植物。刚开始画的时候，有的同学掌握不好该植物的特征，画得不够准确和精美。在美术老师的耐心启发和指导下，最终画作呈现出来的效果都很出彩。在布置张贴栏时，由于我们对尺寸估测得不够准确，导致作品无法一一陈列，只能从中精选出30幅作为代表，还是稍显遗憾

续表

教师评语
把很难认知的植物通过绘画的形式表现出来，并利用画展的方式向社会宣传，这种宣传方式非常新颖和有成效，也是我们的一大创新尝试。你在这个过程中观察细致、独立思考，能够有效反思总结问题，开阔思路，为项目积极出谋划策，你的表现非常棒，老师为你点赞

学生反思精选（二）

姓名：葛涵玉　时间：2019 年 5 月 22 日 提案名称：濒危植物“笑起来”	
发生了什么 为了让大家更好地了解濒危植物，共同保护濒危植物，我们开展了一系列宣传活动。全班同学还手绘了 54 种国家第一批一级重点保护植物，并整理了文字介绍。我们的宣传受到北京电影学院的关注和支持，部分同学携绘画作品参加了该校摄影学院 2019 届研究生毕业作品联合展出	**有何感受** 虽然在大人眼里，我们还是小不点儿，但我们有善于观察生活的眼睛，勤于思考分析的大脑。我们怀着服务社会的善心认真开展学习实践活动，不仅得到老师和父母的支持，还得到了其他叔叔阿姨、哥哥姐姐的关注和鼓励。我们真的可以通过自己的努力影响身边的人。公益路上，我们不孤单
有哪些主意 为了扩大项目的影响力，我们需要采取多种形式来推广我们的活动，比如绘画、表演等。丰富的形式可以吸引他人更深入地了解我们的项目并参与其中，也易于网络媒体的高效传播	**有哪些问题** 除通过微信公众号来宣传项目外，我们还需要思考有哪些有创意、更高效的宣传手段，使更多的人了解我们的项目，加入保护濒危植物、共建和谐生态的队伍中
教师评语 作为核心小组成员，你很有责任感，充分发挥了自己的绘画特长，完成了三幅精美的濒危植物手绘作品，非常棒！对于如何将项目推广和宣传工作做得更好、更高效，老师有个主意，可以结合你们的作品，制作一些精美的濒危植物衍生生活用品，如书签、钥匙扣等，既实用又可以很好地推广。你有更好的主意吗？我们可以一起讨论	

五、家长感悟——在公益服务中和孩子一起成长

家长感悟精选（一）

保护濒危植物，我们在行动中成长

皇甫一诺家长

史家小学三（12）中队在过去的大半年时间里，在班主任祁老师的精心策划和指导下，在全体师生和家长的共同努力下，完成了一次又一次精彩的活动，将“濒危植物‘笑起来’”项目推进得有声有色。孩子们无论是探秘中山公园、走进北京二中、走进植物园，还是设计调研问卷、制作精美书签、手绘濒危植物，抑或是请科学院的老师们培训讲座，都有不一样的收获。孩子们不但学到了很多濒危植物的知识，还通过参加社会实践活动锻炼了他们的表达能力、绘画能力和组织能力，综合素质得到很大提升。

我觉得这是一项很“实在”的公益项目。为什么说它“实在”呢？首先是因为它的每一场活动都是实实在在存在的，不论是大人还是孩子们，都能够积极参与其中。其次是因为活动本身很实在，孩子们在活动中学到了实实在在的知识，这些知识是一辈子的财富。也许一株小小的木莲花、一朵美丽的金花茶就能够影响孩子们的一生。

我觉得这还是一场“美丽”的行动。之所以说它美丽，是因为这个春天，孩子们接触最多的是鲜花、绿树、蓝天和大自然，孩子们通过实践活动感受祖国壮丽的河山，体会人与自然和谐共生，体会“绿水青山就是金山银山”。这个春天，孩子们领略了太多大自然馈赠的美，所以说这是一场“美丽”的行动。

这也是一场很有感染力和号召力的行动，孩子们无论在超市、在爸爸

妈妈的办公室，还是在商场、在社区、在地铁站所进行的每一场宣传，都会深深地感染到周边的人。人们被孩子们的精神所鼓舞，也参与到保护植物、保护大自然的活动中来，这就是活动本身的感召力。

我们的项目虽然圆满结束了，但是孩子们热爱植物、保护环境的行动会一直坚持下去，为保护这一片鸟语花香、蓝绿交融的世界而不断努力。

家长感悟精选（二）

一场远超预期的公益行动

郭柯家长

对于“濒危植物‘笑’起来”这个公益项目，我最大的感受就是远超预期。

首先，孩子们的热情和收获远超预期。项目刚开始时，对于孩子的热情我是不担心的，但对于这股热情的持续性还是有些怀疑的，然而孩子们用不断高涨的热情彻底打消了我的疑虑。在所有的专家讲座、实地考察中，孩子们总是专心听讲、积极记录、认真思考。在宣传过程中，孩子们热情高涨，更难能可贵的是，在平时的生活中孩子们也总是带着宣传材料，一有机会就向身边的人宣传“濒危植物”。有了这样的热情，孩子们当然就会收获满满。他们不但学到了很多有关濒危植物的知识，加强了保护濒危植物的意识，更为重要的是，他们锻炼了胆识，增强了解决问题的能力。

其次，家长们的热情和收获远超预期。对于项目组核心成员的家长，他们的热情不会削减，但其他的家长呢？随着活动的深入，我发现这种担心也是多余的。家长们的热情随着活动的展开不断地升温。在陪同孩子们实地考察时，很多家长也是专心听讲、积极提问，热心支持着孩子们的项目。

为什么会出现这种远超预期的结果？我想可能有以下几个方面的原因。

第一是选题非常好，能引起大家的共鸣，让大家能够很好地参与。

第二是活动的安排形式多样，既有专家讲座，也有实地考察，还有各种形式的宣传，丰富多彩。

第三也是最为关键的，中队辅导员祁老师起到了真正的“核心”作用。在学生、家长、专家之间，她是“纽带”，保障着整个活动的流畅进行；在大家士气有些低落的时候，她鼓起所有人的干劲；在大家过于兴奋的时候，她又会提出新的问题，把大家带入理性的思考。

一场远超预期的公益行动，将孩子、家长、学校、社区紧密地联系在一起，大家共同努力，为保护濒危植物贡献着自己的力量。

六、帮扶对象——公益服务社会，爱心连接你我

帮扶对象感言精选（一）

植物保护和园林绿化方面的工作人员：“大家好，我是一位从事植物保护和园林绿化方面的工作人员，能与项目组的孩子们接触，并有机会参与到濒危植物的保护行动中，我感到很高兴。这么小的年纪就能把公益活动开展得有板有眼，的确了不起。活动锻炼了他们的思考能力和动手能力。很多知识到了孩子们的大脑，经过他们的加工再传达出去，往往起到很不一样的效果。孩子们行动起来，为濒危植物呐喊，具有很强的感染力。现在越来越多的人注意到生态保护问题，植物保护也得到大家的重视。希望学校能把这个活动继续下去，使孩子们增强社会责任感和社会适应能力的同时，持续为濒危植物的保护做点事情。”

帮扶对象感言精选（二）

朝西社区居民：“听了同学们关于濒危植物保护的宣传演讲，我特别感动，也学到了很多濒危植物保护的知识。他们小小年纪，就有一颗热爱大

自然、热爱公益的心，为他们点赞！项目组的活动内容丰富多彩，既有进社区、进公园、进学校的宣传，也有海报、书签、明信片等资料，形式活泼，内容多样，能把学习和实践结合起来，非常好！我要向他们学习，今后也要发动我的家人和周围朋友，一起保护濒危植物，让我们的家园越来越美丽！”

帮扶对象感言精选（三）

路人阿姨：“之前我都不知道，原来地球上有这么多植物在濒临灭绝，有这么多美丽的生命面临危机。经过参加这个项目问卷调查，以及听他们讲解，我才意识到，我们人类的一些活动对动植物乃至我们的地球造成了多大的危害。我计划带着我的孩子，去参观北京世园会，有时间我们一定多去公园和植物园，认识和了解植物，亲近大自然。这个项目非常有意义，一颗公益的小种子，一定能长成参天大树！我们一起保护濒危植物，一起守护美丽家园。加油！谢谢这群小朋友们，阿姨给你们竖个大拇指！”

七、成果展示——公益，我们一直在路上

“濒危植物‘笑起来’”服务学习项目自开展以来，先后走进中山公园、北京二中分校、北京教学植物园、圆明园、中科院北京植物园、建国门社区、史家社区、北京市园林绿化局、北京电影学院等地，累计举办 10 场活动，得到社区居民、园林绿化工作人员、景点游客的肯定与好评。项目组制作了关于濒危植物的调查问卷和倡议书，广泛地调研、宣传、推广濒危植物保护知识。项目组还通过微信公众号，定期发布项目进展情况的原创文章。《科普时报》、《少先队报》、《北京日报》、北京电视台新闻频道《北京您早》栏目、“学习强国” App 等多家媒体对项目进行了报道。因表现突出，项目最终获得了由中国扶贫基金会颁发的“益路同行 · 优秀公益创新团队”奖。

项目组绘制的行动手册

4 自然·生态

那年，南极大陆在召唤

和谐相处惟正道

北极午夜的天籁之音

让濒危植物“笑起来”

茫茫大海中，它们如何生存

《科普时报》对项目进行报道

北京电视台新闻频道《北京您早》栏目对项目进行报道

《少先队报》对项目进行报道

学习强国 App、《北京日报》报道项目活动

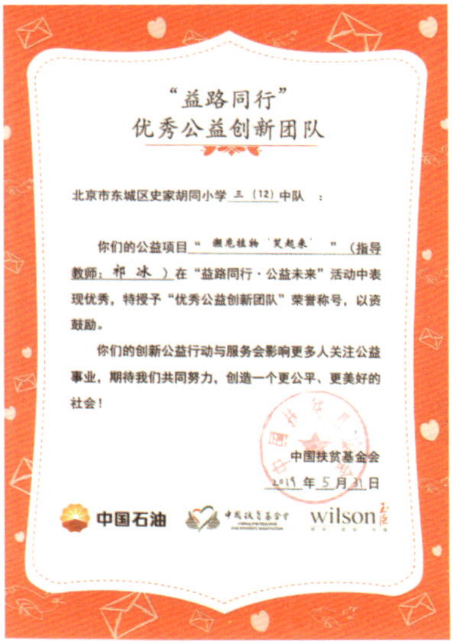
“益路同行”
优秀公益创新团队

北京市东城区史家胡同小学 三（12）中队 ：

你们的公益项目“ 濒危植物‘笑起来’ ”（指导教师：祁 冰 ）在“益路同行 · 公益未来”活动中表现优秀，特授予“优秀公益创新团队”荣誉称号，以资鼓励。

你们的创新公益行动与服务会影响更多人关注公益事业，期待我们共同努力，创造一个更公平、更美好的社会！

中国扶贫基金会
2019 年 5 月 31 日

中国石油　wilson

项目获得“益路同行 · 优秀公益创新团队”奖

脊柱健康小卫士

“脊柱健康小卫士”服务学习项目由史家小学四（1）中队刘彦汐同学发起，四（1）中队全体成员共同参与完成。项目指导教师为史家小学白雪老师。“脊柱健康小卫士”服务学习项目自2018年12月初发起，至2019年6月底顺利完成。项目组通过派发宣传手册、播放PPT宣传片、模拟演示脊柱侧弯和现场表演脊柱健康操等形式让更多的人学会如何预防和纠正脊柱侧弯并普及脊柱保护的相关知识，形成良好的学习和生活习惯。项目实施以来，项目组先后走进军营、启达教育培训机构、海淀黄庄地铁站、朝阳门地铁站、龙潭湖公园、芳古园社区、银河SOHO、金融街华夏基金办公楼、白家庄小学、南门仓社区等地，累计举办10余场活动，直接影响人群达2000余人。项目通过多种方式向人们普及脊柱的相关知识，把正确的脊柱健康观念和有效的脊柱疾病防治知识传递给更多的人，受到社会各界的广泛好评。项目组还开通了微信公众号及时进行活动展示和宣传，《中国少年报》、新浪教育等新闻媒体对项目进行了关注与报道。

一、指导教师推荐序

“脊柱健康小卫士”项目由刘彦汐同学发起，这源于她的一次探病经历。当时，她的好朋友刚做完脊柱侧弯手术，身上钉了很多钉子，看到曾经活泼好动的好朋友无力地躺在病床上，她感到非常心痛。自那以后，她便收集了一些资料和图片，请妈妈帮忙制作成一本小册子，只要看到身边的人有不利于脊柱健康的行为，她就会拿出自己的“红宝书”给别人讲解保护脊柱健康的知识。但一个人的力量毕竟有限，众人拾柴才能火焰高。于是，当2018年的“服务学习”课程再次启动时，她便想到发起一个保护脊柱健康的公益项目来让更多的人学会如何预防和纠正脊柱侧弯的相关知识。

2018年12月，经过层层筛选，“脊柱健康小卫士”服务学习项目正式入选了。项目的5位核心成员邀请我来做他们的指导老师。于是我找来了往年的资料，指导他们在加强专业学习的同时，让他们多渠道搜集资料和发放调查问卷，了解大家对于脊柱健康的认知情况，有的放矢地开展项目。同时，我鼓励他们先在班内、校内进行宣讲，积极锻炼表达能力，并吸引更多的同学加入服务学习的行列中。

5位同学先从查找资料入手。通过大量的资料查阅，他们知道了：脊柱是身体的支柱，具有保护内脏和脊髓等功能，由它引发的主要疾病就达70多种，它是人的第二生命线。据国家卫生部门统计，脊柱软伤已成为我国最大的隐形疾病之一，青少年长期不正确的坐姿、站姿和睡姿，都会造成不同程度的软伤疾病，如侧弯、错位和压迫性畸形等。专家保守估计，每两个青少年中就有一个脊柱侧弯，而这种“少年弯”会随着各种不健康生活因素的增加而不断增加，其危害性呈加剧趋势。

一根脊柱，撑起一个身体；百根脊柱，撑起一个群体；千万根脊柱，撑起一个民族。那么，3亿多青少年的脊柱呢？将撑起国家的明天。我国1.4亿少年儿童中，脊柱侧弯发病率在25%左右，也就是说我国有3000万左右的儿童患有脊柱侧弯；此外，还有千千万万的成年人由于不正确的生活工作习惯导致罹患或轻或重的脊柱疾病。这些数据信息，让孩子们更加认识到“脊柱健康小卫士”项目的意义——让脊柱侧弯疾病远离身边的人、远离所有的人。随后，项目组核心组成员根据多渠道搜集到的相关专业知识，制作了调查问卷，还主动联系、采访专家进行专业知识的深入学习，并结合专家的讲解，自编了一套脊柱健康操。

当项目组核心成员告知我已经准备好宣讲的内容后，我在班里为他们搭设了平台——利用班会时间，让他们在班里进行了首次宣讲。这一方面当作彩排，锻炼他们；另一方面希望借此机会让全班同学对这个项目都有所了解，推动他们积极参与到项目中。很快，全班同学都被动员起来了，有课间跟着学脊柱操的，有利用放学时间和核心成员一起发放宣传单的……整个班级一片热火朝天的景象。此时的5位核心成员都已经成长为“老宣传员”。为了扩大项目的影响力，我组织5位核心成员召开了一次内部讨论会，在会上，我们一致决定扩大宣讲团的规模。于是，5位核心成员每人分别带领4个新成员，组成子宣讲团，每组又招募了几位脊柱操演示专员，这样5支分工明确的宣讲演示团队正式成立了。

队伍基本成型后，我让5个小分队自行组织，利用课余时间演练，他们很快就成了名副其实的“小卫士”。在他们的带领下，脊柱操成为我们的班级操，全班同学都会做了。这时，我帮忙联系了5个兄弟班级，在校内为他们搭建了预演的平台。随着他们深入浅出的宣讲，台下的同学个个都在主动调整自己的坐姿，还不忘提醒前后左右的同学，一班班的“小卫士”出现了。这让孩子们收获了满满的成就感，更加坚定了从身边的微言善行开始，在服务中学习、在学习中成长的信念。

在孩子们不遗余力的努力下，我们完成了专业知识、宣讲能力、心理素质等多方面的建设。2019年3月初，我们5个小分队开始走出校园，走向社会开展项目宣讲。短短几个月，孩子们的足迹遍布幼儿园、小学、课外培训班、机关、公司办公楼、社区、公园、地铁站等公共场所，他们自信流畅地进行 PPT 宣讲和脊柱操演示，让大朋友和小朋友们都不禁竖起了大拇指：“非常感谢你们给我们传播健康知识，使我们对脊柱有了全新的认识。”“孩子们，你们太棒了！有这么强的沟通交流能力和组织能力。”“孩子们，你们真不简单，这么小就有家国情怀，懂得为人民服务”……听着这些反馈，我真为孩子们感到自豪，他们真的长大了。

当读着孩子们一篇篇发自肺腑的活动感言时，我真切地感受到他们的变化，“服务学习”课程不仅让孩子们更加专注于学习、健康成长，还培养了他们热爱祖国、心系社会、服务他人的优良品质。通过开展服务学习项目，孩子们经历了创想、计划、行动、反思、分享五大环节，他们的组织协调、沟通交流和解决问题的能力都得到了提高。我相信，未来的成长中，孩子们会把服务他人、服务社会当成一种习惯，把家园装进心里，成为祖国的栋梁之材。

指导教师：白　雪

二、创想梦工厂——种下一颗公益的种子

（一）创想动因

2018 年冬天的一个周末，刘彦汐和妈妈一起去医院看望一位幼时的好朋友。当时，她的朋友刚做完脊柱侧弯手术。看到曾经活泼好动的好朋友无力地躺在病床上，一旁的家人脸上写满了隐忍和心痛，小小的她感受到了病房里氤氲着的那层悲伤和痛苦，这一幕给她留下了深刻的印象。

这次趁学校开展“服务学习”的契机，她提交了“脊柱健康小卫士”提案，希望这个项目帮助更多的人重视脊柱健康，学会预防和纠正脊柱侧弯的相关知识，形成良好的学习和生活习惯。

（二）团队介绍

发起人及总负责人	刘彦汐	史家小学四（1）中队成员，做事认真负责，思维活跃，热心公益，善于沟通，有较强的组织协调能力，曾获得全国京津冀—粤港澳国际创新项目展评活动特等奖，北京市京津冀—粤港澳国际创新项目展评活动一等奖，全球环境自然日北京赛区二等奖。作为项目的发起人及总负责人，负责项目的整体推进与协调工作
团队伙伴	杨博钦	史家小学四（1）中队成员，热情、善于沟通，有较强的组织能力与演讲能力。在项目中主要负责组织工作
	高硕璟	史家小学四（1）中队成员，中队委，做事认真、执着，善于应用电脑制作 PPT，擅长画画和摄影。在项目中主要负责宣传工作
	陆景衡	史家小学四（1）中队成员，热心公益，善良，乐于助人，有较强的沟通能力。在项目中主要负责外联工作
	王沚鹭	史家小学四（1）中队成员，做事仔细认真，有耐心，原则性强，有很强的团队意识。在项目中主要负责财务工作
指导教师	白　雪	史家小学四（1）中队班主任兼语文教师，担任多年的年级组长和班主任工作，工作认真负责，教学经验丰富；热心公益，注重培养孩子的家国情怀，善于引发孩子们的学习内驱力，深受学生与家长的喜爱，所带班级曾多次获得优秀集体奖

（三）实施过程

“脊柱健康小卫士”项目自 2018 年 12 月初发起，至 2019 年 6 月底顺利完成，共分为前期筹备、项目推广、总结反思三个阶段。

第一阶段（2018 年 12 月 1 日至 2019 年 2 月 28 日）：前期筹备阶段。这一阶段，项目组核心成员通过调查问卷进一步了解人们在生活习惯中的认识误区；搜集脊柱健康的知识资料，并前往北京友谊医院采访骨科专家鲁英，系统学习脊柱健康的相关知识；制作课件，购买脊柱模型，准备有奖问答的奖品；设计海报、横幅、宣传册、展板等宣传品；注册并开通微信公众号，发布活动信息及健康资讯；同时，项目组核心成员还在班级内及5个兄弟班级进行宣讲预演，招募项目志愿者，为项目的顺利开展做好准备工作。

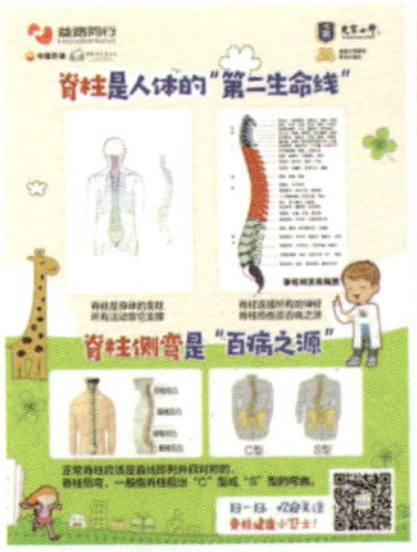

第二阶段（2019年3月1日至5月10日）：项目推广阶段。在这一阶段，项目组先后走进军营、启达教育培训机构、海淀黄庄地铁站、朝阳门地铁站、龙潭湖公园等地，通过PPT宣讲、脊柱健康操演示、有奖问答互动等方式，开展脊柱健康知识的宣传活动，呼吁人们重视脊柱健康，预防脊柱侧弯。

2019年3月2日，项目组成员走进军营，通过现场展架的展示、骨架模型的讲解、宣传彩页的派发，让更多的人意识到脊柱健康的重要性，普及预防脊柱侧弯的知识和脊柱侧弯的危害。

2019 年 3 月 3 日，项目组成员走进启达教育培训机构，通过项目宣讲、现场演示脊柱健康操，帮助大家认识到脊柱健康的重要性。

2019 年 3 月 16 日，项目组成员在新京报小记者活动中积极推广项目微信公众号，派发宣传彩页，向大家宣讲脊柱健康知识。

2019 年 3 月 17 日，项目组成员前往海淀黄庄地铁站，通过发放宣传册和邀请人们扫二维码添加项目公众号等方式，宣传脊柱健康的相关知识，积极推广脊柱保护的方法。

2019 年 3 月 29 日，项目组成员前往朝阳门地铁站，进行项目宣讲，积极宣传保护脊柱健康的重要性，推广预防脊柱侧弯的方法。

2019 年 4 月 5 日，项目组成员前往龙潭湖公园进行项目宣传与推广，通过现场演示脊柱健康操，让更多的人意识到脊柱健康的重要性，普及脊柱侧弯的危害和预防脊柱侧弯的知识。

2019 年 4 月 7 日，项目组成员走进芳古园社区，通过派发宣传手册、播放 PPT 宣传片、演示脊柱健康操等方式向社区的居民讲解脊柱侧弯的危害和预防脊柱侧弯的知识。

2019 年 4 月 8 日，项目组成员走进银河 SOHO，现场演示脊柱健康操，向过往的行人发放宣传册，现场进行脊柱知识讲解和有奖问答，普及、推广脊柱健康的相关知识。

2019 年 4 月 10 日，项目组成员走进某部幼儿园，通过 PPT 宣讲、脊柱健康操演示和有奖问答互动等形式，向幼儿园小朋友们讲解保护脊柱的重要性。

益路同行
脊柱健康小卫士
关爱脊柱 健康成长

Aunt Mango

益路同行
脊柱健康小卫士

脊柱健康小卫士

脊柱健康小卫士

2019 年 4 月 12 日，项目组成员走进某部第二幼儿园，通过派发宣传手册、播放 PPT 宣传片、演示脊柱健康操等方式普及预防脊柱侧弯的知识和脊柱侧弯的危害。

2019 年 4 月 12 日，项目组成员走进 24 号院社区，通过派发宣传手册、演示脊柱健康操等方式向社区居民普及脊柱侧弯的危害和预防知识。

2019 年 4 月 12 日，项目组成员走进某部第一幼儿园，与这里的小朋友们亲切互动，现场派发宣传手册、播放 PPT 宣传片、演示脊柱健康操，帮助他们了解预防脊柱侧弯的相关知识。

2019 年 4 月 16 日，项目组成员走进华夏基金办公楼，通过发放宣传册、播放 PPT、演示脊柱健康操等形式，向长期伏案工作的人员讲解脊柱保护的相关知识。

2019 年 4 月 17 日，项目组全体成员来到白家庄小学，通过播放 PPT、宣讲脊柱健康知识，并在现场演示、教学脊柱健康操，帮助同学们掌握脊柱保护的知识和方法。同时，项目组还在现场进行问卷调查，为项目的持续开展收集数据。

2019 年 4 月 23 日，项目组成员走进南门仓社区，通过派发宣传手册、演示脊柱健康操等方式向社区居民普及脊柱侧弯的危害和预防脊柱侧弯的相关知识。

第三阶段（2019 年 5 月 10 日至 6 月 20 日）：总结反思阶段。这一阶段，全体成员对项目进行梳理，总结经验、交流感受，整理项目过程中的图片和文字资料，形成项目成果集《脊柱健康小卫士手册》。在校内进行项目成果展示，并在学校“六一”展示活动中汇报演出，分享项目经验，呼吁人们关注脊柱健康、预防脊柱侧弯。

三、学生行动日记——记录公益之花盛开全过程

学生行动日记精选（一）

2019 年 3 月 12 日 星期二 晴

四（1）中队 杨博钦

今天，我和同学们来到了北京友谊医院，见到了骨科专家鲁英爷爷，我们太高兴了。

一进鲁英爷爷的科室，我们就看到了挂在墙上的各种人体骨骼图片，桌子上还摆放着人体骨骼模型。鲁英爷爷面带微笑地跟我们每一个同学握手打招呼，问我们几岁了、上几年级了，等等。当鲁英爷爷得知我们今天来的目的是想学习人体脊柱健康的知识后，就把我们叫拢在桌子前，手拿人体骨骼模型给我们详细地进行讲解，并且不厌其烦地回答我们提出的五花八门的问题。在此过程中，鲁爷爷还教我们如何识别自己是不是脊柱侧弯呢！

通过鲁英爷爷的讲解，我们初步了解到了脊柱健康的重要性和保护脊柱的方法，这给我们开展后续的服务学习项目提供了非常重要的参考依据。非常感谢鲁爷爷！我们会把今天学习到的知识尽可能地传递给身边的每一个人，使大家都对脊柱健康重视起来，使大家都能有一个健康的身体！

学生行动日记精选（二）

2019 年 3 月 27 日　星期日　晴

四（1）中队　刘彦汐

今天是个不寻常的周日。一下课，我和伙伴们狼吞虎咽地吃完中午饭，就拿着保护脊柱知识的宣传材料跑向海淀黄庄地铁站。海淀黄庄真是名不虚传——宇宙教培中心，人真多呐！

我们首先选择了那些在地铁站旁等待的人们，给他们推广保护脊柱的知识，非常顺利。我们在向一位姐姐推广时，另外一位姐姐本来在看手机，可能无意间听到了一些相关内容，觉得很有意思，于是也把头探过来了解内容，最后还关注了我们的微信公众号呢！

但很快我们的成功概率就开始快速下降了，路人大都表示没有时间，顾不上听就匆匆离开了。其实在做脊柱健康小卫士宣传推广时，被拒绝也是经常发生的事，但是频率并没有这么高呀！难道是我们的状态不对，被认为是在玩过家家游戏？于是我们走向在远处的妈妈，请妈妈帮忙分析问题在哪里。妈妈平静地说：“你们观察一下地铁站进进出出的人群中，他们有什么特点呢？”

我们认真观察后还真发现了一个特点：去乘坐地铁的人群中，大人和小孩走得慢慢悠悠，大哥哥和大姐姐一般是不慌不忙，一边走一边听着音乐；而从地铁站出来的人群中，家长和孩子都是急急忙忙的……我们恍然大悟，原来从地铁口出来的孩子和家长可能是要赶时间上课去！我们立即调整了“战术”，向前去乘地铁方向的人群走去，果然我们的推广行动顺利了许多。通过今天的事情，我学到了用心观察的重要性，希望在后面的项目推广中，我们能主动学会观察，学会思考，服务更多的人。

学生行动日记精选（三）

2019 年 4 月 17 日　星期三　晴

四（1）中队　王沚鹭

今天，我的心情十分激动，因为我们“脊柱健康小卫士”公益项目团队要前往白家庄小学，和那里的小伙伴们分享脊柱健康的相关知识。

在宣讲开始前，我们提前到达了场地并开始紧锣密鼓地准备、彩排。虽然相关的知识我们都已经很熟悉了，但是为了确保万无一失，我们都不会掉以轻心。这也是我最近参加活动中收获的一个心得：好的准备就已经成功了一半。在做完项目背景的一些介绍后，我们又陆续介绍了具体的脊柱健康知识，现场的小伙伴们听得十分投入，自觉地纠正自己和旁边小朋友的坐姿。看到大家的反应，心里十分开心，觉得我们做的事情更加有意义了，真正地帮助到了更多的小伙伴。

在宣讲过程中，我觉得有一个很有挑战的地方：在知识讲解和坐姿规范介绍时，台下的小伙伴们会比较积极地提出问题或者讨论，这时候我就会告诉自己面对提问的时候要保持镇定，解释问题的时候要有耐心，这样我们的讲解才能顺利进行。

希望我们项目组可以去更多的学校，把我们学习到的脊柱健康知识带给更多的小朋友们，使老师和同学们更加重视脊柱健康。少年脊柱强，中国脊梁硬！

四、学生反思工具——从回望中汲取前行的力量

学生反思精选（一）

姓名：杨博钦　时间：2019 年 4 月 5 日 提案名称：脊柱健康小卫士	
发生了什么 今天下午，我们“脊柱健康小卫士”项目组的成员来到了龙潭湖公园西门的小广场，组织了一场脊柱健康知识宣讲活动。通过今天的宣讲活动，我们发现很多老年人对脊柱健康特别关注。他们有的因为年纪大了，脊柱有变形的问题；有的有脊柱方面的疾病；有的希望回去讲给自己的孙子孙女听。我们的项目得到了广大好评	**有何感受** 看到爷爷奶奶们认真聆听的神情，我感到我们的项目非常有意义。脊柱健康的问题困扰着很多中老年人，因此，我们的项目很有存在的必要。而让青少年从小养成保护脊柱的好习惯，就能够有效预防脊柱疾病。我会继续努力，帮助更多的人
有哪些主意 对于老年人，我们应该设计特殊版面的宣传册，如字体、图画都要放大，便于他们阅读。我们还可以设计一些脊柱健康主题的环保袋，发放给老年人，既实用又能时刻提醒他们保护脊柱健康。同时，这也是一种传播的媒介和方式	**有哪些问题** 在项目中我们要根据实际情况调整我们的计划，扩大宣传目标的范围，不仅面向青少年，还可以覆盖到各个年龄阶段的人群
教师评语 你这个提议不错！在这次活动中，你成长了很多，不仅增强了沟通能力，还学会了反思。老年人确实是我们应该重点关注的对象，你提到设计便于老年人阅读的宣传册，说明你是个细心、善良，懂得换位思考的孩子，老师为你点赞	

学生反思精选（二）

姓名：王沚鹭 时间：2019 年 4 月 8 日 提案名称：脊柱健康小卫士	
发生了什么 我和项目组的小卫士们来到银河 SOHO 商场，向现场的行人宣讲脊柱健康的知识，让大家提高对脊柱健康的重视程度和了解程度，使更多的人加入到注重脊柱健康的队伍中来	**有何感受** 原本我们还担心和陌生人沟通不顺畅，但实际上过往的叔叔阿姨们都很耐心地听完了我们的讲解，并支持、鼓励我们，向我们竖起了大拇指
有哪些主意 我们可以制作一些有脊柱操或者脊柱健康知识的小卡片，发放给现场的行人，方便他们了解这方面的知识，也能传递给更多的人	**有哪些问题** 现场也遇到一些意想不到的事情，如很多行人急着上班，没有太多时间听我们详细讲解。所以，以后除了提前到现场确认设备和场地等外，还需要提前踩点，了解过往人员的大概特点，并精练我们的语言，控制时间，使讲解更加言简意赅
教师评语 你发现的问题很好，这是在推广中经常需要面对的问题，说明你在活动中用心地去观察和总结了。你想到的小主意也非常好，小卡片方便人们携带，也方便人们随时学习。这说明你是用心在思考如何将项目的宣传推广做得更好，特别棒	

五、家长感悟——在公益服务中和孩子一起成长

家长感悟精选（一）

人人献出一点爱，世界变得更美好

刘彦汐家长

5 月 31 日，孩子们在学校礼堂进行“脊柱健康小卫士”项目最后的汇

报展示。我在后台播放视频，通过电视屏幕看着孩子们从容、大方地走上舞台，眼神里充满了自信和坚定，感觉他们真的长大了，成了懂得奉献的“小大人”了。

项目执行以来的半年，孩子们迅速成长。“脊柱健康小卫士”项目的宣传推广形式多样，有彩页宣传，有 PPT 演讲，还有脊柱健康操。这些知识很专业，对于四年级孩子的认知水平来说，要消化、吸收还是有一定难度的。但是他们没有退缩，而是利用课后时间搜集资料、采访专家，迅速掌握了这些专业知识，并且通过多种形式传播出去。

全班同学在班主任白老师的耐心指导和大力支持下，积极参与，高质量地完成了 10 余场宣传推广活动，足迹遍布小学校园、机关幼儿园、公司办公室、公园广场、地铁站等，他们因此也学会了与不同的人进行沟通和交流。

还记得第一次外出宣传遭人拒绝时，孩子不能理解，甚至委屈地哭了。后来经过换位思考，他们开始能够理解：也许人们真的忙，也许他们还不了解我们的公益活动。后来再碰到类似的情况时，他们已能很大方、很有礼貌地说：“打扰了，谢谢您！”

还记得第一次上讲台宣讲时，孩子的掌心里都是汗。他们不仅在本班级进行预演，班主任白老师还联系了 5 个兄弟班级，让他们锻炼。当走出校门去别的学校演讲时，他们个个已然是自信满满的“小卫士”。

孩子们通过参加社会实践活动，锻炼了表达能力和组织能力，综合素质得到了很大提升。正如王欢校长所言：“社会活动的参与是在真实和充满未知中带来成长的！所谓名校，国之重器，肩负着为国家，为社会培养、输送优质人才的责任。”非常感谢学校领导、班主任白老师和社会各界人士对孩子们的项目的支持，为孩子提供了这么好的学习平台，在他们心中播下“爱”的种子，这颗种子必将会发芽，成长为一棵参天大树。

家长感悟精选（二）

成为一个有家国情怀的人——从服务学习开始

陆景衡家长

让孩子具有家国情怀，成长为对国家和社会有用的人一直是我们想传递给孩子的家风教育。非常感谢史家小学的领导和老师们将服务学习带到孩子们身边，让孩子们在实际的社会服务过程中体会到怎么才能影响他人、改善环境。

当陆景衡向我们提出要参与公益项目时，我们感到非常欣慰：孩子长大了，正在向我们期待的方向发展。我们见证了该项目从倡议、筹备到实施，再到反思、分享的全部过程，也见证了孩子们在这个过程中的成长。

孩子们在活动中学到了实实在在的知识，获得了健康快乐地成长，这些都是一辈子的财富。随着项目的开展，孩子们从开始时毫无头绪的沟通交流、求助家长，到遇到困难时学会精诚合作、互相支持，再到项目有进展时的开心兴奋，以及帮助他人时体会到的成就感，都是项目带给孩子们的宝贵经历。

作为父母，我们在见证孩子成长的同时，自己也在教育孩子方面有了新的体会。服务学习教会我们家长不仅要言传，还要通过孩子能够真正理解的方式参与，让孩子在行动中去主动感悟，只有这样，孩子才能得到真正意义上的成长。非常感谢老师们这一路对孩子的支持与保护，感谢项目组的同学们和他们的家长，感谢参与到这个项目中的所有人。项目虽然结束了，但是孩子们热爱生活、关爱他人的公益行动会一直坚持下去，为创造一个更加美好的社会不断努力。

六、帮扶对象——公益服务社会，爱心连接你我

帮扶对象感言精选（一）

华夏基金公司员工："作为一名天天在电脑前工作8小时的上班族，一天下来常常腰酸背痛。我也曾利用空闲伸腰踢腿希望有所缓解，可惜未见成效。那天史家小学的同学们来到公司，为我们讲解脊柱健康的知识，我才明白原来貌似舒服的'二郎腿'对脊柱的危害！非常感谢'脊柱健康小卫士'项目组的同学们！现在我每天认真地做两遍同学们传授的脊柱健康操，放下习惯性的'二郎腿'，保持正确坐姿，真的很有效果！少年强则国强，我对祖国的未来充满信心！"

帮扶对象感言精选（二）

白家庄小学四年级家委会负责人："史家小学四年级（1）班同学倡导的'脊柱健康小卫士'项目非常好，提高了广大师生对脊柱健康问题的认识。孩子们通过声情并茂的图文讲解，韵律优美的脊柱健康操展示，使我们学校的同学们开始自觉矫正不规范的行走坐卧姿势，收到了很好的效果。这真是一项非常好的公益活动！同时，在参与活动的过程中，孩子们努力进取、勇敢向上、孜孜求教、团结互助的精神，启发和激励了我们大人，让我们大人也得到了一次健康普及教育，可谓一举多得！今后，希望项目组的孩子们能够继续拓宽自己的思路，把公益活动持续做下去，让更多的人感受到公益活动带来的帮助！"

帮扶对象感言精选（三）

小学生家长代表："'脊柱健康小卫士'这个公益项目很有现实意义！

现在的孩子大多不注意保护脊柱，也很少接触到脊柱健康的知识，总趴着写作业，出现了很多‘少年弯’。这个‘少年弯’不仅影响美观，还会导致很多疾病。随着孩子们课业负担的加重，脊柱侧弯率比近视率和肥胖率的增长速度还要快。同时，随着生活的智能化，很多工作只须坐在办公室里遥控指挥，久坐的人们和‘电脑一族’出现了各种脊柱疾病，比如颈椎、腰椎等疾病。‘脊柱健康小卫士’项目组编制的脊柱健康操简单易学，上班族完全可以在工作之余做做脊柱健康操，放松放松。这个项目很有意义，我也要积极帮你们推广！”

七、成果展示——公益，我们一直在路上

“脊柱健康小卫士”服务学习项目自开展以来，先后走进军营、教育培训机构、街头、地铁站、公园、社区、幼儿园、小学等地，累计举办 10 余场活动，得到社会各界的肯定与好评。项目组创建了“脊柱健康小卫士”微信公众号，定期在线上推送相关健康知识，发布活动信息和活动的精彩瞬间、感悟心得等，让更多的人从中获得脊柱保护知识。项目还受到中国少年报、“新浪教育”媒体的关注与报道。因表现突出，项目最终获得了由中国扶贫基金会颁发的“益路同行·优秀公益创新团队”奖。

中国少年报对项目进行报道

在公益中进行德育 史家小学脊柱健康小卫...

在公益中进行德育 史家小学脊柱健康小卫士践行服务学习

新浪教育
2019-05-07 18:23
关注

(史家小学脊柱健康公益小队)

据卫生部门统计，脊柱软伤已成为我国最大的隐形

“新浪教育”对项目进行报道

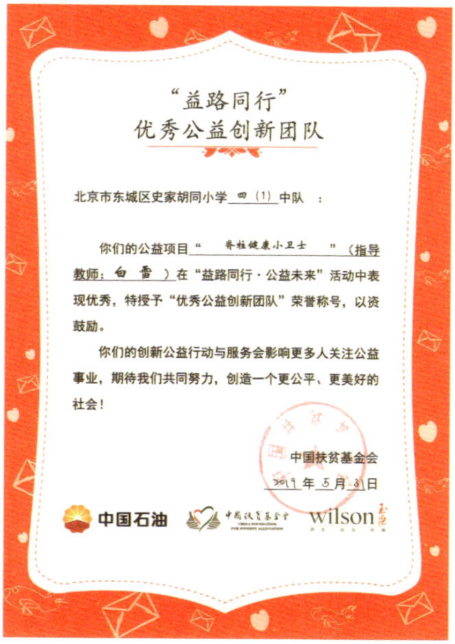

“益路同行”
优秀公益创新团队

北京市东城区史家胡同小学 四（1） 中队 ：

你们的公益项目“ 脊柱健康小卫士 ”（指导教师：白 雪 ）在“益路同行·公益未来”活动中表现优秀，特授予“优秀公益创新团队”荣誉称号，以资鼓励。

你们的创新公益行动与服务会影响更多人关注公益事业，期待我们共同努力，创造一个更公平、更美好的社会！

中国扶贫基金会
2019 年 5 月 31 日

中国石油 中国扶贫基金会 wilson

项目获得“益路同行·优秀公益创新团队”奖

走访身边的英雄

“走访身边的英雄”服务学习项目由史家小学四（9）中队岳耀霆同学发起，四（9）中队全体成员共同参与完成。项目指导教师为史家小学刘岩老师。项目自2018年10月初发起，至2019年6月底顺利完成。项目组确定了爱国——“国之荣耀”“矢志强军”、敬业——“守望国粹”“守护平安”“甘为人梯”、诚信——“一诺千金”、友善——“助力圆梦”“最美微笑”四大主旨八大主题，采访了30余位不同行业、不同领域的杰出贡献代表人物，共完成了16篇“身边的英雄”专题报道。项目组先后走进冬奥组委、中国航天城、陆军防化学院、孙晓兰工作室、北京国奥心理医院、金宝街消防队、来广营社区（丝路体育生活馆）、小红门等地，举办了12场形式多样的宣讲活动，吸引了1000余人现场参与。同时，项目组还积极运用校园直播、微信、微博、H5等新媒体手段宣传“身边的英雄”故事，扩大项目的受众群体。北京卫视、今日头条等知名媒体对项目进行了报道。

一、指导教师推荐序

10岁左右的孩子，正处于从儿童阶段向少年阶段迈进的过渡期，也是成长过程中重要的关键时期之一，更是开始初步接触社会的第一个启蒙期。如何让这个时期的孩子健康成长、全面发展，树立正确的价值观，不仅是全社会和广大家长关注的焦点，更是我们教育工作者的神圣使命。在史家教育集团，“培养具有家国情怀、和谐发展的人”的教育理念早已深入人心，“服务学习”课程正是学校理念实践落地的一项举措，它不仅在孩子们的心里播下公益的种子，而且为孩子们搭建起了展现自我的平台。

我作为高年级的班主任，在将“家国情怀，和谐发展”理念贯穿到教育教学工作的同时，结合孩子们的年龄特点，鼓励孩子们积极走出课堂，开阔眼界，进一步激发孩子们的责任与担当。还记得学校发布新一轮服务学习动员令的那一天，室外寒气逼人，但我一踏进教室，班里孩子们异于往常地热闹，呼啦啦地一下子朝我围过来，争相参与这一轮的服务学习。提案表格发下去后，让我意想不到的是几乎班上的每一名同学都交了一份“热气腾腾”的提案；召开班级优秀提案推荐评选时，孩子们眼中迸发出热切的光芒，让我为之感动。最终，我们班的“走访身边的英雄”项目过五关斩六将，从全校 3000 多份提案中脱颖而出，成功上线。

行成于思：家国情怀根植于孩子们的心灵深处

“英雄”这个词对于现在的孩子来说，大多是从书本、视频等资料里的英雄故事中认知的。说实话，起初看到岳耀霆同学的提案，我在欣喜之余，也担心这样的提案是否能得到孩子们的响应。没想到结果却大大出乎我的意料，岳耀霆同学的想法竟然引起了全班同学的高度共鸣。

他告诉同学们之所以有这个想法，是因为曾经在网上看到一个小学生发的“炫富”视频。同时他参加了黑龙江卫视的励志节目《对话英雄》，让他深受感触。偶然看到的视频和参加的活动，引发了他深深的思考，他认为很多青少年行为偏失的问题其实源于价值观的偏差，缺少正能量的引领，而英雄就在我们身边，作为小学生更应该向英雄学习，弘扬时代正能量。

“走访身边的英雄”公益项目，就是孩子们用自己的行动传递这份正能量，也让我们深深地感受到家国情怀逐渐根植于孩子们的心灵深处。

力践于行：用实际行动为公益梦想插上飞翔的翅膀

经过孩子们的自荐推选，最终由岳耀霆、崔芮溪、于涵、冀雪菲、吴凯渤5名核心成员代表四（9）中队来负责整个活动的全程策划和组织。

当正式开始撰写项目计划时，问题随之出现了——谁是英雄？这也是活动之初每个孩子脑海中最大的疑问。带着这个问题，我带领全班同学学习历史上可歌可泣的英雄事迹，比如岳飞、林则徐、杨靖宇等；又了解了从身边耳熟能详的普通劳动者张秉贵到攻坚克难的科学家南仁东等人的故事，讲解了新时代英雄的内涵和本质。孩子们的思路豁然开朗了，举一反三，快速确立了走访英雄系列四大主旨八大主题，即爱国——“国之荣耀”“矢志强军”、敬业——“守望国粹”“守护平安”“甘为人梯”、诚信——“一诺千金”、友善——“助力圆梦”“最美微笑”。

确定主题后，他们开始第二件重要事情——寻访英雄。核心成员们迅速制订了走进校园、社区、公园等公共场所开展宣讲活动的计划表并与全班同学一同寻找、采访身边的英雄。孩子们的真诚和热情打动了家长，许多家长志愿者也加入寻访英雄的队伍中。他们陪伴孩子们一起走进社区、医院、学校、科研机构，争取各个行业、不同领域有突出贡献的人员的支持。孩子们的公益爱心获得了“北京榜样”孙晓兰、2022年冬奥会及冬残奥会会徽设计者林存真、女航天员王亚平等30位英雄的大力支持，他们在繁忙的工作中抽出时间，零距离倾情向孩子们讲述他们的故事。

玉汝于成：用英雄精神和情怀激励学生不断成长

服务学习倡导学生在服务中学习，在实践中成长。在项目开展的过程中，我欣喜地发现孩子们无论是在组织实践能力还是在创新意识上，都有很大的提升。首先，他们对于英雄和英雄精神的认知更加深刻。刚开始要去采访第一位身边的英雄冬奥会会徽设计者林存真时，孩子们都有些紧张，不知道从哪些方面去提问，对于要提的问题也没有太大的把握，表达时有点不自信。当真正到达采访地点——冬奥会组委会后，看到林存真教授繁忙的工作状态，并和林存真教授亲切交谈后，孩子们才慢慢地放松下来。到采访保家卫国的坦克博物馆官兵和消防战士时，孩子们已经能够做到发挥自如。通过采访一个个鲜活的英雄，孩子们懂得了新时代的英雄精神，明白了英雄就是中华民族的脊梁。这些英雄的故事和精神，如春风化雨般激励着孩子们，成为他们完成公益项目的重要动力。

在项目实践过程中，核心成员的组织能力也有了不同程度的进步。各个负责人都能做到尽职尽责，比如：项目宣传负责人崔芮溪在每次活动后，都积极搜集采访信息，并组织宣传稿件的撰写，微信公众号的文章总是能够及时更新；组织负责人于涵在社区活动中汲取之前的经验，提前将参与人员分成小组，保证活动有序开展。在项目组所有成员的团结协作下，我们共完成了 16 篇专题报道的编写、编排，图文并茂地还原了走访的 30 位身边英雄的故事，并先后走进来广营社区、小红门社区等地，举办了 12 场宣讲活动，为弘扬时代主旋律积极发挥新时代少年的示范引领作用。

在项目宣传中，孩子们所表现出来的创新意识也令人刮目相看。为提升宣传效果，项目发起人岳耀霆带领四（9）公益团队制作采访集和走访英雄系列视频，宣传新时代英雄精神。孩子们还制作了“走访身边的英雄”“向英雄学习，向英雄致敬”等标语，在学校的走廊上、操场上、教室里、教职员工工作区，以快闪的形式进行号召和宣传，形成了一道亮丽的校园风景线。除此之外，他们还积极运用公众号、电视台、网站、报刊以及直播、微信、微博、H5 等新媒体手段，让英雄精神传承插上数字的翅膀，赋能“时代精神”的传播。

“家是最小国，国是千万家”，中华儿女始终将“家国情怀”深藏于心、外化于行。家国情怀是无数中华儿女对家庭的深情、对祖国的热爱，更是我们新时代少年追梦圆梦的力量源泉。虽然“走访身边的英雄”项目已经圆满完成了，但我相信英雄的故事和精神已走进孩子们的心灵深处，家国情怀的种子已在孩子们心中萌芽，这些都将成为激励孩子们奋进前行的力量。正如同学们所说：“我一直以为升旗时我致敬的只是国旗，但我现在感觉到致敬的还有国旗背后的英雄、先烈、历史、传承和不死的精神。”

指导教师：刘　岩

二、创想梦工厂——种下一颗公益的种子

（一）创想动因

对于现在的小学生来说，“英雄”一词既熟悉又陌生，熟悉是因为它经常出现在诗词和课本中，陌生是因为“英雄”似乎又远离他们的生活。甚至有人认为这个时代不需要“英雄”。

岳耀霆同学偶然在网上看到一段“小学生炫耀奢侈品”的视频，视频里年仅几岁的小学生对着镜头说道：“这是我妈妈从泰国买的，9 万元一个包，你们买得起吗?”这段视频引发广大网友热议。岳耀庭认为这样的价值观对小学生的健康成长非常不利，尤其是联想到自己之前参加的《对话英雄》节目，让他感触颇多。

在节目中，他看到了“精忠报国”的岳飞、“苟利国家生死以”的林则徐、“抗日英雄”杨靖宇及狼牙山五壮士，他们都是战争时期的英雄。以前他总觉得这些英雄离自己很遥远，他们只是在书本里、在电视上。但通过

这次节目录制，他发现其实英雄离我们的生活并不遥远，他们的精神在今天也不应该被遗忘。经过初步调研，他发现除了我们耳熟能详的那些英雄，我们身边就有很多值得我们学习的榜样和英雄，他们在平凡的岗位上兢兢业业，不怕困难，甘于奉献。于是他发起“走访身边的英雄”这个项目，寻找我们身边的英雄，寻找新时代的英雄，把英雄们的故事讲给更多的伙伴听，呼吁大家学习英雄、传承英雄精神，让英雄精神激励每一个人。

（二）团队介绍

发起人及总负责人	岳耀霆	史家小学四（9）中队大队委，曾荣获“东城区红领巾奖章”“东城区蓝天少年”“东城区雷锋标兵”，热爱公益，勇于创新，曾担任“创·智汇”十强团队 CEO。作为项目的发起人及总负责人，负责项目的整体推进与协调
团队伙伴	于　涵	史家小学四（9）中队成员，“东城区礼仪之星”“安全小卫士”，在“创·智汇”十强团队担任 CMO，热爱公益，富有创造力。在项目中主要负责组织工作
	冀雪菲	史家小学四（9）中队卫生委员，富有爱心，善于沟通，曾担任 2018 年中国网球公开赛球童，并参加阳光体育 2018 年东城区中小学网球比赛，获得团队第一名。在项目中主要负责外联工作
	吴凯渤	史家小学四（9）中队干部，做事认真仔细，有责任心，动手能力强，长期参加“北麓岛”公益志愿服务，积极参加西藏、内蒙古贫困地区希望小学献爱心活动。在项目中主要负责财务工作
	崔芮溪	史家小学四（9）中队宣传委员，爱好围棋、京剧、琵琶、书法，曾荣获“东城区艺术之星”“公益之星”以及艺术节戏曲展演金奖。在项目中主要负责宣传工作
指导教师	刘　岩	史家小学四（9）中队班主任，工作认真负责，善于启发学生创新，文学功底深厚，能够有效地指导项目开展

续表

专家顾问	孙晓兰	“北京榜样”，史家小学校友，自1998年至今，先后对广渠门中学宏志班、清华大学、北京大学等近千名同学给予物质和心灵的帮助，被大家亲切地称为“宏志妈妈”。为项目提供专家咨询服务
	林存真	博士，副教授，中央美术学院设计学院副院长；北京2022年冬奥会、冬残奥会的会徽“冬梦”“飞跃”的设计者；热爱公益，曾致力于“瑶绣进京”的公益项目。为项目提供专家咨询服务

（三）实施过程

“走访身边的英雄”项目自2018年10月初发起，至2019年6月底圆满结束，共分为准备、预演、实施推广、总结分享四个阶段。

第一阶段（2019年10月1日至15日）：准备阶段。这一阶段，项目组成员主要开通了公众号，设计并推出了项目介绍和项目调查问卷；招募志愿者，开始设计并制作横幅、宣传单页、英雄卡等宣传品。同时，项目组成员还开展了人物采访及人物故事写作的专题学习，学习制订采访提纲，为正式开展活动打下坚实的基础。

第二阶段（2018 年 10 月 16 日至 30 日）：预演阶段。在这一阶段，项目组成员结合调查问卷，确定了英雄走访的四大主旨和八大主题，分别是：爱国——“国之荣耀”“矢志强军”主题；敬业——“守望国粹”“守护平安”“甘为人梯”主题；诚信——“一诺千金”主题；友善——“助力圆梦”“最美微笑”主题。核心成员讨论并确定各主题要走访的英雄人物，进行前期联络，制订具体的走访实施计划；同时，在班级中进行宣讲预演，发动周围同学，首先在校园内发起“英雄人物故事”征集活动。

第三阶段（2018 年 10 月 31 日至 2019 年 5 月 15 日）：实施推广阶段。在这一阶段，同学们根据计划实地采访了不同领域的各位“英雄”，近距离地感受他们身上所散发出的人性之美。他们在采访中认真聆听“英雄”们的故事，学习他们的精神，并把这种精神传递给更多的人。

2018 年 10 月 31 日，项目组成员成功预约到了 2022 年冬奥会会徽设计者林存真，正式开启校外采访活动。采访当天，项目组核心成员提前到达设在北京市石景山区的奥组委，趁林存真教授休息的间隙，完成了采访、拍摄、录制等一系列工作。项目组成员的表现还得到了林存真教授的夸赞。

走访“2022冬奥会”会徽设计者林存真阿姨

2018 年 11 月 7 日，项目组成员采访获得“北京榜样”荣誉称号的孙晓兰女士，聆听她助力学子圆梦的故事。在翻阅受助学生的来信时，成员们感受到那些简单文字背后的一个个温暖故事，更深刻体会到孙晓兰女士无私奉献的精神。

2018 年 12 月 8 日，项目组成员走进小红门社区，开展第一次项目宣讲活动。他们整理了前几次采访记录以及在校园中征集到的英雄故事，以故事再现、小品表演和诗歌朗诵等形式，与社区居民互动，让居民们感受身边的新时代英雄的精神。活动结束后，同学们还邀请大家填写项目调查问卷，了解人们对新时代英雄的理解。

2018 年 12 月 16 日，项目组作为史家小学“志在家园，服务学习”代表，走进北京四中，参加第四届少年慈善论坛暨“天下益家，慈善童行”雏鹰爱心行动年会。会上，项目组成员向来自全北京市的中小学公益团队汇报并宣传了自己的项目。会后，项目组成员还在北京四中的校园进行英雄故事宣讲，号召大家关注并积极参与这一活动。

2019 年 1 月 18 日，项目组成员走进国奥心理医院。在前期的调研中，他们发现有一批特殊的守护者——帮助自闭症患儿进行心理治疗的医护人员。为此，项目组成员对这里的医护人员和专家进行采访，并对中央电视台《心理访谈》栏目常驻心理专家、北京国奥医院首席心理咨询师张久祥做了专访，学习、传播医护行业英雄“医者父母心”的仁爱精神。

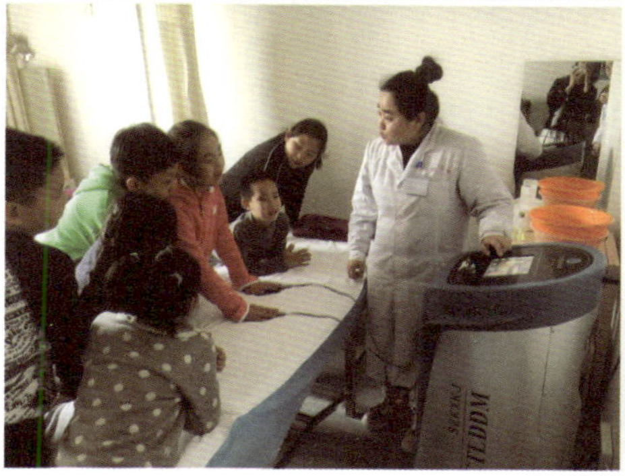

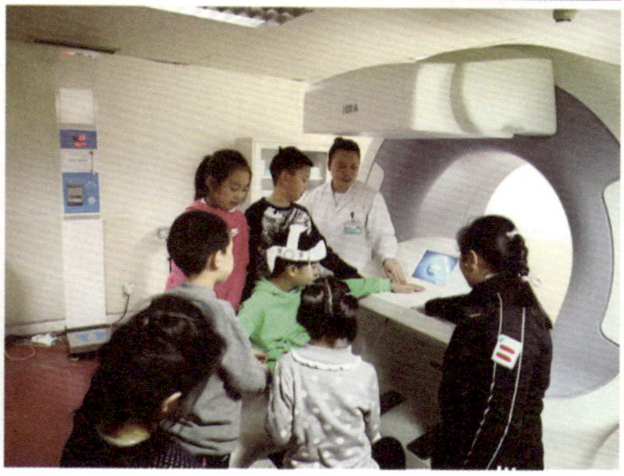

2019 年 1 月 20 日，项目组成员走访了奋战在核生化安全一线的陆军防化学院黄顺祥教授。在采访中同学们知道黄教授不仅是一名化学专家，更是一名肩负军防大任的军人。这是他们第一次近距离感受“国之重器”英雄人物的魅力。在与黄教授的交谈中，同学们被黄教授严谨的工作态度和使命必达的军人精神深深折服。同学们的公益项目受到了黄教授的高度赞赏，他叮嘱同学们：“要学习英雄精神，就是把身边的每一件小事尽可能做到极致。”

2019 年 1 月 20 日，项目组成员来到中国航天城，走访了我国第一个在太空授课的女航天员王亚平。采访中，成员们了解到她曾获得许多荣誉以及荣誉背后鲜为人知的故事，不禁感叹于她的恒心与毅力。王亚平阿姨也

十分支持同学们的公益项目，并勉励项目组成员“要以持之以恒的精神去传递更多的英雄精神”。

2019 年 1 月 20 日，项目组成员来到坦克博物馆，参观了解装甲兵发展历程，并走访应征入伍的大学生士兵。这次走访活动不仅让他们对国防建设的重要性有了深刻的认识，也从这些大哥哥大姐姐身上看到了不一样的青春，被他们报效祖国的爱国之情鼓舞振奋。

2019 年 1 月 23 日，项目组成员来到天坛体育中心采访青少年网球教练张劲。当听到教练带领的网球队学员在第十五届北京市运动会上获得了 5 金、11 银、8 铜的历史最好成绩时，同学们不禁鼓起掌来。这样一位平凡的

体育教练，在他的岗位上默默奉献，为我国的体育事业培养基础人才，这正是我们身边平凡的英雄。

2019 年 1 月 23 日，项目组成员走访了史家小学金帆合唱团团长李娜老师。李老师在属于她的那一间教室里，让无数学生爱上音乐，爱上艺术。她用歌声和专业知识，为史家金帆合唱团取得了骄人的成绩，她是同学们身边的平凡英雄。

2019 年 1 月 23 日，在学校和项目组的积极联系下，北京市公安局官方微博“平安北京”平台的主要负责人、“北京青年榜样”郭涛警官走进史家演播厅，为同学们带来了一场关于“谁是英雄”的主题讲座。讲座后，项目组成员对郭涛警官进行了采访。

2019 年 4 月 30 日，项目组联合青少年公益学院，一起走进来广营社区宏昌骏体育公园丝路体育生活馆，与志愿者和社区居民进行互动，宣讲英雄的故事，呼吁大家向身边的英雄学习，传递正能量，让英雄精神温暖每一个人。

在项目接近尾声时，凉山发生火灾，致使多名消防员牺牲。听闻这个消息，项目组成员决定走访消防员这一“时代英雄”群体。2019 年 5 月 7 日，他们来到东城区金宝街消防中队，“零距离”感受守护万家平安的消防指战员们的工作。在走访中，消防员舍我其谁的责任心和使命感深深感动着在场的每一个人，同学们不由得向这些英雄们致敬！

第四阶段（2019 年 5 月 20 日至 6 月 20 日）：总结分享阶段。项目组成员对整个项目进行总结和反思，并完成了“走访身边的英雄”项目总结手册的设计、编辑与制作工作；同时积极准备学校的“六一”汇报演出。

甘为人梯 贝类专家
—鹦鹉螺老师 文|四9班 温隽凯

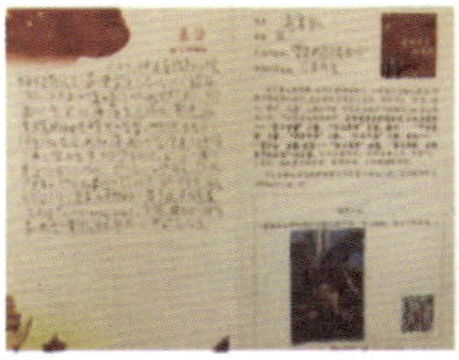

守护平安心理咨询专家
—张久祥 文|四9班 于涵

甘为人梯 网球教练
—张劲 文|四9班 冀雪菲

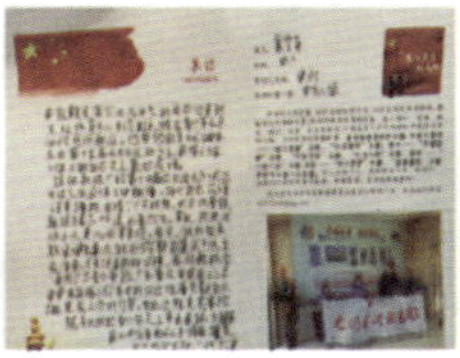

守护平安 援非英雄
—范洪伟 文|四9班 施语轩

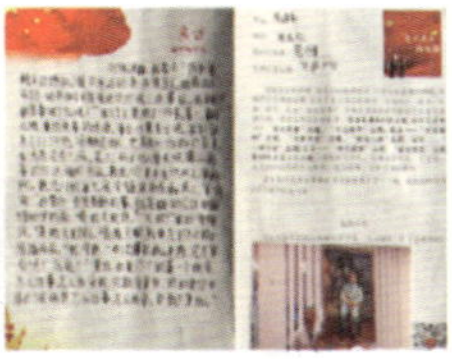

三位大学入伍的战士
矢志强军 文|四9班 崔芮溪

守望国粹 共和国将军
—洪学智 文|四9班 曾与皙

陆军防化学院教授
—黄顺祥 文|四9班 岳耀庭

中国航天员
—王亚平 文|四9班 尹一诺

三、学生行动日记——记录公益之花盛开全过程

学生行动日记精选（一）

2018 年 10 月 31 日　星期三　晴

四（9）中队　冀雪菲

今天是我们项目组第一次正式走访英雄人物，今天我们要采访的是北

京 2022 年冬奥会和冬残奥会会徽的设计者林存真教授。虽然这是我第二次来到北京 2022 年冬奥组委会办公地点，但还是有些紧张。因为跟我上次来这里看到的奥组委不一样，这里有了翻天覆地的变化。今天的办公区更大了，里面来来往往的人很多，大家都是急匆匆的，感觉非常忙碌的样子。我还看到北京冬奥组委西门外横挂着醒目的条幅，上面写着“北京 2022 年冬奥会和冬残奥会吉祥物全球征集活动”。难道这些人都是来提交冬奥会吉祥物设计稿的？我心想，今天林存真阿姨肯定很忙，不知道今天的采访能不能顺利进行，也不知道采访的时间会有多长。

征集活动大厅里依次摆放着历届冬奥会的吉祥物图片，有韩国平昌冬奥会的小熊、意大利都灵冬奥会的“雪儿”和“冰儿”、美国盐湖城奥运会的雪靴兔……个个都惹人喜爱。虽然很喜欢这些可爱的吉祥物，但是想起我们有任务在身，就赶紧寻找林存真阿姨的身影。在一位工作人员的帮助下，我们在大厅的尽头找到了正在埋头整理文件的林阿姨。看到我们，她向我们微笑点头，示意稍等。听工作人员说，林阿姨面前堆成小山的文件袋里面全是来自世界各地的应征吉祥物的作品，这段时间林阿姨每天都要处理一堆堆的“小山”。看着林阿姨忙碌的样子，我们不忍心打扰，就在一旁默默地等待。等待的时候，我们小组成员悄悄地商量，采访的时候一定要配合好，不能浪费林阿姨太多的时间。

终于，林阿姨完成手头紧要的工作向我们走来，我们急忙上前，用最简洁的语言向她讲述“走访身边的英雄”项目的创意初衷和我们的项目计划。林阿姨听后非常支持我们，对于我们提出的问题，她都亲切地一一做了回答。她还夸奖我们：“你们这么小就开始接触公益，把公益理念应用到生活中，这非常好！”她还给我们讲解了北京冬奥会会徽设计的理念和吉祥物征集的情况，鼓励我们多向身边的老师、同学、朋友学习，用心去发现身边的真善美，积极参加体育锻炼，多为冬奥作贡献。

虽然今天的采访时间有限，但从林阿姨埋头工作的样子和与她的交谈中，我们更加坚定像林阿姨这样在自己的工作岗位上认认真真、勤勤恳恳，用自己精湛的技艺作出贡献的人，正是我们要找的时代英雄！

学生行动日记精选（二）

2019 年 3 月 28 日　星期四　晴

四（9）中队　崔芮溪

今天是个特别的日子，“走访身边的英雄”公益项目在学校老师的帮助下，邀请到北京市公安局官方微博“平安北京”的主要负责人郭涛警官，

来为同学们做《谁是英雄》的主题讲座。

讲座开始后，我们才知道班主任老师因为有其他任务不能到现场。没有老师在旁边指导，我有点担心互动环节，万一互动环节没有人回答问题该怎么办呢？我正想着，郭涛叔叔就已经站上了讲台。一开场他就用当前最流行的《王者荣耀》游戏里的“英雄”引出讲座主题，这引起了同学们的兴趣。幽默的郭叔叔真厉害啊，几句话就把同学们逗得哈哈大笑，现场的气氛一下子变得很轻松。

最让我印象深刻的是，郭涛叔叔为同学们播放了《没有雷锋的日子》《奋战在缉毒战线的英雄》和《温暖瞬间》三个短视频。在视频中，我看到许多缉毒警察不顾安危和毒贩作斗争，很多人一不小心就受重伤，很多次和死神擦肩而过，甚至有些缉毒警察献出了生命。他们为了人民的美好生活献出了宝贵的生命，但他们的名字可能都不为人所知……看到这里，我

的眼睛不由得发热，我伸手擦了擦眼泪。这时候，旁边传来一阵阵哽咽的声音，我转头一看，很多同学都为这些伟大的缉毒英雄流下了眼泪。这一刻，我深深地认识到了服务学习项目的意义，更加庆幸参加了“走访身边的英雄”公益项目。

今天的活动，让我知道很多英雄不一定都能名垂青史，就像这些缉毒警察一样，他们在自己的岗位上一辈子默默守护大家，甚至永远没有机会让别人知道他们的名字，但这就是我们的项目所要宣传的英雄精神，它会激励我们，激励所有人。我们要尊敬英雄，感谢英雄，珍惜我们现在美好的生活。

四、学生反思工具——从回望中汲取前行的力量

学生反思精选（一）

姓名：崔芮溪　时间：2019 年 4 月 30 日
提案名称：走访身边的英雄

发生了什么	有何感受
今天，我们公益项目团队联合少年公益学院，一起走进来广营社区的丝路体育生活馆开展活动。我们项目组的成员精心准备了故事表演、“三句半”等节目向大家宣讲英雄故事，现场的反响非常好	今天现场来了很多人，各个年龄段的人都有。很多人都是专门来参与今天的公益活动。我发现热心公益的人很多——从低年级的弟弟妹妹到上了年纪的爷爷奶奶，让我深切感受到公益的力量是巨大的
有哪些主意	**有哪些问题**
我们做的是公益活动，所以在活动结束后和工作人员一起清扫了场馆。今天现场出现了一些小混乱，会后我们也进行了反思。以后我们可以准备一个大喇叭或者音响麦克风，以吸引大家的注意力，也有助于维持现场秩序	活动过程中，因为孩子较多，现场还有一个很大的蹦床，所以小朋友们一进入蹦床馆，就撒开了玩耍。有一些小朋友玩得都不听组织指挥了。还有个别小朋友把零食带进了场馆。活动快结束的时候，我发现地面上留下一些垃圾

续表

教师评语
“细微之处见风范，毫厘之优定乾坤。”今天现场人数之多超出我们的预期，但是你们处理得非常好。尤其是活动后留下来主动清扫场馆，值得表扬，这说明公益的理念已经真正地走进你们的心灵。踏踏实实做好每一件事，这正是你们在采访中学到的英雄精神，你们已经把它运用到行动中，老师为你们感到骄傲

学生反思精选（二）

姓名：于涵　时间：2018 年 12 月 31 日 提案名称：走访身边的英雄	
发生了什么 为了调查大家对“英雄”的看法，我们决定改变以前发放纸质调查问卷的方式，在微信公众号上进行调查问卷的发放与统计回收。目前我们的调查问卷已经吸引 350 余人阅读，并有近 200 人完成了调查问卷的填写	**有何感受** 这一次我们大胆地学习新方法——利用微信公众号发放调查问卷。这样不仅节约时间，而且效率非常高，因为后台可以自动统计数量。我觉得我们要善于利用互联网工具，这样能够达到事半功倍的效果
有哪些主意 我们可以完善调查问卷。针对我们的调查对象，先设置问卷填写者的基本情况和背景调查，这样就可以针对不同的群体制定不同的活动。同时还可以利用“问卷星”等专门的问卷调研平台添加一些图片，让问卷更有趣，让大家都愿意去填写	**有哪些问题** 在分析已收到的调查问卷时，我发现我们的调查问卷在选项设计上有一点问题。我们本来打算设计小学生、中学生和成年人等不同人群对英雄的看法一栏，但在实际问卷中没有设置这一选项。在今后的调查工作中一定要注意，避免类似的问题再次发生
教师评语 借助新的平台如微信、调研网站完成调研是很好的途径，既节约了时间、提升了效率，又增加了统计的准确性。你善于发现新事物、借助新平台来开展工作，这是很好的尝试。老师希望你保持对新事物的好奇心和探索创新精神，将更多的创新性工具运用到服务和学习中	

五、家长感悟——在公益服务中和孩子一起成长

家长感悟精选（一）

谱英雄诗篇，创人生诗篇

岳耀霆家长

随着电影《复仇者联盟 4》的热映，校园内掀起了一股“超级英雄”热潮。从钢铁侠到美国队长，这些拥有超能力的英雄形象满足了平凡人对超级英雄的幻想。趁着这股热潮，“走访身边的英雄”项目让大家把目光从这些虚拟的超级英雄身上转为关注身边的“超级英雄”。得益于去年参与“重拾传统体育游戏”项目获得的锻炼，今年孩子自主发起了“走访身边的英雄”这样一个非常有意义的项目。

作为家长，我也非常支持这个项目。走进新时代，中华民族需要英雄，需要英雄精神。项目组核心成员带领四（9）中队全体伙伴在社会不同行业，从孩子的视角走访英雄、学习英雄，宣讲英雄故事，让英雄精神不断激励大家前行。

孩子作为两届“服务学习”课程优秀项目的参与者，这两年来的成长是非常明显的。去年他作为项目的核心成员之一，在团队中负责外联工作。还记得在项目实施的过程中，他除了认真做好自己的工作外，总是喜欢在每一次活动后积极地去反思活动中的一些不足，热情非常高。正是因为在公益实践中形成的好习惯，让公益的种子在今年得到发芽成长的机会。

今年作为发起人，孩子的责任感更强了。自从得知入选优秀项目，他就开始积极地筹划，与核心成员和指导老师一同商讨制订详细的方案。特别是活动前“计划”和活动后“反思”，他完成得很及时。在每次走访活动

前，他都要反复和各部分的负责人确认，确保活动能够顺利进行；活动后他都能从项目整体的效果上来反思活动的优点和不足。

还记得第一次采访，孩子们前往北京奥组委采访2022年冬奥会会徽设计者林存真。当天正好是冬奥会吉祥物设计稿提交日，现场人非常多，林存真教授非常忙碌，所以采访的时间很有限。核心成员们都稍显紧张，现场采访和拍摄的过程有一些手忙脚乱。回来后，他在自己的“反思工具表”中认真写下当天的不足，并与其他核心成员及时沟通，共同寻找解决办法。在后来的采访中，他们的配合越来越默契，采访的质量和完成度都非常高。

“走访身边的英雄”项目号召大家学习英雄精神，因为它是一种向上的力量，是一面旗帜，是新时代的新风尚！站在学校“六一”展示的舞台上，孩子们的汇报演出透着自信，体现了强烈的责任感，相信他们在未来一定能够紧跟时代，既能创作出感人的英雄诗篇，又能创作出壮丽的人生诗篇。

家长感悟精选（二）

让榜样的力量引领我们成长

吴凯渤家长

这是孩子第一次作为核心成员参与公益项目，作为家长我很高兴孩子有这样一个机会。在“走访身边的英雄”这个项目实施的过程中，我见证了孩子的收获与成长。

起初听说孩子要参加“走访身边的英雄”公益项目，我立马表示支持。因为我意识到这个项目一定会是教育、引导孩子的一本好“书”。孩子们寻找的这些英雄人物是鲜活的、生动的，就在我们身边。他们中的很多人虽然只是平凡的基层工作者，但他们在平凡的岗位中做出了不平凡的事。通过孩子们的眼睛发现身边的英雄，这对孩子们的成长是非常有意义的。

核心成员们带领全班同学积极投身到活动中。他们走访了一个又一个不同行业、不同岗位上平凡而伟大的人。他们不遗余力，通过不同的形式把人物的事迹传播给更多的人。他们极为严肃而又稚嫩地发出宣言：“在没有硝烟的今天，在蓬勃的新时代，他们在平凡的岗位上兢兢业业、乐于奉献，为实现中国梦贡献自己的力量，这就是新时代的英雄，这就是我们身边的英雄！我们要学习和传承英雄精神，把新时代的英雄故事讲给更多的伙伴。我们也要成为他们那样的人。”作为家长，我被孩子们的一言一行所震撼。

“走访身边的英雄”不仅仅是一场少年儿童的公益活动，对于我们每一个家长志愿者来说，也感受到了榜样带给我们的力量。通过这个项目的实施和推广，大家更加意识到要向身边的英雄学习，首先要从自己做起，要先做自己的英雄。而孩子们在走访英雄过程中体会到的那些感动、受到的那些震撼，远比家长苦口婆心地劝说、训导要有效得多。我们作为家长，更应该借着这个公益项目的契机，鼓励和引导孩子们发现身边的“美”，在生活中见贤思齐，不断宣传英雄事迹、汲取榜样力量、发扬模范精神，真正做到“内化于心、外化于行”。

少年智则国智，少年强则国强。感谢服务学习让孩子们锻炼了自己，树立了生活和学习的榜样，获得了前行的力量和信心！

六、帮扶对象——公益服务社会，爱心连接你我

帮扶对象感言精选（一）

北京青苗小学五年级D班学生夏瑜：“吴凯渤是我的邻居，他向我介绍了他们正在开展的公益活动‘走访身边的英雄’。通过他的介绍我了解到，其实，英雄不一定就是多么出名、离我们多么遥远的大人物，他们很多都

是我们身边的普通人。一个人如果能在自己的岗位上默默奉献、辛勤耕耘、乐于助人、不计得失，为国家和人民作出了积极的贡献，就可以称为英雄，就值得我们学习。我还参加了在小红门社区的宣讲活动，以后我也想参与更多这样有意义的公益活动，把我发现的英雄人物的事迹告诉身边的亲朋好友，为社会传递更多的正能量！”

帮扶对象感言精选（二）

北京市朝阳区小红门社区保安：“我从小读金庸的小说，在心里一直有一个英雄梦，也想像书中人物一样仗剑天涯，孤身侠客行，千里快哉风。可是长大后我成了一名保安，生活就是过日子，我的 24 小时就是波澜不惊的上班、休息、上班。随着时间的推移，感觉自己距离心中的英雄日渐遥远。‘走访身边的英雄’项目组的同学们来到我们小区，用‘三句半’、诗朗诵等形式给我们带来了很多当代英雄的故事，他们是身边看得见、摸得着、学得到的平民英雄，这对我的影响很大。人就是身边的人，事也是身边的事，却传递一种精神、表明一种态度。对于我来说，我想从认真流动巡察，守护小区万家的安康做起，实现我的英雄梦。”

七、成果展示——公益，我们一直在路上

在半年多的时间里，“走访身边的英雄”公益项目得到了社会各界的大力支持。项目组先后前往冬奥会组委会、国奥心理医院、陆军防化学院、航空城、坦克博物馆等地实地采访、拍摄，完成了 16 篇专题报道，并举办了 12 场宣传活动，形成《走访身边的英雄》项目成果集。项目得到北京卫视、今日头条等多家知名媒体的高度关注，获得社会各界好评。经过评比，项目最终获得了由中国扶贫基金会颁发的“益路同行 · 优秀公益创新团队”奖。

项目组完成《走访身边的英雄》成果集

北京卫视对项目进行报道

今日头条对项目进行报道

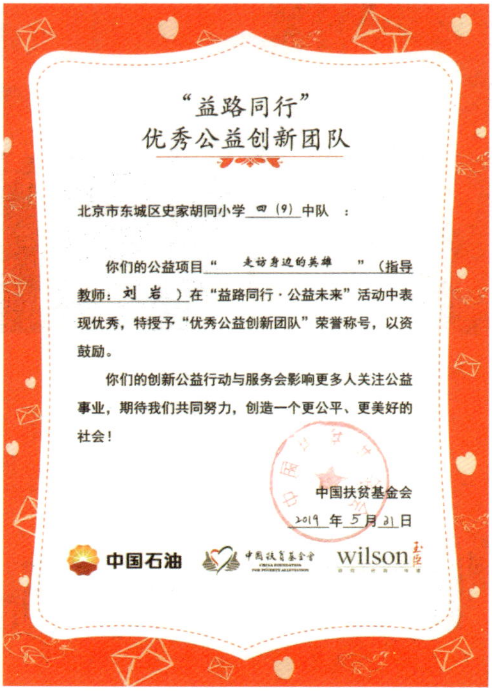

“益路同行”
优秀公益创新团队

北京市东城区史家胡同小学 四（9） 中队 ：

你们的公益项目“ 走访身边的英雄 ”（指导教师：刘岩）在“益路同行·公益未来”活动中表现优秀，特授予“优秀公益创新团队”荣誉称号，以资鼓励。

你们的创新公益行动与服务会影响更多人关注公益事业，期待我们共同努力，创造一个更公平、更美好的社会！

中国扶贫基金会
2019 年 5 月 31 日

中国石油　中国扶贫基金会　wilson

项目获得“益路同行·优秀公益创新团队”奖

伙伴坏情绪，Go Away

“伙伴坏情绪，Go Away”服务学习项目是“亲子坏情绪，Go Away”服务学习项目的延续，由史家小学四（10）中队吕凌霄同学发起，四（10）中队全体成员共同参与完成。项目指导老师为史家小学黎童老师。项目自2018年12月初发起，至2019年6月底顺利完成，累计完成305份调查问卷，整理出了10个常见的伙伴冲突，自制了情绪卡片和情绪明信片，绘制了100多幅漫画，出版了《坏情绪，Go Away》漫画手册。项目组先后走进朝阳实验二小、海淀中关村三小、新鲜胡同小学、泰安县小学、淄博高新小学、光明小学和陈经纶学校嘉铭校区、朝阳门街道活动中心、环球杰睿教育机构、乐创教育等地，累计举办10场活动，为参与的学生们带去了专业的情绪管理知识，帮助他们改进伙伴关系。中国少年报等多家新闻媒体对项目进行了报道。

一、指导教师推荐序

再次提笔写指导老师推荐序时，这两年来的一幕幕逐渐地浮现在脑海里。还记得2017年10月初，我们班的吕凌霄同学因为生活中与妈妈发生冲突的一件小事，生发出“亲子坏情绪，Go Away”的公益创想，在团队伙伴的共同努力下，这一公益项目一路“过关斩将”，终于上线并得以实施。

项目组核心成员在“亲子坏情绪，Go Away”服务学习项目中意识到情

2018 年度服务学习项目

2019 年度服务学习项目

绪管理的重要性，个个都成为情绪管理的小专家，他们开始用情绪管理的眼光审视身边的人和事。当他们看到网上不时爆出的校园欺凌事件时，都很气愤。于是，吕凌霄和伙伴们提出了“伙伴坏情绪，Go Away”的服务学习项目，希望传递情绪管理的知识，减少伙伴间的冲突，营造和谐友爱的校园生活环境。

听了吕凌霄的提议，同学们纷纷表示愿意为营造和谐友爱的班集体贡献力量。通过自选和推荐，项目组的核心成员确定了，分别是薛颖心、周乐思、李伯雄、陈朴远。项目发起人吕凌霄和 4 位核心成员讨论后确定了项目的大致计划。为了合理地设计调查问卷，5 位项目组成员找到我，向我申请利用班会时间和全班同学进行沟通，以便制定最能反映伙伴问题的调查问卷。班会课上，吕凌霄阐述了发起这个创想的动因：班上的同学常常因为小事发生争吵，甚至大打出手；发生冲突后，经过老师的处理，当事人能够很快和好，但是过后依然会发生新的争吵。

吕凌霄的话音未落，同学们就纷纷表示深有同感。有的同学说：“我和姐姐经常争吵，其实我也知道姐妹之间不应该斤斤计较，可是做到真的很难，我希望能和姐姐好好相处。”有的同学说：“我和好朋友经常因为意见分歧发生争吵，我非常不理解，怎么聊着聊着就急了？”有的同学说：“我成绩不差，也积极为班集体服务，可是就是做不到和同学们好好相处，我真的不觉得自己做错了”……这一场班会，成了孩子们的“吐槽大会”和

“反思大会”。

核心成员趁热打铁，让全班同学写下自己与小伙伴发生冲突的事，并在课堂生动地再现各种矛盾冲突的瞬间。原本自己觉得非常生气的场景被伙伴们重现出来，却让大家忍俊不禁。同学们发现导致伙伴间冲突的原因，大部分情况是被“坏情绪”左右了行为。

升入四年级时，我眼中的学生好像除了个子长高了，还是那一群古灵精怪的小不点。但这次公益项目让我意识到，有时候成长无声，犹如暗香涌动，却在某一个瞬间被突然发现，令人格外惊喜。从情绪卡片的拍摄、绘制和校对到与专家沟通调查问卷的细节，再到每一次宣讲活动，团队成员都能积极地去完成，他们不再是需要大人鞭策的孩子，而是慢慢变成有责任心的公益少年。

首先，他们的关注点发生了变化，比如从最初关注自己的想法和感受到注重项目的专业性。在这次项目中，为了让项目更具说服力，项目组主动与北京师范大学心理学院发展心理学亲子关系专家蔺秀云教授沟通后，结合前期调研整理出了 10 个常见的伙伴冲突场景（吓人、踢球、撞人、借笔、游戏、打招呼、分享零食、礼物、朋友、占座），设计了“伙伴坏情绪，Go Away”调查问卷。通过调研问卷，大家希望了解到项目服务对象最真实的想法，并给予他们科学、专业的帮助。在专家的指导下，项目组成员总结了 5 条情绪管理的方法。

1. 遇到问题先平静自己；2. 认真对待别人的情绪；3. 从他人的立场理解问题；4. 清楚具体地阐述自己的想法；5. 不带评判地表达自己的所见。同时，他们还总结了缓解伙伴冲突的四句口诀：“对不起”“请原谅”“谢谢你”“我爱你”。

其次，通过去年的项目实践，他们看到自己的力量也可以改变他人。今年在进行计划时，孩子们不再满足小范围的宣传，而是主动走出去，为更多的人提供帮助。他们利用自己身边的资源，主动沟通联系，最终将项目带进了实验二小、海淀中关村三小、新鲜胡同小学等多家学校。不仅如此，他们还通过线上宣传，让远在山东的伙伴们也学到了情绪管理的方法。

最后，也是最重要的，孩子们既是活动的执行者，又是活动的受益者。陈朴远说：“以前我和对方打招呼，对方没理我，我肯定会生气，现在我知道要换位思考，也许是他没看见我，所以没有回应我。”李伯雄说：“以前当同学撞了我的时候，我会想他是故意的，现在我知道这都是我归因有偏差，他或许是没在意。”赵梓初说：“我是转学生，来到陌生的环境，和同学之间比较生疏，我觉得他们不喜欢我。通过换位思考我知道我错了，我对他们生疏，而他们对我这个转学生也一样生疏，我应该主动和他们交流。现在我和同学们有了更多互动，很快地融入了集体，交到了很多好朋友。”……这些都说明“伙伴坏情绪，Go Away”服务学习项目真真切切地改变着每一个人。在团队的带动下，班级中发生冲突的学生越来越少了。

“伙伴坏情绪，Go Away”公益项目和“亲子坏情绪，Go Away”项目，分别从伙伴关系和亲子关系这两个影响孩子成长的重要方面，提升大家应对不良情绪的能力，通过对自身情绪和他人情绪的认识，培养驾驭情绪的能力，从而减少与他人的冲突。活动开展至今，我们每个人都或多或少地学会了控制情绪，也为他人带去了管理情绪的正能量。让我们一起用行动赶走“坏情绪”，拥有健康、快乐的好心情！

指导教师：黎　童

二、创想梦工厂——种下一颗公益的种子

（一）创想动因

人与人之间常常因为是非观、价值观、意见不一致等原因产生各种矛

盾和冲突。小学生在学校生活中也会产生许多矛盾，出现一些负面情绪。出现“坏情绪”时，如果不能很好地处理，进行有效的情绪管理，很可能导致冲突升级。

吕凌霄同学在去年发起了“亲子坏情绪，Go Away”项目，取得了不错的反响，他也成为“情绪管理知识”的义务宣传使者。在日常生活中，他发现伙伴们不能正确识别同伴的情绪，无法进行良好沟通，经常产生矛盾。尤其看到新闻中爆出的“校园欺凌”事件，他意识到宣传伙伴之间情绪管理知识势在必行。于是他发起了“伙伴坏情绪，Go Away”项目，希望用青少年自己切身的体验，帮助同龄人表达自己的情绪，正确地应对同伴的情绪，构建良好的伙伴关系及氛围，营造一个和谐的生活环境和学习环境。

（二）团队介绍

发起人及总负责人	吕凌霄	史家小学四（10）中队成员，热心公益，有较强的组织、沟通能力，曾发起“亲子坏情绪，Go Away”项目，并获得“小小公益创想家”奖。作为项目的发起人及总负责人，负责项目的整体推进与协调
团队伙伴	薛颖心	史家小学四（10）中队成员，热心公益，善于表达、乐于助人，有较强的组织能力。在项目中主要负责外联工作
	陈朴远	史家小学四（10）中队成员，性格开朗，乐观积极，对数字敏感，觉察力敏锐，有较强的团体协作精神。在项目中主要负责财务工作
	李伯雄	史家小学四（10）中队成员，性格稳重，积极向上，热心公益，有较强的团队协调能力。在项目中主要负责宣传工作，以及情绪卡片的制作等工作
	周乐思	史家小学四（10）中队成员，热心公益，善于沟通、表达，团结协作能力强。在项目中主要负责宣传工作，以及漫画、情景剧编排工作等

续表

指导教师	黎童	史家小学四（10）中队辅导员兼班主任，爱岗敬业，有着丰富的项目组织实战经验，对学生的心理和各种情绪都有深入的了解，善于协调处理同学间的矛盾，执行能力强
专家团队	蔺秀云	北京师范大学心理学部发展心理学教授，亲子关系专家

（三）实施过程

“伙伴坏情绪，Go Away”项目自 2018 年 12 月初正式发起，至 2019 年 5 月顺利完成，分为项目筹备、调研准备、活动开展、总结分享四个阶段。

第一阶段（2018 年 12 月 1 日至 2019 年 1 月 31 日）：项目筹备阶段。这一阶段，核心团队成员进行项目的筹备工作，主要是项目宣传品的设计和制作，以及情绪卡片的拍摄和制作。通过准备情绪卡片，团队成员提高了对他人情绪的辨识能力，锻炼了自己情绪的良好表达能力，为项目开展奠定了良好的基础。

第二阶段（2019 年 2 月 1 ~ 28 日）：调研准备阶段。这一阶段主要有三部分工作内容。

一是调研分析。项目组在校内和网络上收集常见的伙伴冲突的案例，提炼出 10 个容易产生冲突的场景，并在北京师范大学心理学部发展心理学教授蔺秀云和研究生殷锦绣的指导下，设计了具有针对性的调查问卷，在校内随机发放。项目组共计发放调查问卷 305 份。通过对问卷结果的分析，结合专家的指导建议，项目组总结了伙伴冲突事件的特点和原因，给出了

“如何有效预防矛盾冲突”的若干条建议，形成调研报告，在微信公众平台进行了推送。

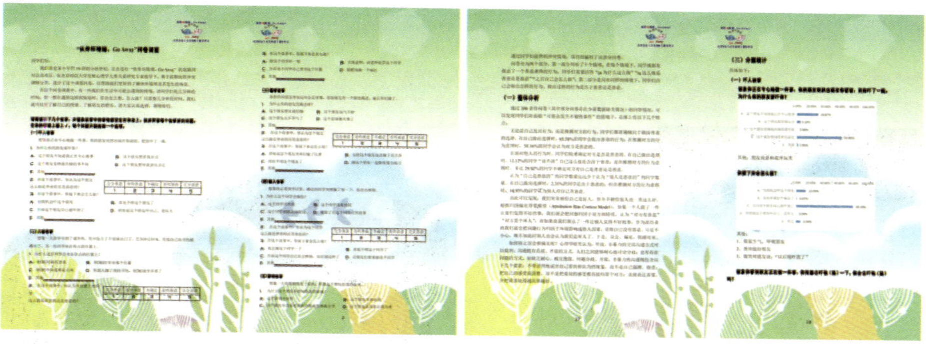

二是绘制漫画手册。项目组根据 10 个容易产生矛盾的场景，绘制了 30 多幅连环漫画。每幅漫画包括 4 ~ 6 个场景，再现冲突发生的过程，让伙伴们详细了解在冲突过程中对方及自己是怎么做的、怎么想的，并给出正确的做法。为体现项目的延续性，项目组还将“伙伴坏情绪，Go Away”连环漫画与 2018 年度的“亲子坏情绪，Go Away”漫画合订成册。

三是主题情景剧创作和准备工作。根据 10 个容易产生矛盾的场景，项目组创作了 10 个主题情景小剧，包括“分饭风波”“借笔的故事”“零食故

事”“打招呼”“好朋友”“送礼物”等，完成剧本撰写工作。项目组还优选“天生我胆小”剧本，精心排练情景剧，并于4月1日在校内进行了公演；同时，优化了“亲子坏情绪，Go Away”部分情景剧剧本，并进行了视频录制。

第三阶段（2019年3月1日至5月15日）：活动开展阶段。项目组成员及志愿者分别走进朝阳门社区、日坛公园等地进行了宣讲活动，同时还以视频活动的方式与泰安县小学和淄博高新小学进行线上宣讲。项目组共计完成近20场宣讲活动。

2019年2月1日，项目组在朝阳门街道活动中心进行了第一次项目宣讲，展示情绪卡片，讲解矛盾冲突故事。为了增加观众的参与度，现场举办了“情绪辨识”互动游戏，在欢声笑语中达到了项目的宣讲目的——让小伙伴们站在他人角度多思考、多理解，减少矛盾和冲突的发生。

2019 年 3 月 9 日，项目组选择在同龄人聚集的教育机构开展活动。他们走进环球杰睿教育机构，在有限的时间和场地内，向机构的同龄伙伴及家长们展示情绪卡片，呼吁大家重视情绪管理。同学们的宣传不仅吸引了小伙伴，也吸引了同行的家长，他们都觉得项目很有意义，纷纷表示支持。

2019 年 3 月 10 日，项目组走进乐创教育机构，进行项目宣讲。活动得

到了乐创教育负责人的大力支持，他们通过微信对活动给予宣传。线上与线下相结合的方式影响了更多的伙伴。

2019 年 3 月 17 日，项目组走进日坛公园，呼吁大家关注伙伴情绪。他们利用前期准备好的情绪卡片、问卷分析、漫画展示等材料，与在公园中休闲娱乐的同龄伙伴进行交流。许多伙伴在了解项目的内容和初衷后，被大家的公益热情所打动，纷纷表示希望加入到项目的宣传中来。

2019 年 3 月 18 日，项目组走进实验二小朝阳学校，向其四年级全体学生共 120 多人进行了项目宣传与展示。活动中，核心团队成员仔细介绍了情绪卡片，展示了情绪漫画，并和台下的小伙伴进行“情绪辨识和表达”互

动游戏。在交流中，实验二小的很多同学也分享了发生在他们身边的小冲突，他们都表示，今天的公益分享让自己意识到在发生不愉快时，要学会调节自己的情绪，多换位思考，减少不良情绪。经过这次项目宣讲，团队成员们的积极性高涨，因为他们感觉到用自己的力量帮助了他人。这是一件很骄傲的事。

2019年3月19日，项目组走进中关村三小向一年级和二年级的同学开展项目宣讲。基于在实验二小的宣讲经验，团队成员顺利地完成了情绪卡片和漫画的展示与宣讲，还开展“情绪辨识和表达”互动游戏。同学们参与的积极性高涨，互动环节尤其精彩。活动受到了同学和老师们的一致好评。他们表示，由于一年级的孩子们刚入学，经常发生各类小摩擦，这节课带给他们一个全新看待和处理小冲突的视角。

2019年3月20日，项目组走进新鲜胡同小学，向同学开展项目宣讲活动。整场活动核心成员相互配合，不仅为台下的同学们展示了自制的漫画，还分享了漫画背后的故事。活动结束后台下的同学们都纷纷表示受益匪浅。

2019年3月25日，项目团队在情绪处理专家的带领下走进史家胡同博物馆和周围社区，进行情绪辅导和项目宣讲。团队成员认为，当孩子因为和伙伴之间的摩擦而产生不良情绪时，家长应该学会识别和处理的方法，防止小摩擦未及时关注而演变成肢体冲突等不良后果。对此，在座的家长和小伙伴都非常赞同，宣讲在大家的热烈讨论中结束。

2019年3月26日和27日，项目组分别与山东泰安县小学和山东淄博高新小学进行线上视频宣讲。由于前期项目中的精彩表现，项目团队受到中国少年儿童发展服务中心、中国青少年宫协会“牵手未来　助童起跑”流动少年宫公益服务组织邀请，首次尝试视频直播方式，向山东泰安县小

学和山东淄博高新区高新小学四年级的同学们进行宣讲。双方小伙伴通过视频进行了互动交流。

2019 年 4 月 27 日，项目组带着丰富的宣讲经验，为光明小学的同学们进行了公益宣讲。这次活动不仅在同龄伙伴间获得了不错的反响，还被中国少年报记者采访和报道。

2019 年 5 月 15 日，项目组走进陈经纶学校嘉铭校区，开展项目宣讲活动。经过几个月的实践，项目组在宣讲方面已经游刃有余。最后一场校外宣讲，项目组再次携手中国少年儿童发展服务中心、中国青少年宫协会“牵手未来 助童起跑”流动少年宫公益服务组织走进陈经纶学校嘉铭校区，向三年级同学进行宣讲，和他们一起辨识情绪、表达情绪，讲述学习和生活中遇到的小冲突，共同探讨正确的处理方法。

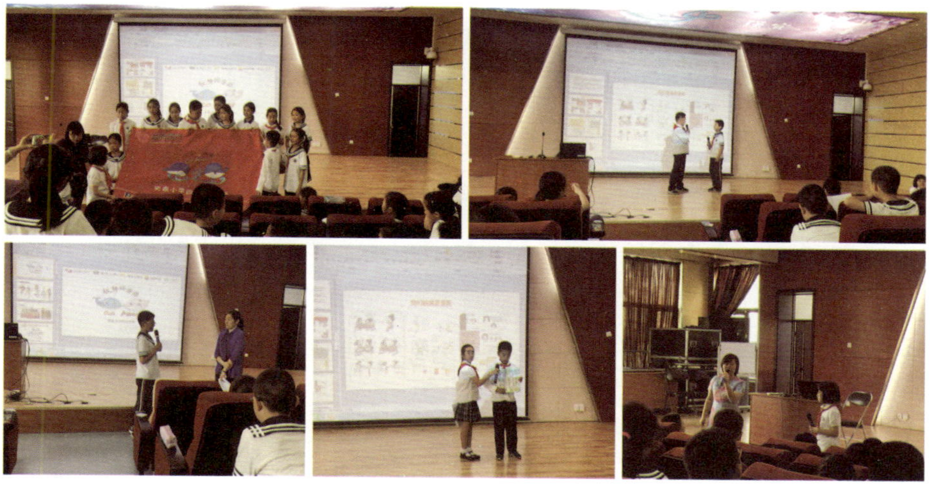

第四阶段（2019 年 5 月 20 日至 6 月 20 日）：总结分享阶段。本阶段主要在校内进行项目总结反思与成果展示。项目组成员带领全班对整个项目进行复盘反思，同时积极参加 2019 年史家小学庆祝“六一”儿童节活动，向全校师生展示和汇报项目成果。

三、学生行动日记——记录公益之花盛开全过程

学生行动日记精选（一）

2019 年 1 月 31 日　星期日　晴

四（10）中队　陈朴远

根据项目计划，我们打算准备一套情绪卡片，这样在宣传的时候，大家一看到卡片上的各种情绪图片和相应的文字，就能很快了解我们的项目。在班主任黎老师的带领下，我们全班同学开始筹备情绪卡片。我们计划将征集来的情绪卡片制作成明信片和宣传册，这项工作主要由我负责。今天刚吃完早饭，就听爸爸说：“情绪卡片的设计稿还得再校对一遍才能印刷，你再仔细检查一遍。”于是，我和爸爸一起在餐桌前开始校对工作。

一开始，我没觉得这件事情有多难。因为设计风格在放假前就已经确定，同学们上传的情绪卡片也都是电子文档，应该不会出什么大问题。可是，校对起来才发现，问题还真是不少。情绪卡片的要求是每一张图片要和文字一一对应，但校对时我发现，有的同学上交的图片没能和文字一一对应，卡片上的内容看起来很乱；有的同学选择的文字的颜色跟卡片的背景颜色非常相近，难以看清楚具体内容；还有的同学把学号跟名字搞混了……

本来我以为没问题的东西，居然有这么多的问题。校着校着，我有点不耐烦了，一下子从椅子上站起来对爸爸说：“问题实在太多了，我不想再校对下去了！”爸爸听到我这么说，先让我坐下，然后严肃地对我说：“这是你的工作，本来就应该你自己完成。现在我来帮你，你却要退出，这是不负责任的表现。”听了爸爸这些话，我心里有点儿惭愧。作为核心成员，

我们每个人都有要完成的工作，要是我不完成工作，就会影响整个项目团队。于是，我打起精神又投入到校对工作中。

终于，经过近两个小时的努力，我和爸爸完成了宣传册和明信片的校对工作。虽然很累，但是一想到不久就能看到印制精美的作品，我就特别高兴。对了，我还把校对时遇到的一些问题记录下来了，我总结了一下，发现很多错误都是因为不仔细才导致的。下次讨论的时候，我会和大家分享这些常见的问题。经这次的校对工作，我也认识到：越是简单的工作内容，越要仔细对待，这样才能更快更好地完成。

学生行动日记精选（二）

2019 年 3 月 9 日　星期六　晴

四（10）中队　薛颖心

今天是我们公益服务学习项目的第二场宣讲活动。一大早，我和团队伙伴就来到环球杰睿教育机构的教室，做活动前的准备工作。趁着人还不多，我们赶紧把宣讲中要用到的漫画手册和情绪卡片摆放好，然后找到合适的地方挂好横幅。

当一切准备就绪时，已经有学生陆续进来了，于是我们开始走向一旁等待上课的小伙伴，主动邀请他们来听我们的项目宣讲。可没想到的是，这些同学比我们还扭捏。有的同学在我们发出邀请时不好意思看我们，而是看着家长等家长点头。有的同学干脆拒绝了我们。我们很气馁，这次宣讲和之前在大教室里我们站在台上讲、同学们坐在台下听的形式完全不一样啊！我们一时不知该怎么办了。

过了好一会儿，我们只请到三位小朋友。于是，我们几个人商量起来：这是一个有多家教育机构的大厦，肯定有很多学生进出。如果我们走出去，到走廊上宣传，效果会不会更好些呢？这个主意让我们有了行动的目标，大家立刻拿着宣传册走出教室，每见到一位来上课的同学，就主动上前给他介绍我们的项目。可能是路过的同学都赶时间，有的同学被家长拽走了，也可能是他们以为我们是发小广告的，连宣传单看都不看，就匆匆忙忙跑了。总之，我们的这一次宣讲活动进行得很不顺利。

这时候，大家的嗓子说哑了，腿也走疼了，身上开始冒汗了。我看大家都没有放弃的意思，就说：“来，咱们先休息一下，再转到后面去看看！”大家点头表示同意。经过短暂的休整，我们重新打起精神，又跑向新的目标。

有付出就会有收获，终于，在我们坚持不懈的努力下，有的家长掏出手机主动扫描项目二维码，有的同学留下了宣传册，有的还和我们一起讨论起他和同学之间发生的小矛盾。

今天的活动真是一波三折，让我深深地体会到了公益活动的不容易，同时也让我明白想要完成它，还需要坚持不懈，朝着每一个小目标去努力！活动结束后，我认真反思了一下，觉得下次我们应该选择一些小伙伴更聚集，而且大家也有时间听我们说话的地方，比如学校、公园等，这样可能效果会更好。

四、学生反思工具——从回望中汲取前行的力量

学生反思精选（一）

姓名：周乐思　时间：2019 年 3 月 19 日

提案名称：伙伴坏情绪，Go Away

发生了什么	有何感受
今天我们要去公益项目宣讲的第二站——海淀区中关村三小，宣讲的对象是一年级和二年级的弟弟妹妹们。我们介绍了如何正确辨识他人情绪、表达自己情绪的重要性以及化解伙伴间的坏情绪的方法	来听宣讲的弟弟妹妹很多，虽然他们年龄小，但都敢于表达自己。尤其在互动交流环节，很多一年级的同学很积极踊跃地举手，分享因为坏情绪发生在自己身上的故事
有哪些主意	**有哪些问题**
在交流时尽量用弟弟妹妹们能听懂的话语，这样互动效果就更好了。以后面对年龄小的同学时，我们可以采用小剧的形式展示如何化解伙伴间的矛盾，这样可能就更加直观	在互动环节，我负责采访台下的同学。当我采访一位小妹妹时，我问她："小妹妹，你和同学发生矛盾时，会如何化解呢？"小妹妹有点愣愣地看着我，好像没太明白我的意思。对一年级的小朋友来说，我们的问题还是比较难理解

续表

教师评语
在面对弟弟妹妹时，你能够灵活变通，用弟弟妹妹们听得懂的语言和他们互动交流，并且循循善诱，告诉他们与伙伴发生冲突时的正确做法，真正地做到了服务于他人。从你所阐述的事件、你的感受和解决问题的方法，可以看出你的成长，你学会了自主思考、解决问题，还学会了为他人着想。看到你的进步，老师十分欣慰。加油

学生反思精选（二）

姓名：吕凌霄　时间：2019 年 3 月 27 日 提案名称：伙伴坏情绪，Go Away	
发生了什么 今天下午两点，我们要向山东淄博高新区小学进行视频宣讲。这是我们第一次采用线上交流的方式。为了使这次宣讲顺利进行，我们做了很多准备。比如为了让流程更顺畅，我们练了好几遍主持词。但是昨天晚上我们得知，团队核心成员薛颖心因故不能参加今天的活动了	**有何感受** 得知薛颖心不能参加活动的消息，我非常着急，因为主持词是提前写好的，缺少一个人会导致台词不连续，观众听起来会非常别扭。我们在第一次活动时就因为台词表现不好，活动效果让我们很不满意。我有些担心，怕这次宣讲给外地期待已久的小伙伴们留下不好的印象
有哪些主意 为了不影响宣讲效果，我让同桌张钰涵临时替补，她很爽快地答应了我。我请妈妈赶紧把台词发给张钰涵的妈妈，请她帮助张钰涵尽量记住所有台词。今天正式宣讲时，我虽然有点紧张，但还是顺利完成了，其他同学表现得也很棒。今天的事情让我明白了，以后要准备一些备选方案，尽量不让今天这种情况再次发生	**有哪些问题** 张钰涵同学之前没有排练过，因为是临时替补，她排练的时间并不多，并且台词对张钰涵同学来说是一次艰巨的挑战。我怕她记不住台词，影响演讲效果，更怕她因为这个原因而放弃帮助我们
教师评语 作为两次公益项目的发起人，你不仅是“情绪管理小能手”，更成了有着丰富经验的团队组织人员。在团队遇到突发问题时，你能沉着冷静地应对，积极地想办法解决问题。在这次项目执行中，老师又一次见证了你的成长，也感动于你的用心。在项目执行的过程中，也许还会发生预料之外的事情，但我想只要我们坚定目标，积极应对，就一定能够解决。当然，就像你说的，做好备选方案也很重要	

五、家长感悟——在公益服务中和孩子一起成长

家长感悟精选（一）

公益在延续，成长不停歇

吕凌霄家长

“伙伴坏情绪，Go Away”项目，是吕凌霄同学发起的第二个公益项目，也是第一个公益项目“亲子坏情绪，Go Away”的延续项目。在发起第一个项目的时候，孩子是茫然的，项目入选也是偶然的。在项目进行的过程中，他甚至出现退缩、想放弃的念头，在我们和学校的支持下，他坚持下来了，很好地完成了第一个项目，并得到了现代教育报、北京电视台等多家媒体的报道。在这个过程中，吕凌霄变得自信、开朗，也愿意和他人交流了。

今年，听说优秀的项目可以持续执行时，吕凌霄非常高兴，主动表示要继续下去。我们的公益项目在延续，孩子的能力也在提升。大半年的时间，孩子的成长更加显著。除了自信心、行动力、公众场合的表现力等得到提升外，吕凌霄在以下三个方面也有了很大进步。

一是更加懂得坚持，更有自己的见地。今年前前后后、扎扎实实地进行了大大小小近 20 场宣传活动，影响了上千人。加上项目立项的评审活动、与心理学老师的多次讨论、小组内部数次排练，共有近 40 场相关活动。每一场活动后，他都能坚持写图文并茂的行动日记，对活动也有了越来越多自己独到的见解。比如，在针对“情绪卡片”的拍摄时，他写道：“应该在现实生活中抓拍这些情绪，可是家长们又没有足够的时间，摆拍的有些情绪连自己都认不出来了。”当时大家没有考虑到这一点，而他能够及时发现，提出不同的见解，我想这就是独立思考的结果。

二是更加懂得主动推进项目，更有责任意识。3 月开始联系学校时，由于刚开学事务繁多，又处在“两会”期间，学校都有些犹豫。吕凌霄为了尽快确定宣讲单位的事宜，主动提出在小区附近的教育机构做宣讲。我表示支持以后，他说干就干，立刻向机构负责人表达了自己的愿望。对方不仅同意提供机会，而且还帮忙在机构内进行宣传。第二天中午，孩子就在这家教育机构进行了项目宣讲，现场反响不错。他很珍惜这个延续公益项目，过程中不仅主动推动项目，而且每一次活动都能够主动协调，积极总结反思。相比于去年，今年他的主人翁意识更强了，责任感也更强了。

三是学会平衡项目活动和课业，目标感更强。对孩子们来说，每天接触伙伴的时间更长，伙伴间产生坏情绪的概率就更大。所以在进行项目计划时，孩子们希望去不同的学校，影响更多的小伙伴，帮助他们解决实际问题。于是今年的活动更多、规模也更大，孩子们需要用更多的时间去排练和准备。但孩子会抓紧时间完成作业，只为了周末和节假日能够按计划实施公益项目活动。现在的他已经学会主动合理地安排自己的课余时间，学会设置目标，并且全力实现。

从“亲子坏情绪，Go Away”到“伙伴坏情绪，Go Away”，从起初的一个小小的想法到如今大大小小的几十场活动，这个公益项目凝聚了孩子很多的心血和汗水，也离不开老师和家长们的支持。这两年的经历很宝贵，也很值得，孩子一再表示，希望五年级、六年级持续做公益项目。希望这个项目可以影响更多的人，让更多的人学会管理情绪。

家长感悟精选（二）

公益，让我们成为更好的自己

薛颖心家长

如果你是一位家长，或者在孩子多的地方待过，可能对下面这些场景不陌生。

“哼，我不跟你做朋友了！”“我也不要和你做朋友了！”两个好朋友因为一句不善话语而遭遇“友情破裂”；“你不要这样！”“要你管?!”两个伙伴因为一件事争执不下。一边是孩子们的吵闹声，一边是老师、父母苦口婆心地摆事实、讲道理的无奈表情……

小伙伴之间闹矛盾、发脾气、发生冲突甚至攻击，在孩子们的生活中几乎每天都在发生。孩子们还处于身体与心智的成长发育阶段，他们还没有足够的能力调节情绪、抑制冲动。有些有意、无意的冲突事件，正是由日常交往中的不良情绪所导致的。这时候，孩子们通常会认为别人有恶意，而自己都是善意的，即使事实并非如此。这样的判断，往往会令他们采取敌对的行为。

这也是薛颖心加入“伙伴坏情绪，Go Away”项目的原因，她想帮助小伙伴们化解不良情绪，促进彼此之间的积极沟通。作为家长，我参与公益服务学习，深刻体会到这个项目对于孩子所产生的很多积极影响。

开展这个项目以来，薛颖心做事情、与人相处的方式方法有了明显转变，现在她遇到问题时，会用更加灵活的方式应对，态度也更加乐观。作为项目核心成员，她以身作则，在与人交往出现坏情绪的时候，会直接说出自己的感受。有一次孩子和我聊天，说到在戏剧排练课上，她被某个同学的道具椅子磕了，满心的委屈与不满。我就引导她：“你觉得她是不是恶意的呢？你会怎么跟她沟通这件事儿呢?”想了一会儿，她跟我说：“我会告诉她，你把我磕疼了，我知道你不是故意的，但是你下次要注意些，不要再磕到别人了！”这就是服务学习项目带给孩子的自我成长。

在项目推进的过程中，薛颖心也更加懂得了团结协作、目标一致、努力拼搏的重要性。项目从开始立项宣传到问卷调查、问卷分析、情绪卡片制作、绘制漫画手册以及项目展示与宣讲，每一个环节都离不开团队成员的分工协作。每次去外校展示开始之前，他们都会在校门外、走廊里一遍又一遍地练习。在公园里、大厦里宣传，遇到人们不解的眼光、匆匆而过的忽视时，薛颖心会跟团队成员互相鼓劲，彼此加油，还会主动探讨优化方案，继续宣传活动。在这些过程中，她的自信心、表达力和抗挫力都得到了极大的锻炼，同时也懂得了做公益不是一件容易的事情，需要矢志不渝地坚持与努力。

在项目进行过程中，我深刻感受到孩子在成长，同时家长也要通过自身的不断成长来引导孩子的正向发展。这大半年来，我也参与其中，为公益活动献计献策。我相信，父母认真负责、努力进步的样子，会成为孩子心中永远难以忘怀的一幕，更是孩子坚持完成项目的重要动力。特别感谢学校、益路同行给予这么好的机会，让我们能够和孩子一起全身心地投入做一件事情，而且是非常有意义的一件事情。我和孩子约定，我们会一直把公益活动做下去，做一个给周围的人带来快乐、为社会创造价值的人。我们努力向上，明天一定会成为更好的自己！

六、帮扶对象——公益服务社会，爱心连接你我

帮扶对象感言精选（一）

光明小学四年级的学生：“今天，史家小学四年级 10 班的公益项目团队来到了我们学校，向我们介绍了‘伙伴坏情绪，Go Away’项目的由来，以及他们正在做的一些事情，例如问卷调查分析、制作情绪卡片、绘制冲突漫画手册等。听了他们的介绍，我觉得他们的项目特别实用，也特别有意义。以前我因为一些小事情和同学发生矛盾，不知道怎么解决，非常苦恼；现在我知道怎么处理了。今后，我们要多换位思考，想想对方是出于

善意还是恶意；积极与对方沟通，把自己心里的想法都表达出来，直接告诉对方哪里让自己觉得不舒服了，而不是猜测和指责；直接表达需要，并把请求说得越具体越好。我希望下次还能有机会和史家小学的同学多多交流，希望他们的项目越做越好，让项目传播得更广，为更多同学带来改变，让大家更加快乐和谐地相处。”

帮扶对象感言精选（二）

新鲜胡同小学四年级学生：“今天史家小学四年级的同学来到我们学校开展‘伙伴坏情绪，Go Away’项目的宣讲活动。他们向我们介绍我们为什么伙伴间会产生坏情绪，还有解决坏情绪的方法。听了他们的宣讲，我也明白了其实很多时候大家心里都没有特别不好的想法，有时候就是没有把话说明白、说清楚，才产生了很多误会。以前我和一个同学因为一件事情闹得很不开心。现在回想起来，自己处理矛盾的方式确实有些不好。以后再有这样的事情，我要学会把自己的想法真实、简单、明确地表达出来，而且还要认真、耐心地听听对方的想法和意见，而不是只顾着自己生气。”

七、成果展示——公益，我们一直在路上

“伙伴坏情绪，Go Away”公益项目自开展以来，得到朝阳门社区、实验二小朝阳学校、中关村三小、新鲜胡同小学、光明小学、陈经纶学校嘉铭校区以及多家教育机构的大力支持。项目受到了中国少年儿童发展服务中心、中国青少年宫协会“牵手未来　助童起跑”流动少年宫公益服务组织的鼎力支持。中国少年报对项目进行了特别报道，在头版头条对项目进行介绍并刊登情绪漫画。因表现突出，项目获得了由中国扶贫基金会颁发的“益路同行·优秀公益创新团队”奖。

■ 中国少年先锋队队报　■ 共青团中央主管　■ 北京绿色印刷工程——优秀青少年读物绿色印刷示范项目

中国少年报

CHINESE TEENAGERS NEWS

■ 2019年5月22日　■ 3410期　■ 邮发代号 1-12　■ 国内统一连续出版物号 CN 11-0062

“我生气了！”“哼，我也生气啦！”这是怎么了？情绪这么差！前不久，在北京史家小学四（10）中队，小伙伴之间发生了几起小矛盾——

赶走“伙伴坏情绪”

场景一：吓人

一天课间，小雄正在操场走着，突然，耳边一震，听到“啊”的一声大喊，后背还挨了重重的一拳。小雄吓了一大跳，赶紧转身，原来是小飞。

“你干吗？！”小雄质问。

“我只是想……”还没等小飞说完，小雄就气呼呼地转身离开了。

场景二：借笔

课上，娜娜跟同桌小睿借笔：“能借你的笔用用吗？”

“当然可以！”小睿说。

几天后，小睿提醒娜娜还笔，娜娜支支吾吾说忘带了。一周、两周、三周……娜娜依然没有还笔。直到两个月后，小睿很生气：“你到底还不还笔？！我再也不借你了！”

场景三：打招呼

上学路上，小晴看到思思和乐乐，赶紧上前打招呼：“你们好！”没想到思思和乐乐没搭理她，继续开心地聊天。小晴很生气：“哼！平时都是我们三个一起玩，现在你们两个故意躲着我，那绝交好了！”

善意or恶意？

快快快，谁来解决一下这些矛盾？找老师？找家长？

“不！这是我们小伙伴之间的事，我们自己来解决！”队员吕凌霄说。

怎么解决呢？开学初，吕凌霄、周乐思、蒋颖心、陈朴远、李伯雄、赵梓初等几名队员，专门成立了一个项目小组，目的就是想找到赶走伙伴坏情绪、解决这些小矛盾的方法。

队员们最先思考的是产生矛盾的原因，他们请教了北京师范大学心理学部教授蔺秀云老师。蔺老师建议队员们先做一个调查：“当自己和同伴发生矛盾时，你觉得自己和对方是善意的，还是恶意的？”

（下转3版）

2版 “一带一路”故事多　4版 这个二维码不能扫　8版 寒武纪：生命大爆发

中国少年报头版对项目进行报道

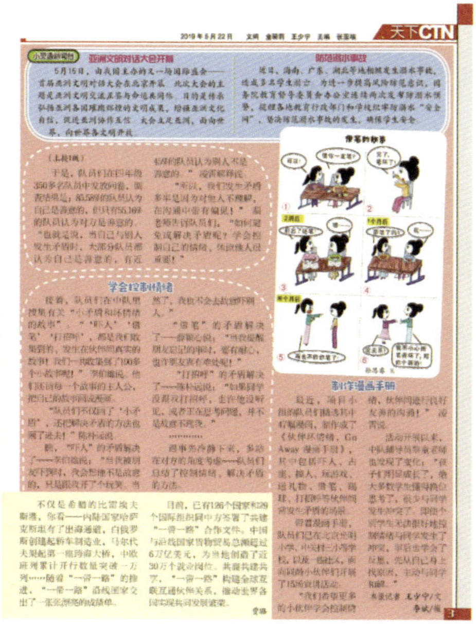

2019年5月22日　文编 金丽莉 王少宁　美编 张国栋　天下CTN

亚洲文明对话大会开幕

防范溺水事故

借笔的故事

学会控制情绪

制作漫画手册

中国少年报刊登项目成果《情绪漫画》

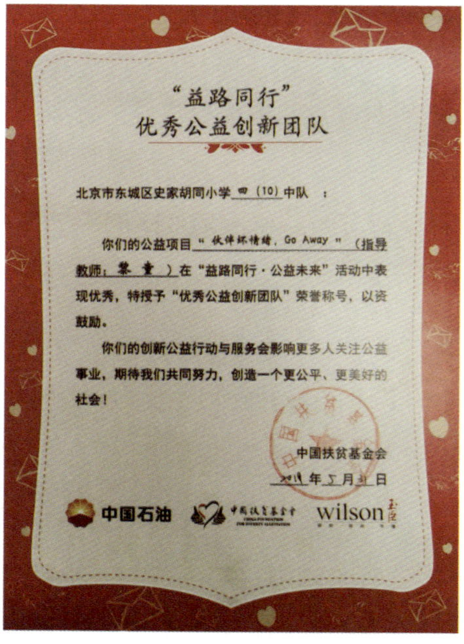

“益路同行”

优秀公益创新团队

北京市东城区史家胡同小学 四（10） 中队　：

你们的公益项目“ 伙伴坏情绪，Go Away ”（指导教师：黎 童 ）在“益路同行·公益未来”活动中表现优秀，特授予“优秀公益创新团队”荣誉称号，以资鼓励。

你们的创新公益行动与服务会影响更多人关注公益事业，期待我们共同努力，创造一个更公平、更美好的社会！

中国扶贫基金会

2019 年 5 月 31 日

项目获得“益路同行·优秀公益创新团队”奖

汉字书写拯救计划

“汉字书写拯救计划”服务学习项目由史家小学四（13）中队宋雨忱同学发起，四（13）中队全体成员共同参与完成。项目指导教师为史家小学王建云老师。项目自2018年12月初启动，至2019年6月底顺利完成。针对互联网时代人们提笔忘字这一问题，项目通过互动游戏、现场听写等形式，让人们意识到遗忘汉字的危害，向人们宣传汉字书写的重要性。项目先后走进金宝街华丽大厦、日坛公园、史家胡同博物馆、中国法国工商会、东四奥林匹克社区、珠江帝景小区、朝阳公园、天坛公园等地，开展了近10场活动，向大家宣传汉字书写的重要性，项目影响人群达5000余人。项目引起了参与人员的广泛共鸣与大力支持，并受到《朝阳门》等多家媒体的关注与报道。

一、指导教师推荐序

汉字书写危机重重

不知道你有没有这样的经历和感受：

兴致勃勃地去听一场讲座，记笔记时却发现好多字不会写了。

和朋友高谈阔论时妙语连珠，但朋友让你写出来时你却无从下笔。

辅导孩子写作业时他问你某个字怎么写，你不得不求助手机输入法。

……

是的，在这个社交靠手机、工作靠电脑的时代，人们的书写能力急剧退化，以至于常常提笔忘字。渐渐消失的手写汉字演变成了书写危机，这不仅是传统书写在键盘时代面临的巨大挑战，也是这个智能时代传递给我们的危险信号。

作为一名语文老师，作为一名班主任，我深知汉字是中国最伟大的成就，它是中国文化的核心，更是中国文化传承的最有效载体。汉字中保留了大量先祖们创字伊始对社会的认识，是我们理解上古社会的文字密码。也就是说，借助对汉字的研究，我们可以了解上古时代的历史文化。炎黄子孙无论身在何处，汉字文化都是流淌在骨血中的底气，是建立在灵魂中的自信!

拯救计划及时上线

可喜的是，四（13）中队的同学们关注到了这一社会现象。项目发起人宋雨忱在暑期参加夏令营时发现团里的家长在写日记时常常提笔忘字，很多小学生都会写的字，家长们却无从下笔。回到校园，宋雨忱马上找到我，向我诉说这个现象。我们在聊天中聚焦到两个问题：一是提笔忘字是不是一个普遍现象。二是大人们提笔忘字的问题有多严重。于是在一个周末，四（13）中队同学们的记事本上多了一项“任务”——给爸爸妈妈听写四年级语文课本汉字。结果是家长们的听写成绩非常糟糕。得到这样的结果，宋雨忱和同学们意识到这一问题的关键：大人们总用电脑和手机，过度依赖拼音输入法。长期忽视汉字书写，就会造成对汉字的遗忘。孩子们决定行动起来，拯救汉字书写，捍卫中华文明。

此时，正值一年一度的“服务学习”课程面向全校同学征集提案，宋雨忱召集周劭忱、潘品樵、邵浩宸、任穆群5个志同道合的好朋友，组建了项目核心组，制订出一个切实详尽的方案，决定与全班同学一起行动起来，呼吁汉字书写的重要性，号召大家重新拿起纸笔，重视汉字书写。

孩子们计划要在学校内外通过海报与演讲，宣传汉字书写的重要性；号召全校同学与爸爸妈妈互动，通过给爸爸妈妈听写，收集爸爸妈妈最容易忘记的字；利用新年、春节等节日，在校内发起书写行动——写春联、写家书、写菜谱；走进社区、写字楼等公共场所进行宣传，号召大家书写汉字……

经过一轮又一轮的完善与修改，“汉字书写拯救计划”项目终于从全校3000多个项目中脱颖而出，正式上线了！

推进过程知易行难

“纸上得来终觉浅，绝知此事要躬行。”从“设想”到“落地”，项目的推进过程也是孩子们全面成长的过程。为了心中的目标，他们哭过、笑过、烦恼过、得意过……最终，孩子们实现了自己的公益梦想。

他们不仅设计编排了反映项目内容的小剧本，并拍摄成高度浓缩的小视频，在开学典礼大放异彩；还设计宣传T恤、听写纸、项目展板和团队LOGO。他们分工明确，走进社区、博物馆、外企、街道、公园进行公益宣传，发放项目资料，向全社会发出倡议；他们定期收集、整理、编辑听写材料，精选优质过程性资料制作成纪念册……在项目实施进程中，他们遇到过困难，也有过摩擦，但是最终他们团结一致、精诚合作，解决了问题。这使他们明白了一个项目不是随随便便就能成功的，唯有坚持、敢于尝试，才能走向成功。

在整个过程中，作为指导老师，我分担着孩子们的难过，也分享着他们的喜悦，更见证着他们的成长。在教育之路、公益之路上，我愿意继续陪伴孩子们成长。

文化传承舍我其谁

汉字是中国人为人类文明作出的伟大贡献，从诞生伊始，这一东方文明古国的神秘文字就伴随着中国历史的发展绵延不断，并早早超越了民族、地域、国别的界限，成为人类的共同财富。

汉字是中国文化的最小单元，又是中国文化的最高代表之一。在汉字形体发展的历史进程中，古人不仅仅满足于汉字的实用功能，而且不断地为其赋予艺术的品质，使其成为一种立于世界艺术之林的特殊样式。数千年来，汉字艺术被视为人格的标示，“横平竖直写汉字”与“堂堂正正做真人”被放在了同等重要的位置。

在项目推进过程中，四（13）中队的孩子们不断学习、不断实践，他们深深认识到在互联网键盘时代，不管是大中小学生还是各行各业的人，都应正确书写汉字，让书写汉字成为一种生活习惯。汉字书写承载的不仅仅是内容与思想，还有感情。写好汉字也是一个人文化素养的标志。无论时代怎样嬗变，无论技术怎样革新，汉字所承载的文化内涵不会改变。而作为中华文化的传承者，理当致力于文化的传承和弘扬。

在半年多的项目历练中，孩子们更加坚定了开展“汉字书写拯救计划”的意义——文化传承舍我其谁。我想，这对于孩子们来说将是受益终身的文化滋养和精神财富。我也将继续陪伴这群可爱的孩子们在公益之路上坚定地行走。

指导教师：王建云

二、创想梦工厂——种下一颗公益的种子

（一）创想动因

项目的发起源于项目发起人宋雨忱和妈妈参加野外夏令营的经历。夏令营要求每位家长和孩子都要写日记。宋雨忱发现，团里的大人面对日记本，常常提笔忘字，很多小学生都会写的字，他们却写不出来。大人们提笔忘字的问题有多严重呢？于是，他和妈妈做了一次实验——给妈妈听写。在宋雨忱的印象里，妈妈的文字功底一直很强，可当他从四年级（上）语文书里找了一些词给妈妈听写时，没想到她的成绩却非常糟糕（见下图）。这个结果让他的妈妈也非常吃惊。

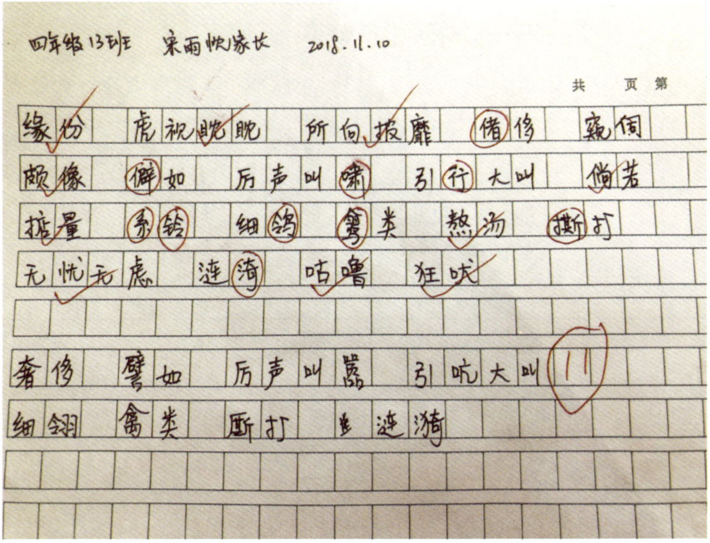

宋雨忱发现，这一问题和现在人们过于依赖手机与电脑输入法有关。最常用的输入法以拼音为基础，而汉字的书写是以笔画、图形为基础。如果人们长时间使用拼音输入法，忽视书写，会造成对汉字的“遗忘”。

汉字有着悠久的历史，是世界唯一一种从古代使用至今的文字。正因为有了汉字，古代的很多文明得以保存下来。汉字是中华民族的骄傲，如果大家都忘记怎么写汉字，就会失去这种民族自豪感。所以宋雨忱和伙伴们发起了“汉字书写拯救计划”。

（二）团队介绍

发起人及总负责人	宋雨忱	史家小学四（13）中队成员，热情、细心，善于沟通策划，有较强的动手能力。作为项目的发起人及总负责人，负责项目的整体推进与协调
团队伙伴	周劭忱	史家小学四（13）中队成员，认真、有耐心，有很强的组织能力。在项目中主要负责组织工作
	邵浩宸	史家小学四（13）中队成员，热情、善于沟通。在项目中主要负责宣传工作
	潘品樵	史家小学四（13）中队成员，积极开朗，责任心强。在项目中主要负责外联工作
	任穆群	史家小学四（13）中队成员，做事细心，责任心强。在项目中主要负责财务工作
指导教师	王建云	史家小学四（13）中队班主任，有丰富的管理和组织经验，一直以“爱”“责任”作为班级的教育理念，伴随孩子们的成长；教学经验丰富，能够给予项目专业指导，帮助项目顺利开展

（三）实施过程

“汉字书写拯救计划”项目自2018年12月初发起，至2019年6月底圆满结束，共分为准备、实施推广、总结反思三个阶段。

第一阶段（2018年12月1日至2019年2月28）：准备阶段。在这一阶段，项目组成员设计、制作宣传手册、易拉宝、横幅等宣传资料；撰写倡议书，设计调查问卷；设计书签等活动纪念品；购买书写工具等与活动相关的物资；与单位、社区等地进行沟通确认，进一步明确活动时间、地点及形式等；积极与学校老师沟通，在校内发起倡议，开展“中国汉字之美”宣传。此外，项目组还开通微信公众号，定期宣传汉字文化，发布项目动态。

第二阶段（2019 年 3 月 1 日至 5 月 19 日）：实施推广阶段。项目组先后走进大厦、公园、博物馆、社区等不同场合，开展了近 10 场活动，宣传汉字书写的重要性。同时，项目组还通过远程视频在华沙举行的领事保护工作会议上进行宣传。

2019 年 3 月 12 日，项目组成员走进金宝街华丽大厦，前往奥美广告集团，针对从事创意工作的“白领”进行宣传。活动现场，同学们通过海报展示与演讲，向大家阐述了活动目的与汉字书写的重要性，并通过现场听写游戏帮助大家重视提笔忘字的现象，呼吁大家重新拿起纸笔，书写汉字，传承汉字文化。

2019 年 3 月 14 日，项目组成员走进日坛公园，向游客介绍遗忘汉字书写的危害，邀请游客参加调查问卷，听写、书写古诗词；还邀请游客扫码关注项目，了解更多相关活动。游客对孩子们彬彬有礼、落落大方的表现赞不绝口。

2019 年 4 月 2 日，项目组成员走进史家胡同博物馆，针对东城区朝阳门街道的社区居民进行汉字书写宣传活动。活动现场，成员们给大家进行了一次“随堂听写小测试”，大家在听写过程中屡屡提笔忘字，错字连篇。项目组成员号召大家拿起纸笔，重视汉字书写。大家在现场拿起纸笔，抄写优美诗句、分享自家拿手菜谱、给家人和朋友写下充满爱意的留言……

2019 年 4 月 16 日，项目组成员走进中国法国工商会，向以外语为主要工作语言的职场精英宣传。在富有法式浪漫风情的中国法国工商会所在地，项目组成员通过项目宣讲、听写互动游戏等方式，与现场的工作人员进行了互动，呼吁大家书写汉字，传承中华文化。

CCI FRANCE CHINE
史家小学
四年级13班
汉字书写拯救计划

2019年4月16日，项目组成员来到东四奥林匹克社区，向行人宣传推广项目，邀请大家填写问卷并扫码关注项目公众号。在短短半小时的时间里，成员们就成功向71人宣传项目，并获得了他们的扫码关注，同时回收了41份有效问卷。活动结束后，成员们认真打扫了活动现场，确保没有一片垃圾留在地面。

2019 年 4 月 19 日，项目组成员走进珠江帝景小区，向光顾社区咖啡厅、面包房的人进行项目宣传。成员们礼貌地问候客人，向他们介绍“汉字书写拯救计划”，邀请他们参与调查问卷、扫码关注项目公众号，并参加听写互动游戏，呼吁大家在生活中重视汉字书写。

2019 年 4 月 21 日，项目组成员走进朝阳公园，向参加图书节的游客派发宣传单、收集调查问卷，呼吁大家重视汉字书写，传承中华文明。活动得到了大家的热烈回应与支持。

2019 年 5 月 8 日，项目组通过远程视频在华沙举行的领事保护工作会议上进行项目宣传，面向海外华人华侨、留学生等群体，呼吁他们不忘中华汉字文化，重视汉字书写，弘扬中华文化。

2019 年 5 月 11 日，项目组成员走进天坛公园，向热爱历史古迹、中华文明的游客派发宣传单、收集调查问卷。在祈年殿与回音壁边，在历史的辉煌记忆与现代都市生活的交相辉映中，成员们热情地向游客讲解汉字书写的重要性，与游人进行亲密互动。

第三阶段（2019 年 5 月 20 日至 6 月 20 日）：总结反思阶段。项目实施完成后，全体成员对项目进行了总结和反思，从个人成长、团队协作、中华文明传承等多角度对项目进行回顾。同时，项目还参加了学校“六一”展演，向全校师生汇报项目成果，进一步扩大项目影响力。

三、学生行动日记——记录公益之花盛开全过程

学生行动日记精选（一）

2019 年 3 月 12 日　星期二　多云

四（13）中队　宋雨忱

今天中午，我们项目核心小组来到金宝街华丽大厦，进行服务学习项目“汉字书写拯救计划”的第一场公共宣传活动。

在华丽大厦有很多从事创意工作的大哥哥大姐姐，他们在日常工作中使用电脑设计图形，用手机进行沟通。我相信他们提笔忘字的情况一定很严重。因为这是第一次宣传，我们都非常紧张，也非常激动。活动开展之前，我们特意准备了统一的服装，每个成员都在家里认真地背台词，进行情景模拟，确保所有流程和台词都熟练于心。最后我们还进行了合练，每个人都做到胸有成竹。

当我们来到会场的时候，已经有几十位“观众”在等着我们了。我赶紧拿起话筒开始介绍项目的背景和意义。听着我的讲解，台下的大哥哥大姐姐频频点头。得到了大家的认同，我们紧张的心情一下子放松了许多。

接下来，由周劭忱、邵浩宸组织大家听写，他们准备了50个四年级语文课本中的词组，还特意强调“用老师给我们听写的速度，每个词念两次”。场面一下子变得热闹起来，这些长期依赖电脑工作的大哥哥大姐姐即使听到很简单的词语也表现出很为难的表情，很多人提笔忘字，不断发出“难以置信”的感慨。大哥哥大姐姐对他们的“听写成绩”大吃一惊，这时潘品樵和任穆群及时进行了总结，号召大家重视提笔忘字现象，重视汉字书写，动员大家在生活中不妨拿起纸笔写写日常的菜谱，或亲手写一首诗、一封信给自己的亲朋好友。

我们的活动开展得非常顺利，现场的哥哥姐姐们给予我们热烈的掌声。这掌声是大家对我们的认可，我们活动的目的就是要让大家真正认识到拯救汉字书写的重要性。我想这次活动会给现场的观众留下深刻的印象。这次活动也增强了我们的信心。因为提前的准备和演练，我们取得了首次活动的成功。我们也对现场的配合情况进行了小结，相互进行了鼓励。我们一定会再接再厉！

学生行动日记精选（二）

2019年4月16日 星期二 晴

四（13）中队 周劭忱

下午放学后，我们小组来到东四奥林匹克社区，在体育文化中心附近的街头开始了“汉字书写拯救计划”的推广活动。我看到一位阿姨陪孩子在路旁的小广场上玩，就赶紧跑到她面前，告诉她我是史家小学公益项目的推广人，随后开始介绍“汉字书写拯救计划”项目的意义，诚恳地邀请她帮我们填写一份调查问卷。尽管我因为紧张说得有些磕磕巴巴，但是阿姨还是很友善地配合我的工作，顺利地写完问卷。不仅如此，她还对我们的公益项目表示支持。

有了第一次的经验，我的胆子大了起来，不断地向过往的路人宣传我们的项目。虽然有些人因为行色匆匆而拒绝了我，但还是有不少热心的人停下脚步来了解我们的公益项目。其中让我印象最深刻的是一位路过的叔叔。这位叔叔看我正在着急地寻找被调查者，主动走到我身边问："小同学，你们在做什么啊?"我立刻热情地向他介绍我们的项目。叔叔不仅填写了调查问卷，还夸奖我们热心公益。他说，重视汉字书写是非常有必要也有意义的事情，并给我讲了一些亲身经历，还扫描了我们公众号的二维码。叔叔还表示，因为看我是热心公益的小学生，才会支持我们的项目。听了这些话，我心里很感动，感谢所有善良的人们，因为公益让我们相遇。

气温特别高，活动结束时我们都热得汗流浃背，汗水把头发弄得一绺一绺的，可我们都没有抱怨。看到大家收集的一沓沓问卷，我们都开心地笑了。

学生行动日记精选（三）

2019 年 4 月 19 日　星期五　晴

四（13）中队　任穆群

今天放学后，我们项目组成员来到位于朝阳区的珠江帝景小区进行项目宣传。这是我们第一次走进社区。不同于以往走进公司、走进博物馆做活动，提前会有布景，有人组织，有配合的职员阿姨，有工作人员协助，大家也会坐好等我们宣讲，配合我们的听写，这一次我们面对的是社会各界不同年龄、不同职业的人们，并且要完全靠我们自己来吸引大家的关注。

我们首先选择了小区中心地带的 DR 空间创意烘咖餐厅，这里散坐着许多客人，有聊天的，有商务谈判的，还有学习的。大家都在忙各自的事情，没有太多人将视线停留在我们身上。这给我们活动的开展带来了一点压力。经过及时调整和合理分组，我们以一带一的形式分成三组按原定计划行动。

初期指标是每组完成三份调查问卷。

我们刚要兵分三路时，出现了一个小小的状况，一位国际友人出现在我们面前，大家你看我，我看你，突然想到：外国人是不是也会汉字书写呢？他是否了解中国文化呢？在前期的活动中我们曾采访了法国朋友，那眼前这位能不能再次证明国际友人也会关注我们的项目呢？我们带着种种疑问一同走向了他，用并不娴熟的英语表达了我们的来意。当他表示他不会中文，但喜欢中国，喜欢中华文化传统更喜欢汉字的时候，我们不再腼腆，认为有义务把我们的服务学习项目传播给他。最终我们成功了，当这位美国大朋友拿出手机扫描活动的二维码时，我们都笑了。他也向我们伸出了大拇指，赞扬中国儿童是优秀的！

有了这个开门红，我们信心十足，不再像开始时那样胆怯。我们从咖啡厅走向社区，路上还遇到了陈经纶学校的小妹妹们，我们耐心地给她们讲解汉字书写的重要性，博得了家长们的赞扬。

当然，社区活动也会发生不顺利的情况，如一部分路人拒绝了我们的倡议。我们在失败与成功的交织中慢慢适应、慢慢进步。这次活动不仅让我们在大局观上有所收获，更使我们的团队协作能力和应变能力有所提升。我们相信，只要有信念，只要有行动，只要肯付出，就会有收获。我们也坚信我们可以以微薄的力量获取巨大的支持。我们是一支团结的队伍，我们定将携手助力公益，将“汉字书写拯救计划”进行到底！

四、学生反思工具——从回望中汲取前行的力量

学生反思精选（一）

<table>
<tr><td colspan="2">姓名：邵浩宸　时间：2019 年 4 月 2 日
提案名称：汉字书写拯救计划</td></tr>
<tr><td>发生了什么
今天，我们来到史家胡同博物馆，向社区的爷爷奶奶介绍公益项目“汉字书写拯救计划”。活动中，我们从小学课本里选出 20 个词语给大人们听写，他们提笔忘字，错字连篇。通过这次活动，大家都认识到了拯救汉字书写的重要性和紧迫性</td><td>有何感受
刚开始宣传时，我有些紧张。看着爷爷奶奶们慈祥的笑脸，我紧张的心情平静下来。活动中，爷爷奶奶对我们演讲的主题非常感兴趣，给予了我们很大的支持。我们的展示活动进行得很顺利，我非常激动和快乐</td></tr>
<tr><td>有哪些主意
在宣传时，要对人群进行分类，针对不同的对象进行不同形式的宣传活动。对于老年人，我们要向他们宣传汉字书写的重要性，设计“给家人写一封信”“写给自己的明信片”等活动，让他们在活动中去书写和练习；也可以动员他们提醒身边的年轻人注意书写问题</td><td>有哪些问题
“汉字书写拯救计划”主要针对的是长期使用电脑、手机而忽视手写汉字的人群。爷爷奶奶们在听写中反映出来的问题是：有的字确实不会写，而不是因为遗忘。因此，对不同人群的书写问题，要有针对性地去调查、研究、分析，这样我们的项目才更有针对性</td></tr>
<tr><td colspan="2">教师评语
正如你所说的，要对不同的人群开展不同形式的宣传，具体问题具体分析，这样才更有针对性，更好地达到本项目的目的。在开展活动前，要做好充足的前期准备工作，这样效果可能会更好</td></tr>
</table>

学生反思精选（二）

姓名：宋雨忱　时间：2019 年 4 月 19 日

提案名称：汉字书写拯救计划

发生了什么	有何感受
今天下午我们来到 DR 空间创意烘咖餐厅，向这里的顾客宣传“汉字书写拯救计划”。咖啡厅很大，环境很好，在不同的区域有几十位顾客或聊天或独自看手机或用电脑工作。我们迫不及待地走向他们并介绍项目，但有些客人有点不耐烦，不愿听我们的介绍	开始的时候我有点沮丧，心想他们为什么不愿意听呢？后来我想，那些不愿听的一定有这样几种原因：1. 他们有事情需要处理，没有时间；2. 他们以为我们是推销东西的；3. 他们就是想独自待着，不愿意被打扰。这样分析以后，我就理解了他们，也不沮丧了
有哪些主意	**有哪些问题**
我们小组商量了一下，决定在行动时要有一些改进。首先，要非常有礼貌，要说：“您好，可以打扰您几分钟时间吗？”这样征求对方同意。让对方知道，我们只占用他几分钟时间。其次，做好自我介绍，说：“我是史家小学的学生，我有一个公益项目，希望得到您的关注。”这样，对方就不会误解我们了	以前在写字楼做活动，观众是固定的，我们有比较多的时间来进行听写互动、讲解我们的项目。但在公共场所，我们要在很短的时间里进行一对一沟通，难度比较大。这时候我们的调查问卷和二维码就派上用场了。我们要做两套方案，分别针对固定人群和流动人群，这样活动开展起来就会顺利很多

教师评语

看到你们在活动中发现问题，并且有针对性地解决了问题，老师觉得你们特别棒！在此次活动中，你们意识到了开展活动的不易，现场的随机性很大，对你们的应变能力要求很高，这次是很好的积累经验的过程。你们要从中汲取经验，提前做好准备和应对工作，加油

五、家长感悟——在公益服务中和孩子一起成长

家长感悟精选（一）

在服务学习中培养孩子适应未来的关键能力

宋雨忱家长

随着科技的日新月异，新技术的层出不穷，AI在很多领域取代人的工作，相信很多新时代的家长会像我一样，时常忧虑在孩子的成长道路上该给予他什么样的教育和体验，才能确保他有能力生存在未来的竞争中。在服务学习项目过程中，我看到了这种可能，孩子在其中得到的经验和成长，是机器无法学习、无法替代的。

一是对社会的责任心。孩子能有一份对人类文明进行保护的责任感，并采取行动，非常令人欣慰。成人对电脑和手机的过度依赖，导致提笔忘字只是科技对人类文明产生影响的冰山一角。我和孩子还有过几次科技对于人类文明有哪些促进又有哪些负面影响的讨论。孩子的思想宽度令我惊讶。相信孩子会辩证地思考对人类文明的责任感，对于科技的应用有更佳的判断。

二是组织与领导力。将想法和良好的愿望变为现实，对很多成人都是挑战。孩子们在磕磕绊绊中边摸索边学习，居然都做到了。指导老师和家长用自己的经验引导、辅助着孩子。四年级的孩子很多时候已经不愿意听家长“教训”了，这是多么难得的亲子交流的机会。想想我自己，管理和领导的经验都是工作后才习得的，而孩子们在小学就能够得以锻炼。这是AI不能拥有的。

三是对他人的观察和理解。我非常敬佩孩子们在活动中充满人性的分

析：在公共场所哪些人是和蔼可亲、能够接受宣传的。被拒绝后他们能够理解别人，这一点是很难得的。这也是人类特有的能力。

四是友爱与信任。每次陪伴孩子们进行公益宣传，最令我感动的就是看到孩子们相互鼓励、相互支持。人类的未来仍须在人与人的相互关系中缔结，而服务学习让孩子们锻炼、运用、巩固着这一人类特有的“技能”。

家长感悟精选（二）

弯下腰，和孩子同学习共成长

潘品樵家长

“汉字书写拯救计划”项目从发起到落幕，不知不觉已经有半年多的时间，作为家长志愿者，我见证了孩子们从发起到实施的全过程。这次公益项目，我最大的感受是虽然我们身为父母，平时习惯教导孩子，但是孩子们的思维和行动力，有些地方是值得我们成年人学习的。我们做家长的，要学会弯下腰来，和孩子同学习共成长。

比如孩子们的善良初心。在成年人的生活中，越会利用工具，效率就会越高，从电脑到智能手机，我们早已习惯了应用这些工具。对汉字书写的重要性，我们成年人并没有孩子们这般深刻的认识，是孩子们从成年人的日常习惯中发现了这个问题，才触发了这个项目。孩子们以他们的善良初心，敏锐地洞察到这个看起来很小但实际意义深远的社会问题。

比如孩子们的坦诚交流。项目的第一次户外推广在公园里进行，孩子们要一边派发宣传单，一边向游人介绍项目的意图，争取他们的配合，完成最后的听写测试。这是一个很难的过程。但是孩子们完成得很漂亮，超出家长们的预期。这一方面源于他们针对不同人群调整自己的说辞；另一方面源于他们充满热情和坦诚的沟通方式深深打动了游人，取得了很好的宣传效果。

比如孩子们的配合意识。在项目所有的社会实践中，全班同学积极参与，他们在活动中形成了以老带新、分工在前，在活动中调整、活动后总结的配合意识，每一次都有不同的收获。看到孩子们团结合作，圆满地完成一次又一次的任务，我们忍不住给孩子们的配合力点赞。

种花容易树人难，培养一个善于思考、有责任有担当的孩子尤为不易。鞠躬致谢校领导和老师在孩子们成长道路上所给予的鼓励、支持、引导和爱心陪伴。

家长感悟精选（三）

在社会公益中收获爱与成长

周劭忱家长

孩子从三年级接触到“服务学习”课程以来，一直受到公益活动的感召，对公益表现出了极大的热情。今年，他作为核心成员参加了“拯救汉字书写计划”项目，我发现他有以下几点变化和进步。

一是学会了分工合作。面对复杂的项目，他学会了根据组员的不同特点和优势进行分工。这样可以有条不紊地推进项目。

二是学会了换位思考。在进行宣传画设计、项目宣传的时候，他能够从被宣传者的角度去看待问题，常常问自己“我要是遇到这个问题怎么办”。这样一来，增强了同理心，也拓宽了解决问题的思路。

三是学会面对挫折。在进行问卷收集的活动中，刚开始没有经验，他就像是路边发小广告的促销员，而十个路人七八个都是行色匆匆，摇头摆手不会停下脚步，更不可能给他机会听他介绍。强烈的挫败感笼罩着他。经过老师和家长的指导，看到周围组员的坚持，他逐渐调整心态，坦然面对暂时的失败，积极想办法改善这样的局面。

服务学习项目不仅让孩子得到了锻炼，我们参与的家长也受益匪浅。更可贵的是“施比受强”，全家人一起为了公益活动贡献力量，在增强了亲子关系的同时更感受到生活的美好。

六、帮扶对象——公益服务社会，爱心连接你我

帮扶对象感言精选（一）

法国商务协会工作人员 Celine Xu：“2019 年 4 月 16 日，‘汉字书写拯救计划’公益项目的同学们来到我们的办事处，向我们展示了他们的公益项目。孩子们彬彬有礼、娓娓道来，给我们留下了非常深刻的印象。他们提出的主张非常打动人心：提笔忘字已经是一个非常严重的问题，会导致人们对汉字的遗忘，并动摇中华文明的根基。这非常值得我们这些在外企工作的人员的反思。我们中的大多数人工作中的大部分时间使用中文以外的语言，汉字书写更是生疏。孩子们给我们听写的时候，我们感到非常汗颜。我们决定响应孩子们的呼吁，从小处做起，多加练习书写汉字，使母语永远成为我们最骄傲的语言。”

帮扶对象感言精选（二）

奥美广告集团福委会负责人张女士：“‘汉字书写拯救计划’的同学们到我们公司举办了一次宣传活动，让参与的同事们都非常吃惊。很多同事一开始还在想，这些小学生能有什么重要的事情？他们还能考住我们？但事实教育了大家。提笔忘字在我们这样的创意公司居然非常严重。仔细一想，也不足为怪。我们很多同事在工作中用电脑进行图片设计、美术创作、文字编辑，很少手写汉字。这次孩子们给我们的提醒很重要。最佳的

创意往往来源于所在国家深厚的文化背景，而汉字是中国文化重要的组成部分。作为创意人员，我们要更加重视汉字书写问题。感谢这些可爱的同学们!”

帮扶对象感言精选（三）

旅居波兰20多年的华人韩宝华：“今天我参加旅波华人华侨、中资企业、留学生代表在华沙举行的领事保护工作会议。会议间歇，我和70多位参会人员一起观看了‘汉字书写拯救计划’公益项目的孩子们拍摄的视频，做了他们设计的问卷调查。孩子们的倡议深深地打动了我。我旅居国外20多年，已经很少书写汉字了，今天再度拿起笔的时候，深深感到对祖国的眷恋、对中华文化的崇敬。孩子们对保护中华文明有一份深切的责任感，这也鼓舞我们这些远离祖国但心系祖国的华人华侨。我要让我们的孩子坚持书写汉字，一同参与这个有意义的行动。”

七、成果展示——公益，我们一直在路上

“汉字书写拯救计划”项目自开展以来，先后走进金宝街华丽大厦、日坛公园、史家胡同博物馆等地，开展了近10场活动，收取调查问卷及听写答卷300多份。项目引起了参与人员的广泛共鸣，同时还受到海外华人和外国友人的支持。项目组创建了微信公众号，共发布了11篇原创文章，不断扩大项目影响力。《朝阳门》等多家媒体对项目进行了关注和报道。因表现突出，项目最终获得了由中国扶贫基金会颁发的“益路同行·优秀公益创新团队”奖。

汉字书写拯救计划

手机和电脑普及,大人们常“提笔忘字”。我们要发起汉字书写拯救计划,提醒遗忘汉字书写的危害。

发消息

历史消息　　全部

“拯救汉字书写”的倡议在天坛公园回响

2019年5月13日

汉字文化传承任重道远，史家小学弘扬华夏精髓

2019年5月12日

书写汉字心怀祖国，服务学习远传大洋彼岸

2019年5月10日

再不好好写汉字，你连外国友人都比不过啦！

项目微信公众号定期发布活动动态

朝陽門

CHAO YANG MEN NEWS

史家小学学生倡导“文字复兴”

4月2日，史家小学四年级13班的6位小志愿者，来到了史家胡同博物馆，向居民朋友宣传他们发起的公益项目“汉字书写拯救计划”。

活动现场，孩子们从四年级小学课本选出20个词汇，给大家进行了一次“随堂听写小测试”。听写的结果让现场的各位大吃一惊，大家在听写过程中屡屡提笔忘字，错字连篇。

孩子们条理清晰地向大家提出了他们的分析。“提笔忘字”这个现象在成人们中，非常普遍。这和人们日常使用电脑和手机、过度依赖拼音输入法办公有关。如果人们长时间使用输入法，代替书写时的思考顺序，会造成对汉字的“遗忘”。

孩子们通过海报展示与演讲，向成人们宣传汉字之美。他们提醒大家，汉字是中华文明的根基，不可动摇。他们号召大家重新拿起纸笔，从小处做起，拯救汉字书写，捍卫中华文明。

在孩子们的带动下，现场观众积极参与到书写之中。大家在现场拿起纸笔，以各种方式践行书写：抄写优秀诗句、分享自家拿手菜谱、给家人和朋友写下充满爱意的留言。

■文/鲁江宁

《朝阳门》对项目进行报道

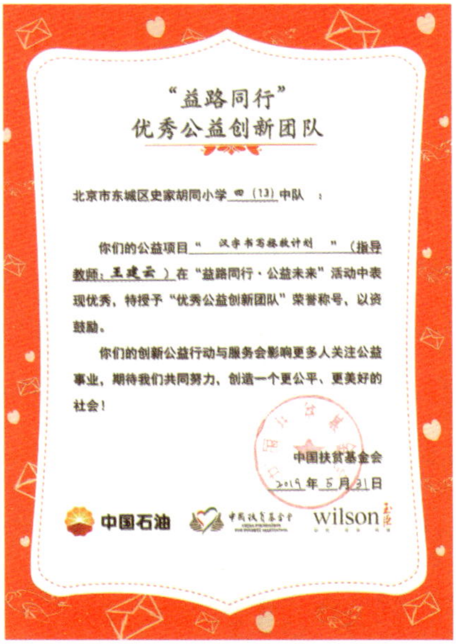

“益路同行”
优秀公益创新团队

北京市东城区史家胡同小学 四（13） 中队：

你们的公益项目“ 汉字书写拯救计划 ”（指导教师：王建云）在“益路同行·公益未来”活动中表现优秀，特授予“优秀公益创新团队”荣誉称号，以资鼓励。

你们的创新公益行动与服务会影响更多人关注公益事业，期待我们共同努力，创造一个更公平、更美好的社会！

中国扶贫基金会

2019年5月31日

中国石油　中国扶贫基金会　wilson

项目获得“益路同行·优秀公益创新团队”奖

情缘百草，魅力中医药

“情缘百草，魅力中医药”服务学习项目由史家小学五（2）中队张壹茗同学发起，五（2）中队全体成员共同参与完成。项目指导教师为史家小学温程老师。“情缘百草，魅力中医药”服务学习项目自2018年12月初发起，至2019年6月底顺利完成。项目实施以来，项目组先后走进北京市中医药博物馆、誉天下社区、蒲公英中学、顺义儿童福利院、地坛公园、同仁堂医院、国医汇、世园会园区等地，累计举办10余场活动，通过多种方式向不同年龄段的人们普及中医药知识。同时，项目组还创作了中医药文化歌曲《百草香》，并参加北京市疾病预防中心《防流感三字经》宣传视频拍摄和北京电视台《养生堂》节目录制，进一步扩大项目影响力，受到了社会各界广泛好评。《人民日报》、《中国少年报》、《现代教育报》、《学生健康报》、北京电视台《特别关注》栏目、搜狐新闻、今日头条等多家媒体对项目进行了报道。

一、指导教师推荐序

“情缘百草，魅力中医药”项目是五（2）班5个有想法、有才华、有爱心的孩子一起策划的，在他们的带动下，五（2）班全体成员全都热心参与进来，大家争做中医药传统文化小使者。项目以学习了解中医药知识为主线，分成种植组、爱眼组、芯镶百草组等活动小组。孩子们秉持着对中医药传统文化的热爱，开展了一系列活动。他们积极参观中医药博物馆、同仁堂博物馆、药用植物园、同仁堂医院、国医汇等地进行中医药知识学习；他们坚持种植中草药，为大家制作中医药手工制品；他们自信满满地走进世园会、地坛中医药健康文化节进行展示演出；他们走进蒲公英农民工子弟学校、顺义福利院，为那里的孩子们带去中医药知识；他们创作中医药文化歌曲《百草香》，参与政协模拟活动，参与电视台节目录制……作为指导教师，我一路见证了孩子们的成长与改变，也为他们的收获感到欣慰和自豪。

在系列活动中着重增强民族自信和文化自信

博大精深的中华优秀传统文化是我们立于世界文化之林的根基。中医药文化植根于中国传统文化，是中华优秀传统文化和中华文明的重要组成部分。中医药文化坚持“以人为本”的价值取向、“天人合一”的整体观念以及“辨证论治”的思维方式，蕴含着中华民族深邃的哲学智慧和人文精神，是传承和传播中华优秀传统文化的重要载体。

“情缘百草，魅力中医药”公益项目让青少年成为继承和发扬中医药传统文化的主体，有助于提升青少年对中医药文化的了解、认同、喜爱，提升民族认同感、归属感、自豪感，增强民族自信和文化自信；有助于形成正确的热爱生命、热爱科学的观念，培养孩子健康的预防理念和防治的科学思维，提高自身健康的医学常识和自我保护能力；有助于通过中医药课外实践活动，提升生物、化学等自然科学方面的素质，培养发现问题、思考问题、解决问题的思维习惯；有助于培养“医者仁心”的道德情怀。

在自主学习中重点提升科学素养与创新意识

服务学习倡导同学们在服务中学习，在学习中服务。同学们认识到，要想成为一名合格的中医药文化小使者，传播中医药文化，就要先学习中医药文化知识。大家积极前往中医药博物馆、药用植物园、同仁堂医院等地，学习了解中医药发展的历程，观察各种中药标本，掌握各种中药的药性和功能，了解中药的毒理和副作用，观察中医问诊过程，初步接触中医理论，提升中医药知识储备。同时，同学们还提前准备好各种中医药知识问题，请教专业老师。

“情缘百草，魅力中医药”公益项目为孩子们提供了一个主动学习的契机，激发了学生的好奇心。通过合作探究式、任务驱动式学习，切实提高了学生的分析解决问题的能力，重点提升了学生的科学素质和创新能力。

在社会实践中进一步提升实践能力和动手能力

实践育人是小学生全面培养与发展的重要路径，对于小学生全面成长起到至关重要的作用。服务学习为学生提供了一个真实的项目制学习的情境，坚持将教育教学与生产劳动、社会实践相结合，充分利用社会教育资源，帮助学生在社会大课堂中历练成长。

“情缘百草，魅力中医药”公益项目以中医药文化为载体和主线，丰富了实践育人的形式，深化了学生对书本知识的认识，帮助学生真正实现学以致用。通过社会实践，强化能力培养，教育学生学会知识技能，学会动手动脑，学会做人做事，营造了独立思考、自由探索、勇于实践的良好氛围。

中医药文化是我国古代科学的瑰宝，是打开中华文明宝库的钥匙。中医药文化是我们国家的国粹，现在很多外国人都很关注中医药，作为国人，我们更应该去积极了解它、学习它、传播它。孩子们在“情缘百草，魅力中医药”公益项目中不断成长，他们的审美情趣和人文素养得到了提升，思考谋划、研究分析、组织协调、团结协作等能力也得到了加强。同时，在项目中，他们开始真切地关注生命安全和身心健康，综合素养不断提升。他们用自己的行动为中医药文化的传承与发展贡献着自己的力量，我们也期待大家一起行动起来，为弘扬民族文化、宣传中医药出一份力，让社会上更多的人能感受到中医药文化的魅力。

指导教师：温　程

二、创想梦工厂——种下一颗公益的种子

（一）创想动因

项目发起人张壹茗所在班级的“百草堂”活动开展了两年，她们每天都在学习有关中医药的知识。在一次家庭聚会上，她和表叔聊起她学到的中医药文化，表叔一脸不屑地跟她说：“你们小学生没事儿学这个干吗！中医没用！发烧还得吃西药，好得快。”她利用在“百草堂”活动中学到的知识反驳了表叔：“您说的不对！西药退烧快只起到表面的效果，中医却能对我们的身体进行调节，底子好了身体才能恢复得更好。”

另一件事也让她坚定了宣传中医药文化的信心。一天，奶奶特别高兴地跟她说，自己花了好多钱买了含有虫草的保健品。她听了以后就耐心跟奶奶解释：“您不要迷信什么贵的药材就是好的药材，我在‘百草堂’学过，您这是养生误区！冬虫夏草的确是补药而且又名贵，但是您忽略了身体是不是真的需要它。不要认为补药就是有病治病、无病强身，这个观点是不对的！”

通过这些小事，她认识到社会上还有很多人对中医药文化存有偏见和误解，而自己在“百草堂”学到的知识正好派上了用场，于是，她和小伙伴倡议发起“情缘百草，魅力中医药”服务学习项目，想通过各种形式的

宣传和互动活动正确地引导人们，让大家了解中医药，喜爱中医药文化，让更多的人享受到中医药文化带来的益处。

（二）团队介绍

发起人及总负责人	张壹茗	史家小学五（2）中队成员，喜爱中医药文化，善于观察生活，做事认真负责，沟通能力强。作为项目的发起人及总负责人，负责项目的整体推进与协调
团队伙伴	姜一言	史家小学五（2）中队成员，为人热情，有较强的组织能力和沟通能力，善于沟通、策划。在项目中主要负责宣传工作
	张钧莱	史家小学五（2）中队成员，吃苦耐劳，有较强的团队精神和学习能力，喜欢钻研。在项目中主要负责组织工作
	刁蕙婕	史家小学五（2）中队成员，性格干练，善于沟通，动手能力强。在项目中主要负责外联工作
	任适谦	史家小学五（2）中队成员，热爱中医药文化，注重中医药知识学习，熟悉食药同源相关知识。在项目中主要负责财务工作及中医药专业知识支持工作
指导教师	温　程	史家小学五（2）中队班主任，热心公益，活动组织经验丰富，曾组织、带领“暖冬红围巾计划”等优秀公益项目顺利实施，并带领班级学生持续开展“百草堂”中医药传统文化主题活动，在项目中帮助协调校内关系，为项目提供有效指导，引导学生完成项目计划

（三）实施过程

“情缘百草，魅力中医药”项目自2018年12月初启动，至2019年6月底顺利完成，分为前期筹备、组织实施、总结分享三个阶段。

第一阶段（2018年12月1日至2019年1月31日）：前期筹备阶段。这一阶段，项目组成员根据宣讲对象的不同，搜集资料，设计制作活动中所需要的宣传材料和宣传品；采购材料，发动全班同学积极培育中药材，为后期活动中赠送药苗做好准备；预约、确定宣讲时间和地点，确定活动方式。同时，项目组还前往中医药博物馆参观学习，创作并录制中医药文化歌曲《百草香》，参加北京市疾病预防中心《防流感三字经》宣传视频拍摄，在班级公众号上定期发布活动信息及健康资讯。

第二阶段（2019 年 2 月 1 日至 5 月 29 日）：组织实施阶段。这一阶段，项目组成员先后走进社区、学校、福利院、医院等地，开展中医药宣传活动，通过多种方式为不同年龄段的人群普及中医药知识。同时，项目组还积极参与北京电视台《养生堂》节目录制、东城区“童心百草趣，浸润家国情”主题研讨会展示等活动，进一步扩大项目影响力。

2019 年 2 月 4 日，项目组成员走进誉天下社区，通过介绍中医药和节气养生知识，让参加活动的居民了解如何正确养生，消除用药误区；还和社区群众一起制作助睡眠中药香囊、艾草垫等中医药制品。

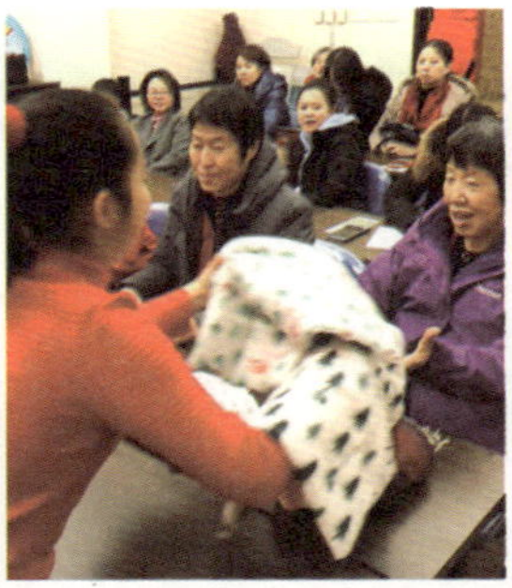

2019 年 3 月 3 日，项目组走进蒲公英中学，介绍有关中医药和节气养生等知识，让参加活动的同学了解如何正确养生，消除用药误区；还为现场的同学赠送了药苗，并教授药苗养护的小知识。

2019 年 3 月 23 日，通过参加北京电视台《养生堂》节目录制，项目组成员向观众介绍了学习中医药文化的心得，展示了中医药学习和研发的成果，同时还对“情缘百草，魅力中医药”服务学习项目进行了推介。

2019 年 4 月 2 日，项目组成员作为学生代表向前来学校视察工作的东城区区委领导汇报项目进展情况，并展示中医药学习成果。

2019 年 4 月 9 日，项目组成员作为代表参加东城区开展的“童心百草趣，浸润家国情”中医药文化进校园阶段成果展示活动，向全区师生汇报中医药学习的心得，并展示中医药学习成果。

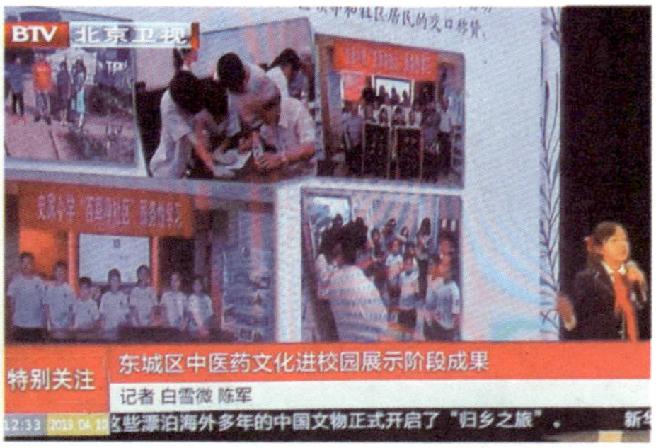

2019 年 4 月 17 日，项目组核心成员随王欢校长参加由北京市政协、北京师范大学和中央民族大学附属中学共同组织召开的“模拟政协”协作推进会，同学们积极建言献策，结合项目开展情况，为《关于在中小学重点开展中医药文化传承、普及工作的提案》提供基础素材。

2019 年 4 月 21 日，项目组走进顺义区儿童福利院，开展名为“奉献爱心，强化担当”的主题活动，为福利院的小朋友表演了精彩的节目、捐赠了自己培育的药苗，随后还为福利院进行了捐款捐物献爱心活动。

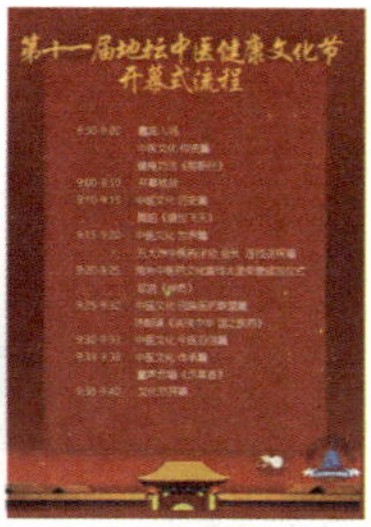

2019 年 5 月 10 日，项目组参加地坛中医药文化节，合唱自创的中医药文化歌曲《百草香》，进行中医药文化的宣传与推广。

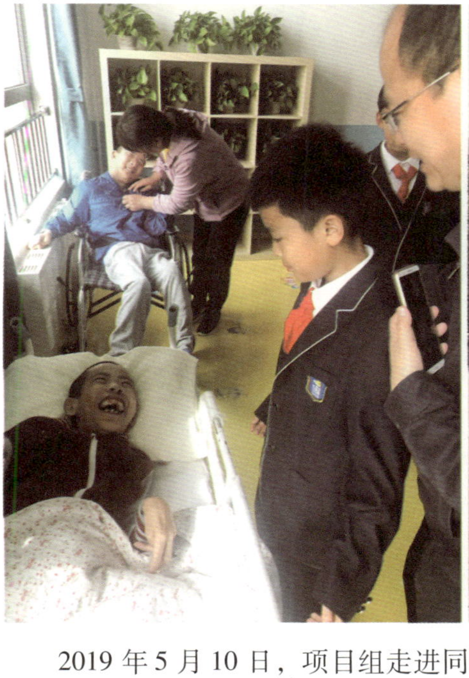

2019 年 5 月 10 日，项目组走进同仁堂中医医院参观学习，在专业医师的指导下，进一步学习中医药知识。

2019 年 5 月 19 日，项目组走进国医汇，温习各种中草药如何识别及其药性等知识，并参加“国医汇大讲堂”。

2019 年 5 月 29 日，项目组受邀走进世园会，参加“情缘百草，少年歌行”活动，并向大家介绍中医药文化知识。

第三阶段（2019 年 5 月 30 日至 6 月 20 日）：总结反思阶段。在这一阶段，全体成员对项目进行梳理，总结经验、交流感受，制作项目成果集。同时，在学校“六一”展示活动中进行汇报演出，总结、分享项目经验。6 月 5 日，项目组成员还在全国食品安全宣传周主题活动上表演食品安全情景剧《天大的事》等，持续宣传、推广中医药。

三、学生行动日记——记录公益之花盛开全过程

学生行动日记精选（一）

2019 年 3 月 22 日　星期五　晴

五（2）中队　张壹茗

今天，我们“情缘百草，魅力中医药”项目组的同学们来到北京电视台参加《养生堂》节目的录制。当主持人让我说出我们是来自哪个学校的同学时，我骄傲地大声说道：“我们是来自史家小学的学生。”全场掌声雷动，这不仅是对我们的肯定，也是对我们的鼓励。现场的每位同学都非常激动，因为我们在这次节目中不仅向大家介绍了我们学习中医药文化的心

得与成果，为大家展示了我们各个小组在项目中学习和研发的成果，比如中药杀菌芳香剂、中草药香囊、艾绒坐垫、中草药水晶滴胶标本等，还特别推介了我们的“情缘百草，魅力中医药”公益项目。

通过这次电视台宣传活动，让更多的人喜爱上了中医药文化，我感到非常自豪。作为项目发起人，我将继续努力，带领项目组成员用自己的努力将国粹发扬光大，让更多的人知道和了解中医药文化，让中医药帮助到更多的人。

学生行动日记精选（二）

2019 年 5 月 19 日　星期日　晴

五（2）中队　张钧莱

“情缘百草，魅力中医药”服务学习项目如火如荼地开展了一段时间，经过一系列宣传与互动活动，我们更加热爱中医药文化了，也更加热衷弘扬中医药文化了。又到了夏季养生时节，我们需要学习更多的中医养生知识，才能更好地服务大众。

今天我们来到有众多中医专家的国医汇参观学习。国医汇是一家集科研、医疗、医药等中医健康服务及中国传统文化展示为一体的现代化中医药诊疗机构，现为国家中医药管理局国际交流中心示范基地，是“世界卫生组织传统医学合作中心”。

今天我们有幸来到这里，重新温习了各种中草药的识别方法及其药性等知识。我想起了最初我们学习中医药知识的情景：我们围坐在桌前观察最常见的中草药，将它们的样子牢牢记在心里，并在身边寻找这些中草药。

我们查阅书籍，学习药性，尝试了很多中草药的应用研发，从最初的百草洁，到现在的艾草垫、水晶滴胶、香囊，每一个中医药制品都凝聚着我们的汗水与智慧，这些智慧源于中医药文化，源于我们对中医药文化的热爱，更源于我们对他人的关爱。

参观完毕，国医汇的坐诊专家结合时令给我们讲解了最好的解暑饮品——酸梅汤。李医生还给我们讲解了酸梅汤的五味中药的功效。我们边学习制作酸梅汤边认真记住酸梅汤中五味中药的功效，这样回家后我们就可以为家人制作酸梅汤解暑啦！为了让我们记牢这五味中药的功效，李医生还组织我们玩了一个“抢椅子”的游戏，游戏的内容围绕五味中药，这又让我们加深了对五味中药的认识。

今天真是收获满满的一天，我们既学习到了新知识，又在互动游戏中收获了快乐。

学生行动日记精选（三）

2019年5月29日　星期三　晴

五（2）中队　姜一言

今天，我们“情缘百草，魅力中医药”公益项目组的全体同学来到世界园艺博览会，将自己在班级“百草堂”活动中学到的中医药知识和文创产品展示给前来参观的游客。同时，在园区的本草印象展馆，我们还通过各种高科技的展示手段学习了许多新的中草药文化知识。

在活动过程中，项目的各个小组分头进行产品现场制作展示，吸引了很多前来观光的游客驻足参观。作为“滴胶标本组”的成员，我还将自己制作的水晶滴胶中草药标本赠送给了游客，他们可喜欢呢！最后，我们齐声高歌《我爱史家》《百草香》这两首我们中队的原创歌曲，将整个活动现场的气氛推向了高潮。

为了表示对我们公益项目的支持，活动的主办方还让我们五（2）中队认领了一颗极为罕见的百年牡丹。作为班级代表，我小心翼翼地在牡丹的枝干上挂上了认领牌。这不仅仅是对我们项目的认可，更是对史家小学五

(2)中队的肯定。

通过这次活动，我们不但感受到了国家对中草药传统文化宣传推广的决心，而且从前来参加活动的游客那里感受到了大家对中医的信任。未来，我们一定要将班级“百草堂”活动继续开展下去，让更多的人能够从中受益。

四、学生反思工具——从回望中汲取前行的力量

学生反思精选(一)

姓名：张钧莱 时间：2019 年 2 月 5 日 提案名称：情缘百草，魅力中医药	
发生了什么 我们在社区为居民们讲解中医养生知识，并且教他们制作香囊。社区的爷爷奶奶也给我们讲他们的养生之道。在这个过程中，我们发现人们了解养生知识的途径真是五花八门，这其中包含着很多不正确的偏方	**有何感受** 人们都很重视养生，但是对于养生存在很多误区。人们也认可中医养生，但是对于中医治疗，很多人不理解也不信任。感觉我们肩上的担子很重，任重而道远
有哪些主意 我们可以制作宣传册，讲解养生误区、用药误区，呼吁全民关注用药安全，学习用药常识。我们也可以向国家中医药管理局等相关部门发出倡议，在专家的指导下编写一份科学的安全用药手册	**有哪些问题** 我们能够宣传的场所和人群太有限了，我们能够做公益的时间和人员也太有限了，我们要发展更多的人加入我们，加入到弘扬中医药文化的队伍中来
教师评语 在活动过程中，你不仅把关注点放在了项目如何推进上，同时也领悟着活动中让你感受深刻的事情，不断思考如何使项目更加完善，这些都是成长中无尽的精神财富	

学生反思精选（二）

<table>
<tr><td colspan="2">姓名：张钧莱　时间：2019 年 3 月 8 日
提案名称：情缘百草，魅力中医药</td></tr>
<tr><td>发生了什么
我们来到了打工子弟学校蒲公英中学，向这里的哥哥姐姐们介绍我们“百草堂”的各种活动。在和他们交流的过程中，他们对中医药充满了好奇，也知道了一些中草药的功效。他们学校有一大片空地。当他们听说我们在学校种植中草药，并看到百草园的照片时，他们的眼睛里闪烁着期待与羡慕的光芒</td><td>有何感受
通过和哥哥姐姐们的交流，我感觉到他们都有一颗热爱中医药文化的心，他们也想探索学习中医药文化，用中医药文化装点自己的生活。我很想帮助他们实现这个愿望，可是我自己的力量很小，我希望社会上能有更多的人关爱他们。如果我们“情缘百草，魅力中医药”项目组能发动更多的人从方方面面去关爱他们、帮助他们，才是我们项目真正的意义</td></tr>
<tr><td>有哪些主意
我们可以帮他们做规划，教他们种植，让他们把百草园种植起来。我们还可以建立合作中队，定期交流，把我们的活动介绍给他们。如果条件允许，我们还可以共同组织活动，让他们成为我们的一员，共同弘扬中医药文化</td><td>有哪些问题
如何加强沟通是未来我们长期开展合作活动需要解决的问题，尤其是要增加面对面的沟通，让我们的活动更加有实效</td></tr>
<tr><td colspan="2">教师评语
你写出了活动中的感触，以及你在这个活动中的思考与感悟。这是服务性学习非常有价值的地方。你积极思考，得出了很多创意和想法。这种发挥自己主观能动性的创意，将支撑你们的活动不断走向成熟</td></tr>
</table>

学生反思精选（三）

姓名：张壹茗　时间：2019 年 4 月 21 日 提案名称：情缘百草，魅力中医药	
发生了什么 当我们在儿童福利院进行表演的时候，我们随身携带的小音箱因为之前没有调试好，导致我们的歌曲配乐时断时续，效果不尽如人意	**有何感受** 看着一双双关注我们的眼睛，我心里觉得特别过意不去。虽然我们仍获得了热烈的掌声，但我们没有带给他们完美的表演，我觉得很遗憾
有哪些主意 以后在表演节目之前，我们一定要把所有设备调试好，尽量不让这种遗憾再发生。同学之间要做好协调工作，尽量将每一次活动完美地展现给大家	**有哪些问题** 受活动场地所限，有些活动在室外院子里进行，没有扩音设备，即使带了迷你音响，音效效果也不理想。这时同学们的声音要特别大声才可以让听众听清楚
教师评语 能看出你在活动中随时都在反思。你观察仔细，积极思考，很多创意和想法都希望做到尽善尽美。正是这种精益求精的精神，使你们的活动不断走向成熟	

五、家长感悟——在公益服务中和孩子一起成长

家长感悟精选（一）

以爱为名，陪伴成长

张壹茗家长

在温程老师多年来的引领下，五（2）中队的孩子们对中医药文化产生了浓厚的兴趣。张壹茗在学习中医药文化的过程中发现很多人对中医药不了解、不相信、不接受等问题。所以她和小伙伴们想用自己所掌握的中医

药以及正确的养生知识向人们宣传中医药文化，通过形式多样的宣传活动让更多的人了解、接受中医药文化。

随着“情缘百草，魅力中医药”公益项目的开展，我们陪同孩子们走进誉天下社区做中医药文化的宣传活动、到中医药博物馆参观学习、走进录音棚录制孩子们创作的中医药文化歌曲《百草香》、参加《预防流感三字经》的拍摄录制、走进蒲公英中学做公益活动……这一次次的活动，不仅让孩子们的眼界有所开阔，还让孩子们的心灵受到了洗涤。同时，我们家长在活动中也大有收获。从中医药知识的丰富到对公益活动的认识，从只关注自己孩子的表现到关注班级的整体展示，从对自己孩子的小爱到对打工子弟学校学生和福利院孩子的大爱，活动中的点点滴滴感动着我们每一位家长的心。

在参加“情缘百草，魅力中医药”公益项目中，我也感受到学校领导和其他兄弟项目团队给予我们的帮助与鼓励。孩子们的成长与收获是家长和老师最大的幸福。这一路走来，孩子们收获很多：一是中医药文化知识；二是他们与陌生人的沟通交流能力；三是孩子们的社会责任感；四是处理各种问题的能力；五是孩子们的自信心。在此，我衷心感谢学校和各位领导、老师给予孩子们这么好的成长平台。我相信孩子们在积累了这么多宝贵的经验后，做公益活动会更加得心应手。我们会和孩子们一同将中医药文化的宣传做下去，让中医药文化的种子在每一代人的心中生根发芽，生生不息，薪火相传。

家长感悟精选（二）

情缘百草，我们在行动中成长

姜一言家长

从项目发起、前期筹备、活动实施，我很高兴姜一言能够全程参与“情缘百草，魅力中医药”公益项目。伴随着项目的推进，作为家长的我们也切身感受到孩子的改变和成长。“积跬步至千里，积小流成江河”，在一次次活动中，孩子的知识面、表达能力、逻辑思维能力、自信心等都有了不同程度的提升。

首先，项目有效拓展了孩子的知识面。一方面，孩子通过参与班级“百草堂”活动，对中医药传统文化有了系统深入的了解；另一方面，孩子在项目实施过程中不断发现自身的短板，主动学习、掌握了许多新的技能，从被动的“要我学”变成了主动的“我要学”，知识储备得到进一步提升。

其次，在项目中孩子有了更多展示自己的机会。在一次次向班级同学、全校师生、兄弟院校、社区、公益机构的宣讲展示过程中，在一次次接受采访、向领导汇报的过程中，孩子的表达能力、语言组织能力、应变能力得到了充分的锻炼。

再次，在项目中孩子的自主性不断提升。在项目的各项活动组织实施过程中，项目组的孩子们亲力亲为，力求做好每一件事情。以宣传材料的准备为例，姜一言主动要求参与文字内容、图片资料、设计印刷等环节，对项目的整体认识不断提升，逻辑思维水平不断加强。

最后，伴随着项目各项活动的不断推进，看着自己的创想慢慢地变成现实，孩子的自信心也在不断增强。从项目前期准备时的畏首畏尾到如今的畅所欲言，我们很欣慰孩子的转变。

通过参与“情缘百草，魅力中医药”公益项目，在各位老师、同学和热心家长的帮助下，姜一言获得了长足的进步。我们希望有更多的小朋友参与这样的公益项目，共同成长。

家长感悟精选（三）

一场收获满满的公益行动

张钧莱家长

孩子有幸进入“情缘百草，魅力中医药”公益项目组，最初我只是觉得孩子可以多学一些中医药文化，并且学习如何开展一个项目。随着项目的推进，我发现自己对服务学习项目的认识太狭隘了！

起初，孩子也只是按部就班地组织学习，组织宣传活动。通过一次活动，我发现孩子会认真地思考问题了，他会在活动中发现问题，并且积极组织大家一起集思广益想办法解决问题。他的问题不再是自己遇到了什么困难，而是发现了别人的困难与误区，他开始发自内心地主动关心他人、关爱他人。项目的活动很多，这就会占用孩子的休息时间与课外班的时间，但孩子不再像从前那样有个正当理由就不用去上课外班，或者抱怨占用了自己的休息娱乐时间，而是把时间安排得更加合理，没有上的课就找时间补课或者自己学习，把学习中医药知识和安排组织活动计划当作乐趣。

中医药受到更多人的重视，也被更多的媒体所关注。在这期间，孩子参加了《养生堂》节目的录制，参加了中医药文化宣传周的开幕式展演，参加了东城区“童心百草趣，浸润家国情”主题研讨会的展示，通过这些活动，孩子的综合素质得到了锻炼与提升。作为家长，在项目中我看到了孩子潜能的迸发，也意识到激发孩子的潜能不能仅仅依靠书本，孩子的成长也不仅仅是学习成绩的进步，在触动孩子内心的那一刻，他才真的长大了。当孩子的内心装满了正能量，才能照射出最璀璨的光芒。

六、帮扶对象——公益服务社会，爱心连接你我

帮扶对象感言精选（一）

北京市顺义区誉天下社区居委会副主任张艳玲：“‘情缘百草，魅力中医药’公益项目特别有意义，没想到史家的孩子们小小年纪就开始学习、宣传中医药文化了。看得出孩子们是在认认真真地学习中国传统文化，用

他们所学到的知识服务社会。我们社区的工作人员和居民为他们所做的努力鼓掌。希望孩子们的项目能够持续开展，誉天下社区欢迎史家小学可爱的孩子们再次来做活动。”

帮扶对象感言精选（二）

蒲公英中学党支部书记郑斐：“2019 年 3 月 3 日，我校迎来了史家小学‘情缘百草，魅力中医药’公益项目的师生们，他们与我校七年级的 24 名同学互动交流。这次公益活动开展得有声有色，不仅让两所学校架起了友谊的桥梁，也让责任与爱心在孩子们的心田发芽滋长。史家小学温老师的教授循循善诱，学生们学到了丰富的知识也拓展了多方面的兴趣。在互动交流的过程中，孩子们起初还有些羞涩，但在‘情缘百草，魅力中医药’的话题下很快就热络起来，他们对这个话题表现出浓厚兴趣。美好的时光总是易逝，3 个小时的活动落下了帷幕，可两所学校在活动中展现的热忱不减。我相信以后还会开展更多的学习交流活动，这是社会责任的驱动，也是教育共识的理解，更是史家小学和蒲公英中学为教育公平和优质教育而努力的方向。”

帮扶对象感言精选（三）

北京市顺义区儿童福利院李军院长：“2019 年 4 月 21 日，我们迎来了史家小学‘情缘百草，魅力中医’公益项目的同学们。他们开展了题为‘奉献爱心，强化担当’的公益活动。活动中，同学们不仅给我们带来了精彩的节目，还为福利院的孩子们带来了玩具、零食、书籍，最难能可贵的是他们赠送了培育的药苗。同学们和我们这里的残障儿童一一握手，嘘寒问暖，画面令人感动。最后，同学们还将平时积攒下的零用钱捐给了福利院。‘情缘百草，魅力中医学药’公益项目真是太好了，孩子们在学习传统文化的同时还学会了做公益，献爱心。感谢学校建立了这么好的平台，感谢‘情缘百草，魅力中医药’公益项目组的同学们，欢迎你们再次来到我们顺义儿童福利院，与我们这里的儿童欢聚一堂！”

七、成果展示——公益，我们一直在路上

“情缘百草，魅力中医药”服务学习项目自开展以来，先后走进北京市中医药博物馆、誉天下社区、蒲公英中学、顺义儿童福利院、地坛公园、同仁堂医院、国医汇、世园会园区等地，累计举办10余场活动，得到了社会各界的肯定与好评。同时，项目组还创作了中医药文化歌曲《百草香》，并参加北京市疾病预防中心《防流感三字经》宣传视频拍摄、北京电视台《养生堂》节目录制，推广中医药知识，进一步扩大项目影响力。项目受到《人民日报》、《中国少年报》、《现代教育报》、《学生健康报》、北京电视台《特别关注》栏目、搜狐新闻、今日头条等多家媒体的关注与报道。因表现突出，项目最终获得了由中国扶贫基金会颁发的“益路同行·优秀公益创新团队”奖。

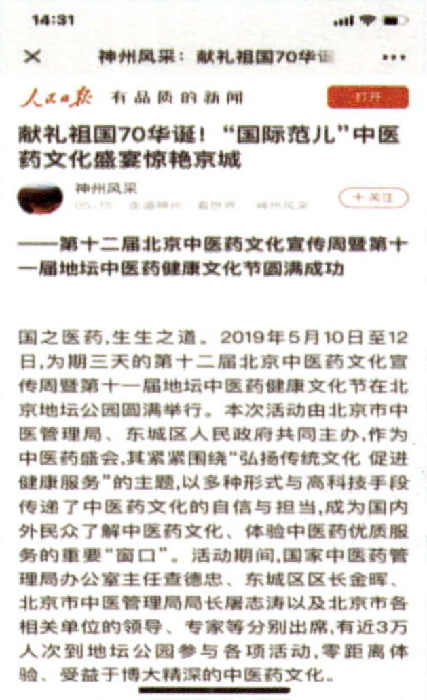
14:31
神州风采：献礼祖国70华诞
人民日报 有品质的新闻 打开

献礼祖国70华诞！“国际范儿”中医药文化盛宴惊艳京城

神州风采 + 关注

——第十二届北京中医药文化宣传周暨第十一届地坛中医药健康文化节圆满成功

国之医药，生生之道。2019年5月10日至12日，为期三天的第十二届北京中医药文化宣传周暨第十一届地坛中医药健康文化节在北京地坛公园圆满举行。本次活动由北京市中医管理局、东城区人民政府共同主办，作为中医药盛会，其紧紧围绕“弘扬传统文化 促进健康服务”的主题，以多种形式与高科技手段传递了中医药文化的自信与担当，成为国内外民众了解中医药文化、体验中医药优质服务的重要“窗口”。活动期间，国家中医药管理局办公室主任查德忠、东城区区长金晖、北京市中医管理局局长屠志涛以及北京市各相关单位的领导、专家等分别出席，有近3万人次到地坛公园参与各项活动，零距离体验、受益于博大精深的中医药文化。

14:31
神州风采：献礼祖国70华诞

据介绍，第十二届北京中医药文化宣传周活动为展现华夏民族医药灵魂和文化自信，举办了医德摄影作品征集及中医药国际交流等丰富多彩的活动。第十一届地坛中医药健康文化节以“医脉千秋”“道济当代”“天地其所”“五行人生”四大主旨绕地坛方泽坛四周进行区域划分，特设国际交流展区、国家中医药改革试验区域区、中药现代化科技展示区、VR中医药体验馆、名家荟萃区、地坛直播区等11个主题区域，以全面、创新的理念持续推进了中医药健康文化建设、诠释了中医药文化的内涵和魅力。

《人民日报》对项目进行报道

■ 中国少年先锋队队报　■ 共青团中央主管　■ 北京绿色印刷工程——优秀青少年读物绿色印刷示范项目

中国少年报

微信扫一扫 关注《中国少年报》

CHINESE TEENAGERS NEWS

■ 2018年11月7日
■ 3354期　■ 邮发代号 1-12
■ 国内统一连续出版物号 CN 11-0062

小学生研制消毒液

“这气味真难闻，快走，快走！”一天中午，北京一所小学教学楼的楼道里，飘来一股刺鼻的气味。同学们捏着鼻子，捂着嘴巴，快步“逃”进教室。这是什么气味呢？

刺鼻的气味

“这个气味我们很熟悉，是消毒液的味道，保洁阿姨经常用到。那天，有一个同学在楼道里吐了，保洁阿姨清理完呕吐物后，进行了消毒。”北京史家小学五（2）中队的姜一言说，“这味道太刺鼻了，一下午都散不去！”

“消毒液难道一定要有这样难闻的味道吗？”

“有没有一种消毒液，既好闻又杀菌呢？”

针对这个问题，上学期期末，五（2）中队专门召开了一个中队会。“去百草园看看吧，也许在那里我们能找到答案！”队会上，赵朗、张钧莱等队员提议。

百草园在哪儿？它和消毒液有什么关系？

“百草园”里找配方

百草园是学校专门为五（2）中队开辟的一块试验田，队员们在里面种上了金银花、薄荷、板蓝根、益母草等十几种中药材。

从四年级开始，在中队辅导员温程老师的影响下，队员们对中草药兴趣渐浓。教室里，挂着中草药的挂画；晨读时，每人每天介绍一味中药；队员们还在百草园里亲手种植中药材，并试着“开药方”。教师节那天，队员们还用自己种的中药材给老师们配制过润喉茶呢！

所以，这次讨论消毒液的问题时，队员们首先想到去百草园寻找答案。

张钧莱、张子鉴、刁恩婕等几名队员一起来到园子里，俯下身子仔细看了看，闻了闻，想了想，果然有了主意——

“薄荷、白芷和藿香的味道很好闻啊，一点儿也不刺鼻！”

“金银花、蒲公英、黄连等，有一定的清热解毒作用！”

“我们能不能用这些中药材，来做一个消毒液呢？”

“好主意！”

队员们决心一起干一件“大事”——研制消毒液！（下转3版）

百草园里识草药

2版 超级工程——港珠澳大桥　7版 过生日要不要互相请客　8版 众病之王：癌症的自白

中国少年报对项目进行报道

12 现代教育报　成长榜样　家长周刊

百草堂牵手蒲公英 小学生做大公益

小小志愿者 传递大能量

现代教育报对项目进行报道

6　互动有你

我们这样让校医“扎下了根”

“百草堂”牵手“蒲公英”做公益

学生健康报对项目进行报道

北京电视台《特别关注》栏目对项目进行报道

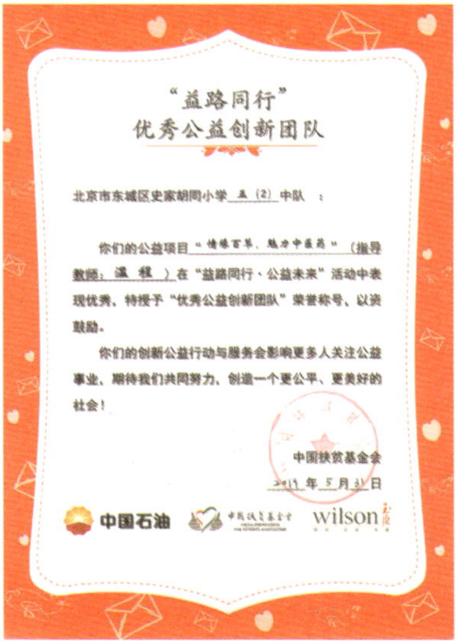

“益路同行”
优秀公益创新团队

北京市东城区史家胡同小学 五（2） 中队 ：

你们的公益项目 “情缘百草，魅力中医药” （指导教师：温 程 ）在“益路同行、公益未来”活动中表现优秀，特授予“优秀公益创新团队”荣誉称号，以资鼓励。

你们的创新公益行动与服务会影响更多人关注公益事业，期待我们共同努力，创造一个更公平、更美好的社会！

中国扶贫基金会

2019 年 5 月 31 日

中国石油　中国扶贫基金会　wilson

项目获得“益路同行·优秀公益创新团队”奖

Byebye 塑料吸管

“Byebye 塑料吸管”服务学习项目由史家小学五（8）中队朱莲碧荷同学发起，五（8）中队全体成员共同参与完成。项目指导教师为史家小学祖学军老师。项目自 2018 年 12 月初启动，至 2019 年 6 月底顺利完成。项目组先后走进北京化工大学附属中学小学部小关校区、北京海洋馆、石景山爱乐实验小学、协作者童缘东四中心、北京五中分校、北京有机农夫市集、陈经纶中学嘉铭分校、呼家楼中心小学团结湖校区、芳草地国际学校远洋分校、蒙牛乳业通州基地等地，开展了 10 余场宣讲，直接受众近 5000 人。项目通过开展一次性塑料吸管回收、“创意无吸管喝酸奶 PK”、“无吸管牛奶盒创意设计大赛”等方式，影响更多的人逐渐形成环保、减塑意识，让不使用一次性塑料吸管的观念深入人心，变成人们自觉自愿的行动。同时，项目组还将回收的吸管和创意设计大赛优秀作品一起反馈给牛奶生产厂家，递交行动倡议书，推动厂家从源头解决塑料包装问题。项目受到中国少年报、北京卫视等多家新闻媒体报道，社会反响良好。

一、指导教师推荐序

塑料无处不在，有的沉睡在地球最深的海沟，有的停留在世界最高的顶峰，有的到达两极的冰川。塑料——这个给人类带来极大便利的工业化产品，给地球带来了一系列严重的环境问题。“Byebye 塑料吸管”项目希望大家从身边的小事做起，呼吁社会关注塑料污染，带动大家从源头上减塑。回顾这半年来的指导过程，我有如下几点感受。

因材施教，点燃学生的公益梦想

2018 年 10 月，学校发起向全校同学征集少代会提案的活动，作为五年级 8 班的班主任，我针对每一位同学的成长经历和个性特点，提出了指导性建议。朱莲碧荷同学长期参加环保行动，积累了丰富的活动经验，我建议她从减塑项目中汲取营养，选择能够以小见大、与青少年日常生活息息相关的内容作为提案。

朱莲碧荷同学发现，同学们在日常生活中经常会用到塑料吸管，无论是喝酸奶、果汁还是其他饮料，总是吸管不离口。小小吸管虽然带来了便利，但也造成了污染，而且塑料吸管体积小、重量轻，很难被回收利用，绝大多数被废弃，最终流向海洋，造成极其严重的海洋污染，致使每年有数百万只海鸟和数十万只海洋动物因塑料污染而死。更加令人惊讶的是，全球每天制造的塑料吸管废弃物竟达 30 多亿根。于是，朱莲碧荷把告别小小的塑料吸管作为切入口，发起“Byebye 塑料吸管”项目。

很快，朱莲碧荷、段雨轩、杜亚桐、李蔚嘉、尹瑞烜几位同学组成了“Byebye 塑料吸管”项目小组。项目团队成立伊始，同学们就开始积极筹划在校内各班级和校红领巾电视台进行宣讲。他们分工合作，查阅资料，精心制作了图文并茂的 PPT。

同理共情，从影响身边的人开始

朱莲碧荷提出这个项目创想后，我们就从影响身边的人做起。

每天中午发饭时，我都会鼓励同学们不用一次性吸管，遇有不理解不支持的同学，我会向他们讲解项目的意义，并带动全班同学一起制作吸管收集箱、贴海报、书写感受……渐渐地，原来不支持的同学也从项目中获得了满足感和成就感，成为坚定的项目支持者。

在准备宣讲材料过程中，我发现宣讲对象都是在校中小学生，而他们对动物极富同情心。于是我和项目组成员决定将最容易引起共情的海鸟受塑料危害的视频作为宣讲的导引，并结合翔实的数据，以图文并茂的形式，进一步说明塑料对动物、对人类以及对地球的危害。3 月 4 日，朱莲碧荷首次在班内宣讲，她阐释了“Byebye 塑料吸管”项目的动因、意义和倡议。导引视频深深打动了同学们，大家纷纷表示要行动起来，从不用一次性塑料吸管开始，减少塑料的使用，为环保事业作贡献。

此后，项目组成员先后走进五年级三个班、一年级部、二年级部广播站和高年级部红领巾电视台进行宣讲。他们声情并茂地宣讲，极大地引发了全校师生的共情。就这样，在同理共情中，越来越多的同学成为项目的支持者和志愿者。

创意迭出，吸引更多人关注减塑问题

比起重复的宣讲灌输，生动有趣的方式更能吸引大家主动关注减塑问题。因此，在活动策划时，孩子们就在思考一个问题：如何通过创新的方式吸引大家的关注？在大家的集思广益下，一个个创意涌现出来。项目组发起了“无吸管牛奶盒创意设计大赛”，鼓励青少年参与包装盒的创新设计。为了扩大影响力，我与美术老师、科学老师沟通，发动更多的同学向项目组递交创新作品。最终，项目组将从校内外征集、评选出的 10 件作品送交牛奶生产企业，得到了专业人士的好评。

为了方便受众参与减塑行动，项目组成员还提出绘制一份与大家生活息息相关的“零废弃生活指南”，指导大家如何从生活的点点滴滴中减少一次性塑料制品的使用。这份孩子们编辑、设计的指南，因其实用性、趣味性，得到了大家的一致好评。

短短几个月，项目组就回收了大量的一次性吸管。但如何处理这些一次性吸管呢？我召集项目组成员开了一次特别的会议，大家纷纷表示这个项目不应当仅仅停留在倡议、呼吁、号召的层面，而是试着从源头上解决塑料包装问题。经过与国内领先的牛奶生产厂家蒙牛乳业联系，5 月 23 日，我和项目组成员带着回收的一次性塑料吸管和“无吸管牛奶盒创意设计大赛”的优秀设计作品走进了蒙牛乳业通州基地，并递交了减塑倡议书。在倡议书中，我们提出了从生产环节减少塑料使用的 4 点建议。

1. 可以给学校或者公司等大群体消费者提供桶装奶，奶桶进行回收再利用，这样就没有了废弃物，减少了资源浪费。

2. 使用低成本的吸管替代品，如纸吸管、麦秸秆吸管等。

3. 改进工艺，易于撕开，以方便老人和小朋友打开，无须吸管。

4. 将酸奶与吸管分离，在外包装上注明乱丢弃塑料的危害，比如“塑料污染有害环境”“爱护地球，Byebye 塑料吸管”等，逐步培养消费者不使用塑料吸管的习惯。

这 4 点建议是我和同学们从可实现的角度，经过认真讨论提出的。事实证明，在走访牛奶生产厂家这个环节，学生们得到的启发与收获远远超过了我们的预期。他们不仅勇敢大方地表达了自己的观点和倡议，零距离接触了牛奶生产一线，还开阔了视野，看到了优秀企业在环保节能方面的先进做法。这样的经历能够帮助他们打开思路，持续有效地开展减塑行动。

内外开花，项目引发广泛关注

系列宣讲活动，一方面增加了团队的协作能力，每一位同学都身体力行地做好每一场活动；另一方面，他们的组织能力、社交能力、表达能力得到很大提高。

活动伊始，有的同学说话声音很小，有的同学吐字发音不够准确，这些都在活动中得到锻炼和纠正。发起人朱莲碧荷在北京市第二十三届中小学生环保演讲比赛中获得了小学生组三等奖的好成绩。由于项目的重要社会意义，北京市环保宣传中心还特别推荐朱莲碧荷参与环保情怀主题视频的拍摄。

这项公益活动还得到了社会各界的关注，中国少年报对项目组进行采访，并在头版头条做了大篇幅报道。全国各地的青少年朋友通过多种方式与项目组联系，求教学习，交流经验。

“Byebye 塑料吸管”项目让孩子们懂得了协作，学会了坚持，明白了坚持就是胜利。在与他们讨论、执行项目的过程中，我看到这些小小少年金子般闪光的心灵，他们严于律己、从我做起，从小事做起，利用一切机会，影响身边的人参与到环保减塑行动中来，真正践行了项目的宗旨。

愿“Byebye 塑料吸管”这颗饱满的种子，继续生根、发芽，和孩子们一起在阳光雨露的哺育中茁壮成长，直到长成参天大树。

指导教师：祖学军

二、创想梦工厂——种下一颗公益的种子

（一）创想动因

项目发起人朱莲碧荷参观《瞬间永恒》主题影像特展时，其中一个板块“塑料星球”让她特别震惊：因为塑料无法降解，地球把塑料合并在一起，诞生了一个新的星球——“塑料星球”。每年约有 800 万吨塑料垃圾以海洋为最终归属，对海洋生态系统危害极大，比如渔具、塑料袋等，可能会缠绕鲸鱼或海龟，导致它们死亡。

她发现小小的塑料吸管就能对我们的环境造成巨大的危害。以史家小学为例，学校午餐时每位同学都会得到一杯酸奶和一根塑料吸管，每天产生的吸管垃圾多达5000 根，全年可达 100 万根，如果再扩大到北京市和全国，这是一个多么庞大的数字！这些吸管从使用到被丢弃，只有短短的十几秒或是一两分钟，可它们被完全降解却需要 200～400 年的时间。只有从源头上减少塑料的使用，才能降低塑料对地球及人类的危害。

因此，朱莲碧荷和伙伴们发起“Byebye 塑料吸管”项目，他们以学校为起点，从呼吁身边的同学主动不使用塑料吸管开始，有计划地走进更多学校、社区和商圈，逐渐延伸到全社会。他们希望通过这个项目影响更多的人不再使用一次性吸管，从小小的吸管做起，逐渐形成减塑、环保的意识。

（二）团队介绍

发起人及总负责人	朱莲碧荷	史家小学五（8）中队成员，“自然之友”亲子团成员，以减塑环保为主题的亲子团体——“减塑行动派”初创成员之一，关注环境保护，善于思考，具有较强的社会责任感。作为项目的发起人及总负责人，负责项目的整体推进与协调
团队伙伴	杜亚桐	史家小学五（8）中队成员，开朗好学，乐于助人，做事认真。在项目中主要负责财务工作
	李蔚嘉	史家小学五（8）中队成员，性格沉稳，热心公益，善于沟通。在项目中主要负责外联工作
	段雨轩	史家小学五（8）中队成员，做事认真、执着，有很强的团队意识。在项目中主要负责组织工作
	尹瑞炟	史家小学五（8）中队成员，积极向上，勇于挑战。在项目中主要负责宣传工作
指导教师	祖学军	史家小学五（8）中队班主任，热心公益，具有丰富的教学经验和班主任工作经验，注意培养学生良好的独立学习能力和思考能力，在项目中给予学生针对性的指导，引领同学们完成计划

（三）实施过程

“Byebye 塑料吸管”项目自 2018 年 12 月初发起，至 2019 年 6 月底圆满结束，共分为准备、预演、实施推广、总结反思四个阶段。

第一阶段（2018 年 12 月 1 日至 2019 年 2 月 28 日）：准备阶段。在这一阶段，项目组成员主动查阅资料，制作宣讲课件；设计宣传手册、海报、横幅等，购买与活动相关的物资；与学校、海洋馆等地进行沟通，进一步明确活动时间、地点及形式；向学校提交倡议书，建议在校内不主动发放一次性塑料吸管，并制作吸管收集箱，进行一次性吸管回收。在项目宣传方面，项目组申请了微信公众号，定期发布活动信息及资讯。项目还得到知名演员郑恺的大力支持，并将其肖像权授予团队做宣传。此外，项目组成员还分头前往附近的饮品店、咖啡店，就吸管使用情况进行调研，获取第一手的数据资料；前往位于朝阳区金盏乡南部的北京市朝阳循环经济产业园，参观高安屯垃圾处理厂，进一步学习环保知识。

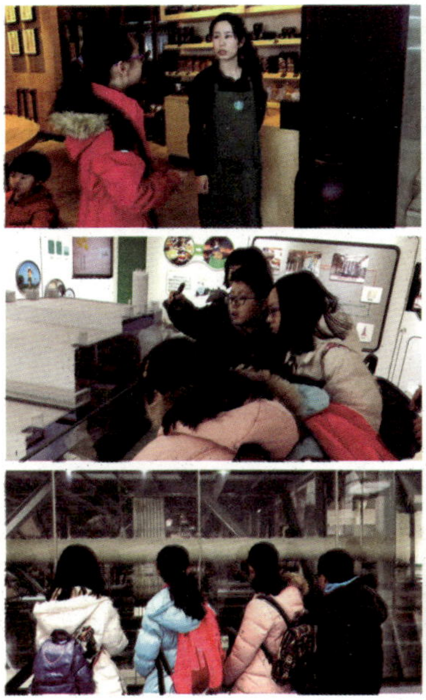

倡议书

亲爱的老师、同学们：

国庆节期间，我们去参观了一个展览——《瞬间永恒》主题影像特展，其中一个板块“塑料星球”让我们特别震惊。

由于生活中的塑料不能被回收，地球上每年约有800万吨塑料垃圾以海洋为最终归属，对海洋生态系统造成非常大的破坏：大的废弃物，比如渔具、塑料袋，可能会缠绕鲸鱼或海龟，导致其死亡；海洋生物摄入的塑料微粒会一直存在于食物链中，最终通过饮用水或食物进入我们的身体里，影响到人类健康。

我们史家小学有5000多名同学，每人每天中午在学校就餐使用一根牛奶、酸奶一次性塑料吸管，每天就产生 5000多根塑料吸管垃圾，全年共产生约100万根塑料吸管垃圾，这些塑料吸管不能回收再利用，通常需要200—400年的时间才能完全降解。一所小学尚且如此，那北京市、全国的中小学呢？这个数字更加惊人！

我们每个人都应该为保护我们的地球家园、保护我们的身体健康做一些事情。只有从源头减少塑料的使用，才能降低塑料对地球及人类的危害。

在此，我们向全校师生郑重倡议：Byebye塑料吸管！

从现在开始，每天学校发放的每人一根的塑料吸管，我们主动不使用，投放在指定的吸管回收箱内。在生活中，我们也同样做到主动不使用一次性塑料吸管，并带动周围的家人、同学、朋友一起与塑料吸管说“Byebye”。

让我们携起手来，共同为地球美好的明天而努力！

谢谢大家！

李蔚嘉 杜亚桐 朱建碧荷 胡益宁 段雨轩

五八中队“Byebye塑料吸管”项目团队

第二阶段（2019 年 3 月 1 日至 3 月 18 日）：预演阶段。为了扩大项目影响力，让全校同学充分了解项目内容，将项目真正落到实处，3 月 4 日，项目组成员先在班级内进行了宣讲预演。3 月 8 日、11 日、13 日和 14 日，项目组成员又分别利用中午广播时间、班会课时间和红领巾电视台录制时间，在二年级部、五年级部分班级和高年级部分别进行了 6 场宣讲。这既是熟练宣讲内容、锻炼队伍的过程，更是将减塑观念内化于心的过程，宣讲在各校区引起强烈反响。同时，项目组还在校内张贴海报和倡议书，在各校区设置吸管回收箱，持续开展一次性吸管回收行动。

第三阶段（2019 年 3 月 19 日至 5 月 25 日）：实施推广阶段。项目组成

员先后走进学校、海洋馆、乳业基地等开展 10 余场活动，向大家宣讲减塑节能的重要性。同时，项目组还通过互联网向全社会发起“无吸管奶盒设计大赛”，征集创意设计作品，进一步扩大项目影响力。

2019 年 3 月 19 日，项目组成员走进北京化工大学附属中学小学部，通过视频播放、项目宣讲、“创意无吸管喝酸奶 PK”等形式，倡导大家不使用不必要的一次性塑料制品，跟它们说“Byebye”。

2019 年 3 月 30 日，项目组成员走进北京海洋馆，向海洋馆的小会员们进行了生动的宣讲，呼吁他们加入到减塑的队伍中，以实际行动保护海洋动物。

2019 年 4 月 1 日，项目组成员走进石景山爱乐实验小学，通过视频播放、项目宣讲推广减塑节能的理念，呼吁大家减少不必要的一次性塑料制品的使用，并组织“创意无吸管喝酸奶 PK”大赛，与同学们进行互动。

2019 年 4 月 17 日，项目组成员走进协作者童缘东四中心，为那里的同学们进行了宣讲，帮助他们了解塑料对人类、对动物以及对地球上所有生物的危害，呼吁大家减少不必要的一次性塑料制品的使用。项目组还组织了“创意无吸管喝酸奶 PK”大赛，与同学们进行互动交流。

2019 年 4 月 18 日，项目组成员走进北京五中分校，通过视频播放、项目宣讲、“创意无吸管喝酸奶 PK”等形式，倡导大家不使用不必要的一次性塑料制品，做“零废弃”生活理念的践行者。

2019 年 4 月 21 日，项目组成员来到香格里拉酒店花园，参加北京有机农夫市集，向摆摊的摊主和赶集的人们宣传介绍减塑行动，倡导大家不使用一次性塑料制品。

2019 年 4 月 23 日，项目组成员走进陈经纶中学嘉铭分校，通过视频播放、项目宣讲、“创意无吸管喝酸奶 PK”等形式，倡导大家不使用不必要的一次性塑料制品，共同为地球减负。

2019 年 4 月 24 日，项目组成员走进呼家楼中心小学团结湖校区，通过视频播放、项目宣讲推广减塑节能的理念，呼吁大家减少不必要的一次性塑料制品的使用，并组织“创意无吸管喝酸奶 PK”大赛，与同学们进行互动交流。

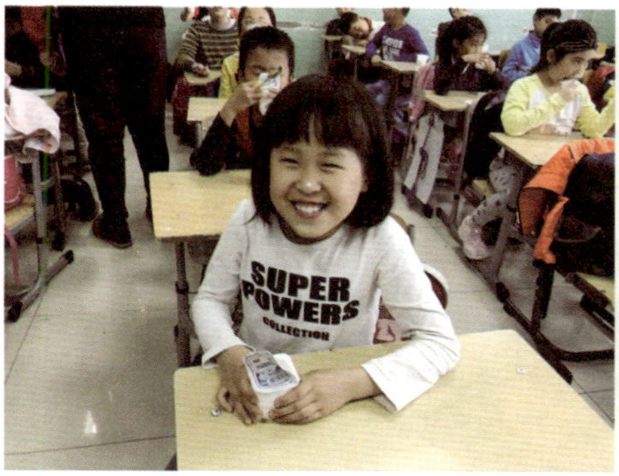

2019 年 5 月 13 日，项目组成员走进芳草地国际学校远洋小学，通过视频播放、项目宣讲、“创意无吸管喝酸奶 PK”等形式，倡导同学们不使用不必要的一次性塑料制品，并呼吁他们参加到减塑的行列中来。

2019 年 5 月 16 日，项目组成员走进美华彩苑外国语幼儿园，通过视频播放、项目宣讲、“创意无吸管喝酸奶 PK”等形式，为这里的弟弟妹妹们讲解塑料制品带给地球的污染和危害，倡导小朋友们尽量不使用不必要的一次性塑料制品，减轻“地球妈妈”的负担。

2019 年 5 月 23 日，项目组成员带着几个月来回收的一次性塑料吸管和“无吸管牛奶盒创意设计大赛”的优秀设计作品走进蒙牛乳业通州基地，就奶制品塑料包装问题与厂家进行沟通交流，并递交了减塑倡议书，从生产环节减少塑料的使用提出了减塑建议。

第四阶段（2019 年 5 月 25 日至 6 月 20 日）：总结反思阶段。项目实施完成后，全体成员对项目进行了总结和反思；整理项目过程资料，形成项

目成果集；参与学校“六一”展演，展示项目成果，进一步扩大项目影响力。

三、学生行动日记——记录公益之花盛开全过程

学生行动日记精选（一）

2019年3月19日　星期二　晴

五（8）中队　朱莲碧荷

今天，我们“Byebye塑料吸管”项目组来到北京化工大学附属中学小学部小关校区进行了首次校外宣讲。

我们早早吃完午饭，来到指定地点集合。我很高兴宣讲对象是一年级的“小豆包”，因为他们天真可爱，更容易理解、同情那些受到塑料危害的小动物。

经过紧张的准备，宣讲终于要开始了，我们静静等待“小豆包”们入场。突然教室的门被打开了，探出几个圆滚滚的小脑袋，亮晶晶的大眼睛里透着期待与好奇。老师让他们进来分组坐好。“小豆包”们坐下来，寂静无声。接着，一些喧闹的声音由小变大，由远到近，然后几个调皮的小身影钻了进来，坐到座位上发出各种声音。这真是“豆沙包”与“豆杀包”的区别呀！

我们先播放了根据歌曲《卡路里》改编的《Byebye塑料吸管》MV。播放时，我看见有的同学瞪大了眼睛，有的同学托着腮，还有的同学伸出两根大拇指冲我们晃来晃去。到第二段时，有的同学都能跟着哼唱了。其实，

我不仅希望大家会唱，还希望大家能做到身体力行，更希望大家能带动身边的人一起加入减塑行动！宣讲过程中，“小豆包”们时而发出惊呼，时而发出赞叹，现场气氛热闹极了。这次宣讲我竟然一点都不紧张，因为“小豆包”们实在太可爱啦！

值得一提的还有“无吸管喝酸奶 PK”。一听说有 PK，“小豆包”们自信满满，跃跃欲试。PK 开始，有的同学直接用手撕，有的用指头戳，还有的用牙咬……“小豆包”们的参与度很令我吃惊，个个都要和我们分享他们的创意。我们也非常乐意与他们进行互动。

活动结束时，我们和“小豆包”们进行了合影。合影时，我听见有小同学说：“这是最棒的项目。”还有的同学说：“我以后再也不用吸管了！”“塑料，再见啦！”“鸟儿太可怜了”……

宣讲结束后，我代表项目组接受了中国少年报和北京电视台的采访。我太开心了！因为通过媒体的传播，全国人民都能了解到塑料的危害了。在接下来的活动中，我们会继续为减塑代言，争取让更多的人加入到减塑的行动中！

学生行动日记精选（二）

2019 年 5 月 23 日　星期四　晴

五（8）中队　胡益宁

今天我们在班主任祖老师的带领下，来到蒙牛乳业通州基地进行环保交流，这也是我第一次参观大型的食品生产基地。基地的小姐姐跟我们介绍了蒙牛在循环使用、废物利用、环境保护等方面的很多做法，也带我们参观了蒙牛的生产线，介绍巴氏杀菌技术等。我被蒙牛的环保理念和生产中的各种技术深深吸引，没想到小小一盒酸奶包含着这么多的科学技术和环保工艺。

我们将搜集的5万多根吸管转交给蒙牛工厂，让他们妥善处理；还展示了“无吸管奶盒创意设计大赛”的作品，希望能够给蒙牛未来奶盒的设计带来一些新的想法。虽然我们的想法可能还不成熟，但是我们愿意持续不断地进行思考，让更多的人参与这一活动，也许很快大家就可以买到蒙牛新的无吸管奶盒，那将是多么值得我们骄傲的事情呀！

随后，朱莲碧荷代表项目组向蒙牛工作人员介绍了开展“Byebye 塑料吸管”项目的目的与意义，并向蒙牛集团递交了减塑倡议书。在倡议书中，我们向厂家提出了4点切实可行的建议。

我们的倡议书得到蒙牛集团工作人员的认同和积极回应。他们对我们保护环境的想法和行为进行了肯定与表扬，并表示蒙牛将不断降低塑料吸管克重，使塑料使用共减少595.83吨。工作人员还向我们介绍了他们在产业上开展的绿色计划：奶源端打造生态牧场样板，采购对环境友好的原料物料，增加再生材料的使用，结合智能制造提高工艺设备的能效和绿色指数；消费端开展生活垃圾分类、包装回收循环再生等活动。

我觉得蒙牛乳业很关注塑料的危害，注重对我们生活环境的保护，这一点是很多企业做不到的。衷心地希望蒙牛乳业能够成为整个食品企业减塑行动的推动者和领头羊。

四、学生反思工具——从回望中汲取前行的力量

学生反思精选（一）

姓名：段雨轩　时间：2019 年 4 月 24 日 提案名称：Byebye 塑料吸管	
发生了什么 今天，我们项目组成员来到了呼家楼中心小学团结湖校区宣讲。下了课，我们急匆匆地往校门外跑，因为宣讲结束后 4 名同学还要回学校参加管乐团训练。由于整场活动的时间安排有些仓促，到达呼家楼中心小学团结湖校区后，我们马上进入了宣讲状态。在播放相关视频时，发现视频无法播放了	**有何感受** 去其他学校宣讲经常要占用我们的课余时间，而且为了赶在学校放学前到达现场，我们往往下了课就要往现场赶。有时候，活动安排还会与我们的其他安排发生冲突。但是，看到台下的弟弟妹妹们都听得非常认真，想到越来越多的人加入减塑的队伍中，我觉得我们的付出是值得的。我很开心能够为他们讲述塑料的危害
有哪些主意 虽然时间安排比较仓促，但是在之后的宣讲中，我们还是要先沟通确认活动现场的设备情况，并且尽量提前到达活动现场，把设备调试好，避免出现 PPT 或者视频播放不了的情况，以确保每一场活动都能达到预期效果	**有哪些问题** 在宣讲中，我们必须口齿特别清楚，并且和伙伴要配合默契。在以后的活动中，我们需要加强对宣讲词的练习，要把词背得通顺一些，形式更丰富一些，让台下的弟弟妹妹们听得更认真
教师评语 在活动之中，你能积极参与；活动之后，你又能静下心来思考，总结实践活动中的得与失，并能针对问题提出具体的改进措施，为日后活动的顺利进行提供宝贵的建议。老师为你点赞！如你所说，准备工作非常重要。我们要加强自身的基本功训练，把准备工作做在前面，希望后面的宣讲越来越精彩	

学生反思精选（二）

姓名：朱莲碧荷　时间：2019 年 5 月 23 日

提案名称：Byebye 塑料吸管

发生了什么	有何感受
今天祖老师带着我们走访了蒙牛乳业通州基地，参观了现代化的工厂。蒙牛乳业的工作人员介绍了他们在节能减排方面实施的措施，包括减塑的成效。我们向工作人员介绍了我们的项目，并递交了减塑倡议书。在倡议书中，我们提出了 4 点减塑建议，他们给予了认同和回应	蒙牛乳业是个现代化企业，流水线的自动化程度非常高。它在生产过程中积极践行环保理念，在节能减排方面做了很多工作。这些是我去之前所不知道的，与我原来的想象——牛奶生产厂家浪费了很多资源——完全不一样
有哪些主意	**有哪些问题**
在现场，我们听蒙牛乳业低温事业部运营策略总监说新西兰人都用纸质吸管，非常环保。我们也可以借鉴这种做法。另外，我们需要了解更多优秀企业在环保方面的好做法，希望能有更多的机会去交流和参观，并且推广好的做法	这次交流的时间比较短，交流得不是很充分。这主要是因为去之前我们对蒙牛乳业及其他牛奶生产厂家了解得太少。我们可以提前开展专题调研和学习，了解牛奶生产厂家的普遍问题和好的做法，这样就能更加充分地交流

教师评语

在这次活动中，你的感受很多，也很细腻，说明你认真做了反思，对存在的问题也提出了合理的建议。老师觉得这些建议特别好，希望你们继续加油，将这个公益项目持续做下去

五、家长感悟——在公益服务中和孩子一起成长

家长感悟精选（一）

小吸管，大公益

朱莲碧荷家长

作为“Byebye 塑料吸管”项目发起人朱莲碧荷的家长，我深知这个项目的艰难，因为这是一个环保项目，而环保是一场很难完全打赢的“仗”。明知如此，我为什么还要支持她发起、执行这样一个公益项目呢？

朱莲碧荷从小就知道花儿有自己的宝宝，如果我们采了花儿，宝宝就没有了爸爸妈妈；知道所有的小动物都有自己的生命旅程，如果我们毁灭了它，有可能再也见不到它的同类；知道大自然是有感知的，如果我们打扰了它，它再也不会照顾我们。可以说，她已经成长为一位“绿色小公民”。所以，当她看到塑料的危害，要为地球做点什么的时候，我怎么会不支持她？项目从创想发起到执行，朱莲碧荷经历了被质疑、被否定到被认可的过程。作为家长，我欣喜地看到她发生了很多变化。回顾项目开展的这几个月，有以下几点收获与大家分享。

坚定的目标是项目开展下去的根本。做一个公益项目，最重要的是明确目标。我和朱莲碧荷反复讨论，我们项目的目标是什么？单纯地倡议不使用一次性塑料吸管有多大意义？同学们会说，酸奶杯也是塑料的啊！你不用我不用，别人会用啊！我们像剥洋葱一样，层层追问。塑料袋、塑料吸管、外卖餐具……我们在生活中使用的一次性塑料制品太多了，而塑料吸管是同学们每天都能接触到的，因此我们确立了这个项目的目标——从塑料吸管开始，倡议大家减少不必要的一次性塑料制品。通过行业调研和

走访，我们发现北京市朝阳区每天产生生活垃圾约6000吨，而垃圾处理厂满负荷日处理能力只有2000多吨，这更加坚定了我们从源头减塑的决心。此后，项目组在每次宣讲时都会用一组组触目惊心的数字告诉大家，减少使用所有的一次性塑料制品，使得宣讲效果非常好。

明确的解决方案是项目顺利执行的保障。朱莲碧荷在项目创想发起时提出的解决方案是给每位同学配一根不锈钢吸管，但不锈钢吸管成本较高，而且实用性不强，她因此困惑了很久，不知道该怎么办。我带她去访谈“自然之友”的老师，大家提出各种不同的建议。她反复地问我们：一定要有解决方案吗？她认为以前没有吸管，人们不也能喝水吗？我们真的需要吸管吗？从不锈钢吸管到不需要吸管，这真是一个大胆的想法。我鼓励她大胆地把自己的想法告诉大家，看看不用吸管能不能喝酸奶。事实证明，不用吸管，确实可以喝酸奶！

清晰的团队规则是避免一切矛盾的前提。临时组建的团队，一样需要规则。项目团队一组建，朱莲碧荷就带领大家讨论团队规则，很快团队规则就制订出来了：一、不迟到，不早退；二、按时参加排练，若不参加排练，对应的正式活动也不能参加；三、听从指挥，服从安排；四、按时完成团队的作业；五、积极践行减塑，比如不喝一次性瓶装水，不用一次性餐具，等等。规则的建立避免了日后很多矛盾的产生。

争取更多人的支持是项目开展的加速器。减塑，谈何容易？别说大家对此质疑，就算是家人也会提出疑问：孩子会不会很受挫？孩子会不会压力太大？而当朱莲碧荷把翔实的数据用图文并茂的形式展现给家人时，大家都震惊了，没想到我们的地球已经到了如此危险的地步。最初持怀疑态度的家人成为项目坚定的支持者，和孩子们一起并肩战斗，践行减塑。项目刚开始时班里也有一部分同学心存质疑，每次发酸奶时都会反问：为什么不让用吸管？当朱莲碧荷在班里把动物受到塑料残害的各种图片、视频展现给大家时，触发了所有同学对动物的同理心。基于对动物的爱心，他们都支持并加入“Byebye 塑料吸管”项目。他们和项目组同学一起制作吸管回收箱，一起去宣讲……

作为项目发起人，朱莲碧荷个人的收获更是难以用三言两语概括。朱莲碧荷并不是一个外向型的人，相反很内秀、很文弱，不怎么爱说话。但因为这个项目，她被推到了前台，她的组织能力、协调能力、表达能力等都得到了锻炼和提高。她组织分配项目组同学利用广播时间去各个区域查看统计吸管；她说服更多的同学加入她的项目；在合练和乐队排练冲突时，她积极协调时间……她不仅收获了全国各地“小粉丝”的敬佩和尊敬，更坚定了自我“志于道”的信念。

小吸管，大公益。我相信，一根小小的塑料吸管，也能撬动全方位的环保事业，让我们从不使用塑料吸管开始，做“美丽中国”的践行者、推动者和宣传员，一起书写保护环境、保护家园的美丽篇章！

家长感悟精选（二）

在公益中和孩子共同成长

尹瑞烜家长

很幸运，尹瑞烜同学加入“Byebye 塑料吸管”项目团队，为倡导减少使用塑料吸管而奔走相告。作为家长，看着他一点点融入团队，并成为核心成员之一，心中尤为骄傲。半年多的时间，他积极参与了每一场宣讲活动，并通过实际调研，加深对项目的了解，也越来越体会到项目的重要意义。在平时的生活中，他不仅自己不使用吸管，还会提醒身边的人不使用塑料吸管，对一切塑料制品，他都开始说“Byebye”。

作为一位成年人，我深知塑料在带给人类便利的同时，也带来了很多危害。但真正关注到塑料对环境和海洋的影响，是从孩子们宣讲视频中一个个震撼的画面开始的。我被孩子们的宣讲所打动。自己做到不难，难的是改变别人、改变社会。我非常认同孩子们的这项公益活动。看着他们要通过一场场宣讲来撼动整个社会，我为他们的勇气和努力所折服。我愿意给予孩子最大的支持，更希望他们的倡议得到社会各界的认可与接受。

在项目开展的过程中，孩子们每个星期都要进行一次演练，平均每个星期都有一次宣讲活动，看着他们在台上绘声绘色地演讲，感染着台下的每一位听众，我知道孩子们是认真的，他们为自己所倡导的行动而努力着。我也看到了家长们给予的默默支持，如协助联系宣讲场地、指导宣讲活动、在活动现场拍照……家长们全力支持、帮助孩子们实现公益梦想。这其中，我更看到了班主任祖老师和学校的关注与重视，而越来越多志愿者的加入也让项目的影响范围越来越大。可以说，是大家的共同努力成就了“Byebye塑料吸管”项目。

希望“Byebye 塑料吸管”项目得到更多人的认同并参与，让我们的世界不再被塑料所包围、所污染。

六、帮扶对象——公益服务社会，爱心连接你我

帮扶对象感言精选（一）

蒙牛乳业低温事业部运营策略总监 Steve：“我来自新西兰，我想让大家了解到，实际上在新西兰很难买到塑料吸管，从塑料吸管转换至纸质吸管，有着非凡的历史进程。当我还是个小男孩的时候，我们习惯于用纸质吸管。但在我长大的过程中，在过去的二三十年，纸质吸管逐渐被塑料吸管产业代替。最近几年，我们认识到塑料对于环境的影响巨大，塑料吸管又逐渐地被纸质吸管代替。新西兰是这方面的一个非常好的例子。当然，纸质吸

管有些时候确实不是很方便，但是对于一次性的产品，我们喝完就要扔掉，为什么不使用纸质的呢？使用纸质吸管是没问题的。我觉得你们都很棒！你们让我看到，这个问题竟然受到孩子们的关注，并以自己的方式去保护地球，非常棒！这是个非常好的项目！”

帮扶对象感言精选（二）

社区群众代表：“我经常来香格里拉赶集，购买有机食材。我认为食用没有使用化肥、农药、除草剂等化学物品的食材，是以生命滋养生命的一种绿色循环，是尊重天然的生态系统的生活方式。令我惊喜的是，今天竟然看到一组小学生在市集宣讲‘Byebye 塑料吸管’项目，这是第一次有小学生在市集摆摊。他们跟我讲了塑料的危害，告诉我不使用一次性塑料制品的必要性和紧迫性，我真的很佩服他们。塑料无处不在，让我们又爱又恨，这么棘手的问题小学生都敢挑战，我们大人还有什么理由不好好做？本来我来市集也会自带购物袋，但听了孩子们的宣讲，我觉得可以自带的东西应该更多，水杯、筷子、饭盒、手绢都可以带着。我们要向孩子们学习，在生活中减塑！”

帮扶对象感言精选（三）

北京五中分校学生李飘飘：“说到塑料吸管，我们可能第一时间想到的是方便、好用。但是当我遇到‘Byebye 塑料吸管’这一项目时，感到非常吃惊，并对自己之前滥用吸管的做法感到自责与内疚。在这个项目中，我看到了许多身影，有比我们小的弟弟妹妹们，有和我们一样大的初中生。最开始我还不太理解，这么一件小事值得那么多人牺牲大好时光去做吗？了解了项目的详情后，我才真正懂得，这是一件伟大的事。他们的精神感染了我，让我意识到滥用塑料的危害。每一根塑料吸管，看似大千世界中卑微的尘土，可是聚集在一起，则是死亡沙漠！这个项目推动我们加入到环保减塑的队伍中，用自己的努力为地球作出力所能及的事。在这个项目的带动下，相信未来我们会做得更好！”

帮扶对象感言精选（四）

北京五中分校学生易佳琪：“这次‘Byebye 塑料吸管’项目带给我的感触很深。几个来自史家小学的五年级同学，虽然年龄不大，却比我们懂得更多、看得更远。他们让我们认识到了塑料的危害。通过他们的宣讲，我也决定为我们的地球家园作出一点贡献，即从最基本的二手袋开始，循环使用，提高袋子的使用寿命，减少塑料袋的使用。我也会动员我身边的朋友、邻居，减少使用塑料制品。地球要靠我们来维护，让我们为了地球母亲，不断努力吧！”

七、成果展示——公益，我们一直在路上

“Byebye 塑料吸管”项目自开展以来，先后走进北京化工大学附属中学小学部小关校区、北京海洋馆、石景山爱乐实验小学、北京五中分校、陈经纶中学嘉铭分校、蒙牛乳业通州基地等地，开展了 10 余场宣讲，通过开展一次性塑料吸管回收、“创意无吸管喝酸奶 PK”、“无吸管牛奶盒创意设计大赛”等方式，影响更多的人逐渐形成环保、减塑意识。同时，项目组还将回收的吸管和创意设计大赛优秀的设计作品一起反馈给牛奶生产厂家，递交行动倡议书，推动厂家从源头上解决塑料包装问题。项目组还创建了微信公众号，定期发布项目进展情况的原创文章。中国少年报、北京电视台等多家新闻媒体对项目进行了报道。因表现突出，项目最终获得了由中国扶贫基金会颁发的“益路同行 · 优秀公益创新团队”奖。

北京电视台对项目进行报道

中国少年报

再见塑料吸管

可怕的“塑料星球”

中国少年报对项目进行报道

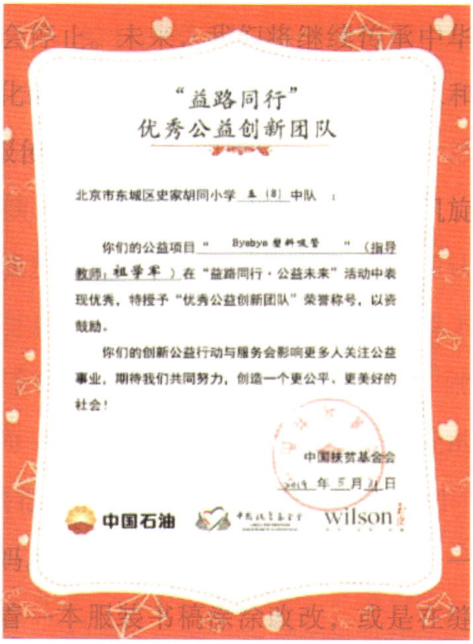
“益路同行”
优秀公益创新团队

北京市东城区史家胡同小学 五（8） 中队 ：

你们的公益项目“ Byebye 塑料吸管 ”（指导教师：祖学军 ）在“益路同行·公益未来”活动中表现优秀，特授予“优秀公益创新团队”荣誉称号，以资鼓励。

你们的创新公益行动与服务会影响更多人关注公益事业，期待我们共同努力，创造一个更公平、更美好的社会！

中国扶贫基金会
2019 年 5 月 21 日

中国石油 wilson

项目获得“益路同行·优秀公益创新团队”奖

史家法宝联盟

“史家法宝联盟”服务学习项目由史家小学五（16）中队杨思逸同学发起，五（16）中队全体成员共同参与完成。项目指导教师为史家小学吴金彦老师。“史家法宝联盟”服务学习项目自2018年12月初发起，至2019年6月底顺利完成。项目组通过派发宣传手册、诗歌朗诵、情景剧表演、讲故事、礼仪培训、有奖问答、专题讲座等形式让更多的人学会国旗、国徽、国歌等国家标志相关的法律知识，增强大家对伟大祖国的认同感，提升爱国情怀。项目实施以来，项目组先后走进大连金星社区、大连圣林社区、大连甘井子区小博士幼儿园、北京东城区苍南胡同军队家属院、保利剧院、中国国旗网、北京东城区文化馆、中国人民解放军军乐团、北京崇文小学、北京崇文回民幼儿园等地，开展了10余场活动，直接影响人数超过5000人，受到了社会各界的广泛关注和好评。同时，项目组还利用春节及“五一”假期到北京、天津、河北、山东、辽宁5地，对国家标志使用的规范情况进行调研，形成《国家标志法律实施情况检查报告》，提交相关部门。法制日报、中国妇女报、《国防教育》杂志、法制网、全国青少年普法网、学习强国App等多家新闻媒体对项目进行了关注与报道。

一、指导教师推荐序

2018年12月1日，在杨思逸同学的发动和带领下，“史家法宝联盟”

服务学习项目正式启动。“法宝”是什么？“法宝”就是一群热爱学习法律知识、宣传法律知识的小学生。为什么叫“联盟”呢？因为每个同学都身怀绝技，有的擅长写作，有的擅长画画，有的擅长演讲，有的擅长制作PPT，他们组成一个团队，就能发挥所长、形成合力。“史家法宝联盟”项目通过宣传资料发放、礼仪培训、小品表演、有奖问答等方式，深入学校、企业、军营、社区，进行系列宣传与培训，传递当代小学生的责任担当；同时在公众号进行宣传，影响更多的人掌握国旗、国徽、国歌等国家标志法律制度知识，增强对伟大祖国的认同感，提升爱国情怀。

给予一份信任，收获一份成长

2019 年 5 月 31 日，史家教育集团举行“服务学习助力全面发展，志在家国献礼七十华诞”庆祝“六一”儿童节活动。当“法宝”们自信地站在台上，大声喊出：“少年心怀法治，中国必将走向法治强国！少年缘法而行，中国必将无往不胜！”王欢校长带头鼓起了掌，全场掌声雷动。爱国主义情怀得以升华，法治精神得以弘扬。作为这个项目的指导老师，我同样心潮澎湃，久久不能平静。半年来的辛苦付出，在这一刻体会到的是崇高的使命感和满满的自豪感。有记者问我为什么引导孩子做法治公益。其实作为一名语文老师，在半年之前，我对自己能否驾驭法治题材，引导小学生做公益也是将信将疑。

项目的发起人杨思逸同学受到妈妈的影响，从小喜欢法律。四年级刚一开学，学校布置我们班在电视台宣讲法律知识。当时正值《中华人民共和国国歌法》出台，杨思逸的妈妈从事立法工作，并参与了《中华人民共和国国歌法》的起草，我请她指导班级同学撰写广播稿。我们班的广播宣讲由于贴近校园生活、生动有趣一炮而红，许多同学找到我们班要求看国歌历史的 PPT，参加有奖答题，有的还提出了新的问题。为了解答同学们的问题，杨思逸的妈妈专门给同学们上了法治课。之后，我们又在校电视台宣讲过民主制度、《中华人民共和国宪法》和《中华人民共和国英雄烈士保护法》等。2018 年 10 月 1 日，杨思逸和几位资深的宣讲员成立了“史家法宝联盟”小组，并开设了公众号，利用这个平台发现身边的法律问题，用小学生听得懂的语言进行法治宣传。我在校园里发现了什么问题，也给杨思逸布置“作业”，让她寻找答案，并以讲故事的方式先在公众号上进行解答，再转发给班级群让同学们学习。

今年“服务学习”课程启动时，杨思逸提出要在“史家法宝联盟”小组的基础上申请“史家法宝联盟”服务学习项目，我心里还是没底。我不是法律专业人士，不具备相关的法律知识，怎么进行专业的指导呢？何况法律知识高深枯燥，是否超过了小学生的承受能力？如果他们听不懂，又怎么进行宣传呢？为了对这个项目有充分的认识，我在一周内学习了大量的相关法律知识。通过领会国家标志的历史和精神内涵，我真切地感受到这个项目很适合孩子们。2019 年是新中国成立 70 周年，正是进行爱国主义教育的好时机，通过这个项目，不仅可以让孩子们学习法律知识，更重要的是了解中国近代史，提升他们的国家认同感，增强爱国情怀。于是，我决定和孩子们一起勇敢地试一试！

通过第一轮专家评审后，我们根据专家的意见修改完善了项目申请书，准备项目答辩。可就在这时，杨思逸找到了我，表示了畏难情绪。因为担心口才不好，她想打退堂鼓。为了帮助杨思逸增加胆量和自信，我除了每天课上鼓励她发言、锻炼当众讲话的能力外，还安排核心成员组成“专家评审组”，利用课间进行模拟演练。到了项目答辩那一天，杨思逸泰然自若地走到专家面前，播放了制作的宣传视频。提问环节，有位专家指着杨思逸手中的《中华人民共和国宪法》严肃地问道：“请你给我们讲一讲，《中华人民共和国宪法》跟国家标志有什么关系？跟《中华人民共和国国旗法》

《中华人民共和国国歌法》《中华人民共和国国徽法》又是什么关系？”这么专业的问题不在我们备答的范围内，她能回答出来吗？我的心一下子提到了嗓子眼。只见杨思逸打开手中的《中华人民共和国宪法》，指着相关条文说道：“大家请看，国旗、国歌和国徽是宪法确定的国家标志。宪法是国家的根本法、治国安邦的总章程，具有最高的法律效力，是母法。您说的这三个国家标志法，都是宪法的孩子，我是我妈妈的女儿，我要尊重我的母亲，而这些法律也不能违反宪法。”一句话把评委老师说乐了，现场紧张的气氛一下子轻松下来。

评审顺利结束，她从会议室走到我面前激动地说：“吴老师，我好紧张，手都是冰凉的！”我握着她的手说：“老师相信你是最棒的！”果然，功夫不负有心人，“史家法宝联盟”项目一路披荆斩棘，从全校3000多个项目组脱颖而出，成为正式上线项目。

“史家法宝联盟”的几位核心成员自参加项目以来，都取得了长足的进步。杨思逸同学从一个当众讲话害羞的小女孩变成了课堂最积极的发言者，成为项目宣讲中当仁不让的小主讲，她的独立思考和感悟力、组织协调能力都有了很大的提高。刘佳萱同学在去年创立的“BASS刷牙法推广”项目荣获“益路同行·优秀公益创新团队”奖，她的公益活动经验丰富，逻辑思维能力强，热衷于脱稿讲话。在这次项目宣讲中，她积极发挥特长，不仅出色地完成了项目宣讲，还帮助其他同学提升演讲能力。李哲宣同学会应用电脑制作小程序，项目活动所有的PPT都是他设计制作的。寒假期间，他在大连进行多场国家标志法宣讲，给大家做了示范，打开了大家的思路。张村南同学有着很强的执行力，并且有一双善于发现的眼睛。一次偶然的机会，他发现有的餐厅使用印有国徽标志的座签。这一发现使他和其他“法宝”脑洞大开，一个新的活动思路被激活。“五一”期间，“法宝”们变身“大侦探”，对各地的国家标志法律制度实施情况进行调研。李叶凡同学博览群书，创作的小话剧引人入胜，她的表演也是可圈可点，每次宣讲都能给人留下深刻印象，提升了现场宣传的效果。更可贵的是，项目还带动全班同学参与其中。在一场场宣讲推广活动中，全班同学始终热情高涨，不仅增长了法律知识，还在实践活动中提升了爱国情感、集体意识和社会责任感。正如孩子们站在“六一”展示活动舞台上说的：“这一路，最大的收获就是在活动中感知、在活动中成长！”

作为老师，看到学生的成长和进步是最叫人欣慰的。从最初的将信将疑到坚定信心，带着孩子们勇敢跨出第一步，我给予孩子们的是一份信任，孩子们也以最大的努力还我一份惊喜，更收获了一份成长。

抓住重点、突出特点、彰显亮点

“史家法宝联盟”项目从 2018 年 12 月 1 日正式启动以来，受到社会各界的广泛关注和好评。盘点项目的成功经验，我认为主要有以下三点。

一是抓住重点。让只有 10 岁的小学生独立开展这个“高大上”的法治宣传公益活动，是不太现实的，需要发挥老师、家长和学生“三位一体”的综合作用和家校共建的独特优势。我们在活动中特别注重活动方案的设计和宣讲材料的准备，把这两项作为开展活动的重中之重。每次活动前，我们都精心设计方案，不仅明确时间、地点和内容，还要精细到活动开展的每一个环节，精细到学生的站位、宣传条幅的摆放。即使多次宣传同一内容，每次活动前，我们仍然会根据不同的宣传对象重新修改宣讲材料，力求有针对性，引起大家共鸣。抓住这两个重点，“史家法宝联盟”项目的系列活动就成了可复制、可推广的活动。

二是突出特点。小学生做公益的特点是什么？我的感受是要符合小学生的特点，做到求真务实，切忌“假大空”、成人化。我们的做法是突出学生的主体地位，激发学生的热情和主动性。“工欲善其事，必先利其器”，打铁还需自身硬，我们对核心成员进行了历史知识和法律知识的培训，带领他们参观人民英雄纪念碑、人民大会堂、国家博物馆、军事博物馆等，让他们观看《风云儿女》《共和国之旗》等电影，帮助他们提升法律知识的储备和对相关历史知识的了解。为了提高“法宝”们的思辨能力和应变能力，我们还进行了辩论会和模拟法庭的尝试。问不倒、难不倒，成了“法宝”们的特点，无论在专家云集的学术研讨会，还是喧闹的公共场合，“法宝”们都能从容应对。

三是彰显亮点。放眼时代背景，契合党和国家的大事、要事，以重要节庆日、纪念日为抓手，将法治宣传和制度推动完美结合，让公益活动具有鲜明的针对性和时代特征，是“史家法宝联盟”项目的最大亮点，也是受到广泛关注的重要原因。春节期间，李哲宣将国家标志法送进社区，提醒社区工作人员监督居民升挂国旗。3月5日“学雷锋日”前夕，杨思逸、李哲宣、刘佳萱将国家标志法送进军营，受到官兵们的欢迎。《中华人民共和国国歌法》出台后的第一版国歌歌片一亮相，成了官兵珍视的收藏品。清明节前夕，杨思逸、刘佳萱、李哲宣、耿湘涵和演出现代戏《人民英雄纪念碑》的河北梆子剧团演职人员一道，开展了人民英雄纪念碑暨英烈保护法的宣传。4月15日“全民国家安全教育日”前夕，杨思逸、刘佳萱、李哲宣、张村南、李叶凡把国家标志法的书籍送给了解放军军乐团的叔叔，并在音乐厅开展了国家标志法的宣传活动。“五一”劳动节是法定升挂国旗的日子，各地的“法宝”志愿者们开展了国家标志法律制度的监督调查活动，对北京、河北、天津等地的法律实施情况进行了调研，在公众号上发表了报告，引起了广泛关注。“法宝”们还利用假期，“出炉”了一份《国家标志法律实施情况检查报告》，向国家有关部门积极反映，以期引起重视，解决相关问题。“法宝”们不仅做法治公益宣传，还大力推动国家标志法律制度的有效实施和进一步完善。在项目过程中，“法宝”们的社会责任感以及为社会作贡献的主动性和自觉性有了大幅提升。

“史家法宝联盟”项目开展的时光是短暂的，但爱国主义永远在路上，让我们共同努力，锻造法治少年、公益少年，为推进全面依法治国，为中华民族伟大复兴贡献力量！

指导教师：吴金彦

二、创想梦工厂——种下一颗公益的种子

（一）创想动因

项目发起人杨思逸之所以发起“史家法宝联盟”项目，源于两则新闻：一是一个叫“莉哥”的女孩在直播中公然侮辱国歌；二是一家公司在红领巾上印广告。这两则新闻深深地触动了她。经过调查，她和伙伴们了解到红领巾作为中国少年先锋队的象征和标志，有严格的制作和使用规范。《关于中国少年先锋队队旗、队徽和红领巾、队干部标志制作和使用的若干规定》第十三条规定：中国少年先锋队队旗、队徽和红领巾、队干部标志及其图案不得用于商标、商业广告以及商业活动。因此，将红领巾用于广告营销活动是违规的。《中华人民共和国广告法》第三十九条明确规定：不得在中小学校、幼儿园内开展广告活动，不得利用中小学生和幼儿的教材、教辅材料、练习册、文具、教具、校服、校车等发布或者变相发布广告，但公益广告除外。因此，将红领巾用于广告营销活动也是违法的。

通过这两则新闻，杨思逸意识到全社会都需要提高对国家标志及具有特定象征意义标志的认识，少先队员更要提高对中国少年先锋队队旗、队徽和红领巾、队干部标志的认识。这不是件小事，它关系到国家的尊严和法治的权威。于是，她和伙伴们倡议发起“史家法宝联盟”服务学习项目，通过多种形式的宣传和互动活动正确引导人们，让大家了解国家标志法律制度，学习国旗、国徽、国歌等国家标志法律制度的相关知识。

（二）团队介绍

发起人及总负责人	杨思逸	史家小学五（16）中队成员，从小对法律知识有着浓厚的兴趣，积极参与法律宣传实践活动，富于想象，大胆策划，有较强的组织能力和沟通能力。作为项目的发起人及总负责人，负责项目的整体推进与协调
团队伙伴	刘佳萱	史家小学五（16）中队队员，口才出众，热心公益，曾发起“BASS 刷牙法推广”项目，并获得“小小公益创想家”奖。在项目中主要负责宣传工作
	李叶凡	史家小学五（16）中队队员，有很强的执行力和洞察力，能迅速地发现问题，并提出有创意的解决办法。在项目中主要负责组织工作
	李哲宣	史家小学五（16）中队成员，做事认真、执着，数学成绩优秀，善于应用电脑制作小程序、PPT。在项目中主要负责财务工作
	张村南	史家小学五（16）中队成员，热情善良、慷慨大方，乐于助人，有很强的沟通能力，是不可或缺的“外交官”。在项目中主要负责外联工作
指导教师	吴金彦	史家小学五（16）中队班主任，热心公益，担任多年的班主任工作，教学经验丰富，注重培养孩子们的独立意识和良好习惯，曾组织、带领“BASS 刷牙法推广”项目顺利实施，具有丰富的公益项目指导经验

（三）实施过程

“史家法宝联盟”项目自 2018 年 12 月初启动，至 2019 年 6 月底顺利完成，分为前期筹备、组织实施、总结分享三个阶段。

第一阶段（2018 年 12 月 1 日至 2019 年 2 月 10 日）：前期筹备阶段。这一阶段，项目组成员学习国旗、国徽、国歌、人民英雄纪念碑、队旗、红领巾的历史和精神内涵，以及国家标志相关法律法规知识；在家长的指

导下，自主编写普法小册子，以讲故事的形式讲解国家标志法律制度，并由全班同学绘制插图，完成《国家标志的法律天空》初稿；设计制作活动

中所需要的宣传材料和宣传品；采买材料，为后期宣传做好准备；预约、确定宣讲时间和地点，确定活动方式；对生活中国家标志及特殊标志使用不规范的情况，创作普法小剧本，并进行彩排；在校内开展宣讲动员活动，招募志愿者；在项目公众号上进行宣传，推送国家标志相关法律知识以及项目开展情况。

第二阶段（2019 年 2 月 11 日至 5 月 19 日）：组织实施阶段。在这一阶段，项目组成员先后走进社区、幼儿园、剧院、文化馆、军乐团等地，通过多种方式向人们普及国家标志法律制度知识。同时，项目组成员还利用“五一”劳动节节假日对国家标志法律制度实施情况进行了调查，并形成了报告，提交有关部门。

2019 年 2 月 13 日，项目组成员走进大连金星社区，通过项目宣讲、宣传手册发放、法律条文学习等方式开展国家标志法律制度的宣传活动，增强社区青少年对伟大祖国的认同感，提升他们的爱国情怀。

2019 年 2 月 14 日，项目组成员来到大连圣林社区，通过项目宣讲、宣传手册发放等方式开展国家标志法律制度的宣传活动。

2019 年 2 月 20 日，项目组成员走进大连甘井子区小博士幼儿园，通过讲故事、唱国歌等喜闻乐见的形式帮助小朋友们理解国家标志，了解相关法律知识。

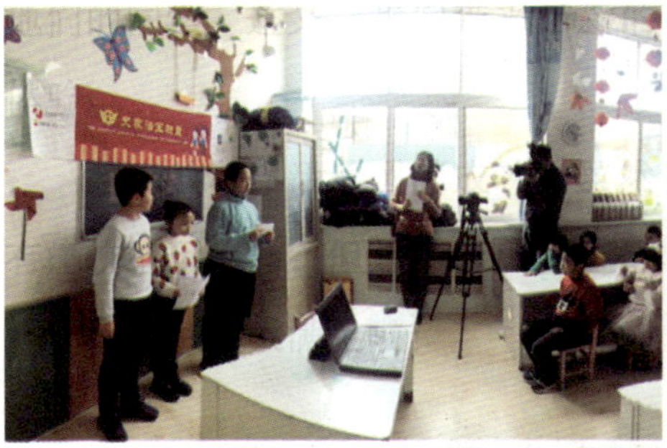

2019 年 3 月 3 日，项目组成员走进北京东城区苍南胡同部队家属院和社区，开展“学雷锋送法进军营”活动。他们在现场开展国家标志相关法律普法活动。

2019 年 3 月 13 日，项目组成员走入保利剧院，访问全国政协委员、解放军军乐团原团长、《中华人民共和国国歌法》提案人于海。在专家的指导下，项目组成员进一步学习国歌的立法背景和意义。

2019 年 3 月 23 日，项目组成员参与旁听首届中国旗帜文化学术研讨会。他们在会议中积极发言，提出了在国旗法学习实践中发现的一些问题和想法，受到与会专家们的肯定。

2019 年 4 月 5 日，项目组成员前往东城区文化馆观看由河北梆子剧团原创的现代戏《人民英雄纪念碑》，并以此为契机向观众进行《中华人民共和国英雄烈士保护法》的宣传。

2019 年 4 月 13 日，项目组成员来到中国人民解放军军乐团，开展《中华人民共和国国家安全法》和《中华人民共和国国歌法》的学习实践活动。

2019 年 4 月 26 日，项目组成员在校内开展了主题辩论会，两场辩论会的主题分别是“利用网络直播侮辱国歌，算不算违法”“法与情的界限”。通过辩论，加强相关知识学习，帮助同学们了解和明确法律是不能触碰的红线、法与情的界限。

2019 年 4 月 27 日，项目组成员冒雨前往国瑞城等地，“检查”身边是否有不规范使用国旗和国徽的情况，并进行相应的普法宣传。

2019 年 5 月 1 日至 4 日，项目组动员各地志愿者利用节假日对北京、天津、大连、河北、山东等地使用国家标志的情况进行调研，并在公众号上发表调研报告。

2019 年 5 月 13 日，项目组邀请国旗班原班长、全国学校升旗手总教官赵新风来到史家礼堂为全校师生作《我为国旗增光辉》的爱国主义专题讲座。赵教官深入浅出地给同学们讲解了国旗的诞生、国旗的礼仪以及国旗的象征意义。

第三阶段（2019 年 5 月 20 日至 6 月 20 日）：总结反思阶段。

随着项目接近尾声，同学们的行动仍在持续。6 月 4 日，项目组受邀分别前往北京市崇文小学和崇文回民幼儿园，开展国家标志相关法律宣传活动。

在这一阶段，项目组成员对项目过程进行了梳理，总结经验、交流感受，并在学校“六一”展示活动中进行汇报演出，总结、分享项目经验。同时，项目组还对《国家标志的法律天空》进行修改完善，形成项目成果集。项目组还利用假期“出炉”了一份《国家标志法律实施情况检查报告》，梳理出北京、天津、河北、山东、辽宁5地使用国旗等国家标志时存在的诸多问题。

三、学生行动日记——记录公益之花盛开全过程

学生行动日记精选（一）

2019年4月4日　星期四　晴

五（16）中队　刘佳萱

清明节既是我国二十四节气之一，又是祭奠祖先、缅怀英烈的传统节

日。在今年的清明节到来之际，我们“史家法宝联盟”项目组的成员来到东城区文化馆，以自己的方式，致敬先烈，弘扬爱国主义精神。

今天文化馆进行现代剧《人民英雄纪念碑》的演出，我们项目组以此为契机，向观众进行《中华人民共和国英雄烈士保护法》的宣传。

矗立在北京天安门广场的人民英雄纪念碑，是纪念近代以来为争取民族独立解放、人民自由幸福而牺牲的人民英雄的纪念设施。2018 年 5 月 1 日，是人民英雄纪念碑落成揭幕 60 周年，同一天《中华人民共和国英雄烈士保护法》施行。在这部法律中，首次明确了人民英雄纪念碑的法律地位，我们全社会都应当崇尚、学习、捍卫英雄烈士。我们向前来观看演出的观众发放资料，讲述人民英雄纪念碑的历史，以及将人民英雄纪念碑写入《中华人民共和国英雄烈士保护法》的重大意义和具体规定。在活动中，我发现很多人对人民英雄纪念碑的象征意义相对熟悉，但对《中华人民共和国英雄烈士保护法》的制定实施和具体内容知之甚少，所以我感觉我们的宣传活动非常有必要。

《人民英雄纪念碑》这部剧使我深受教育和鼓舞。它讲述了新中国成立后军代表回乡招募石匠到北京雕刻人民英雄纪念碑的故事。老石匠石老爹的两个儿子都在解放战争中牺牲了，他化悲痛为力量，把对亲人、对千千万万烈士的爱融入雕刻人民英雄纪念碑之中。演员的表演很精彩，演出过程中多次响起热烈的掌声，我也被剧情深深感染。以前我只是在书本上读过英雄的故事，但这次我情不自禁地融入剧情，身临其境地感受到了当年中国人民所承受的苦难，同时被广大人民群众不怕牺牲、英勇献身的精神所震撼。

老师常说我们的红领巾是革命先烈们用鲜血染成的，现在我明白了，正是烈士们用鲜血和生命换来了我们今天安宁的生活，我们应该好好珍惜这来之不易的幸福，发扬革命传统，继承先烈精神，肩负责任，积极进取，好好学习文化知识，把祖国建设得更加强盛美好。

学生行动日记精选（二）

2019 年 5 月 2 日　星期四　晴

五（16）中队　杨思逸

“五一”节前，“史家法宝联盟”项目组号召全校同学投身国家标志法律实施情况大检查活动，我们的口号是“聚是一团火，散是满天星”。作为“史家法宝联盟”项目的发起人，我这颗小星星怎样才能发出璀璨的光芒呢？

妈妈每天早上上班，都能看到国旗在崇文门路口一家饭店上空飘扬，这到底是晚上没降旗，还是早上升得早呢？我家住在东便门附近，距离崇文门 1000 米。今天傍晚，我就要变身“大侦探”，去探个究竟，顺便“侦察”一下这 1000 米的路上还有没有类似的情况。

出发前，我专门上网找到天安门升降国旗的时间表。刚走出家门 300 米，我眼前一亮，一面崭新的五星红旗在夕阳中显得格外耀眼。过了丁字路口，便是这家饭店的职工宿舍，装饰围墙上及东、西两个入口都插着国旗，看来这家单位很重视升挂国旗。走过职工宿舍，太阳已经西斜，天色有点变暗。我看了看手表，已经是 18 时 50 分，太阳还没有落山，夕阳的余晖仍晕染着天空，距离天安门降旗时间 19 时 09 分，还有近 20 分钟呢！

时间像只小蜗牛爬得很慢，风吹过，带走了白天的燥热，也带来些许凉意。“嘿，别发呆了，时间已过，我们去拍照吧！”妈妈催促我。“再等等，也许今天放假，人手少呢！”我连忙说。“告诉你一个方法吧，我刚才观察了一下，你看那边有个保安用的小房子，有个保安叔叔一直在外面走来走去，你可以去问问他呀！”我走过去，问保安叔叔夜晚会降下这三面旗吗？保安叔叔有些“自豪”坚定地说：“不降，我们一直挂着！”于是我带着些许失望拍下了这张照片。

《中华人民共和国国旗法》第七条规定：“国庆节、国际劳动节、元旦和春节，各级国家机关和各人民团体应当升挂国旗；企业事业组织，村民委员会、居民委员会，城镇居民院（楼）以及广场、公园等公共活动场所，有条件的可以升挂国旗。”第十二条规定：“依照本法第五条、第六条、第七条的规定升挂国旗的，应当早晨升起，傍晚降下。”

也许有人要问，有必要这么严格吗？对此，我专门查了资料，天安门国旗班之所以对升旗仪式时间做严格限制，每天让国旗与太阳同升同降，就是为了表示祖国与日月同辉之意。如果大家都了解了《中华人民共和国国旗法》的规定，了解了国旗与日月同辉的象征意义，我想，傍晚降下国旗也是可以做到的。

学生行动日记精选（三）

2019 年 6 月 4 日　星期二　雨转晴

五（16）中队　李哲宣

“请问同学们是否知道《中华人民共和国国歌法》是什么时候颁布实施

的？是否知道《义勇军进行曲》体现了什么样的精神呢？”带着这些问题，我们“史家法宝联盟”项目组走进了崇文小学，开始了又一场国家标志法宣讲活动。我们向这里的同学们介绍国家标志及其相关法律，并着重讲解了《中华人民共和国国歌法》的立法过程、意义和目的。

在互动环节，我们围绕《中华人民共和国国歌法》提出了很多问题。让大家意外的是，崇文小学的同学们对《中华人民共和国国歌法》非常熟悉，对我们的问题对答如流。这可是我们“法宝”宣传国家标志法以来遇到的对《中华人民共和国国歌法》了解最多的班级，这让我觉得同路有知己，同行有方向，我们因法结缘，缘法而行，心中更坚定了信念：“少年心怀法治，中国必将走向法治强国！”

崇文小学的同学们还以诗歌的方式表达了对国歌的崇敬和深深的爱国情怀：“当国歌响起的时候，我们想起了 13 亿中华儿女的澎湃心跳；当国歌响起的时候，我想到了 56 个民族的脚步，追赶幸福美好的康庄大道；当国歌响起的时候，我想起了青春吹响的号角……通过学习国歌的历史，更加深入地了解了国家苦难史，埋下了爱国主义的种子。”

“恰同学少年，风华正茂；书生意气，挥斥方遒。指点江山，激扬文字……”史家“法宝”与崇文学子携手，立志以法强国，创无往不胜之中华！

四、学生反思工具——从回望中汲取前行的力量

学生反思精选（一）

姓名：杨思逸　时间：2019 年 5 月 3 日
提案名称：史家法宝联盟

发生了什么	有何感受
《中华人民共和国国旗法》规定，升挂国旗，应当早晨升起，傍晚落下。“五一”期间，我在北京和天津进行了调查，发现这条法律规定执行得不彻底，部分饭店、体育活动中心、居民区让国旗“值夜班”	作为一个小学生，我对大人们学习法律不深入、执行法律不彻底很不理解。特别是看到一些单位不执行这条规定时，感到很遗憾。法律已经有明文规定，但大家因为对法律法规不够了解而没有执行
有哪些主意	**有哪些问题**
对这一现象，我认为可以从三点入手：一是要在全社会大力宣传《中华人民共和国国旗法》，让每个人都知道傍晚落旗的重大意义和必要性；二是明确责任，谁升旗、谁负责降旗；三是国家机关、街道办事处、居民委员会应当对辖区内的升挂国旗加强监督管理，发现问题及时纠正	如何宣传相关法律制度，让大家都知道，一直是困扰我们的问题。现在信息飞速发展，但如何把有用的、有意义的信息传递给每个人，并非易事。我觉得各大媒体应当统一行动，就热点新闻形成焦点，提升宣传效果。此外，国家标志相关法律制度还不够完善，缺少细则，缺少配套的监管机制。比如，旧国旗如何销毁？对于只知升旗、不降旗的如何管理，由谁管理？等等

教师评语

老师能够感觉到你在项目中，不仅把关注点放在了发现问题上，还积极思考并提出解决问题的方案。你提出的问题应当引起有关部门的重视。建议你们汇总问题后，以书信的方式向有关部门反映，这也是一个小学生、一个小公民的责任。让我们一起试试吧

学生反思精选（二）

姓名：张村南　时间：2019 年 4 月 27 日

提案名称：史家法宝联盟

发生了什么	有何感受
在国家标志法律实施情况大检查活动中，我们选择去餐厅进行检查。检查中，我们并没有发现不规范使用国家标志的情况，检查的效果性不强	在开放的场所检查，没有明确要寻找的目标。一开始，大家都不好意思宣传，后来我克服了胆怯的心理，完成了任务，我为自己的进步感到自豪
有哪些主意	**有哪些问题**
在检查前，应当做一些基础调研，这样会帮助我们提高实际效果。比如，下次去餐厅检查，应该选择一些以“红色革命”为主题的餐厅，这样或许更有针对性	我们在商城里看到了很多弟弟妹妹，他们也是我们的宣传对象。以后我们可以设计更鲜艳更可爱的宣传册，以吸引他们的注意力，方便讲解

教师评语

你的想法真好！我们在检查前确实需要进一步明确方向，更加有针对性。“五一”劳动节是法定的升挂国旗的日子，2019 年又是新中国成立 70 周年，到时候很多地方都会悬挂国旗，我们可以持续开展活动，帮助大家了解《中华人民共和国国旗法》。让我们一起努力吧

五、家长感悟——在公益服务中和孩子一起成长

家长感悟精选（一）

我们都是爱国主义的同路人

杨思逸家长

我从事立法工作多年，参与了《中华人民共和国国歌法》起草。2017

年，当我在电脑上打出“国歌纳入中小学教育。中小学应当将国歌作为爱国主义教育的重要内容，组织学生学唱国歌，教育学生了解国歌的历史和精神内涵、遵守国歌奏唱礼仪”时绝对想不到，两年后我成了这条法规的积极推动者，而我女儿和她的老师、同学们成了积极的实践者。

我的女儿杨思逸是个不善言辞的小姑娘，3 岁时患重病从 ICU 抢救回来的她身体较弱，还有些不自信。而对于我来说，协助“史家法宝联盟”项目、引导小学生开展法治宣传还是头一回。我是立法工作者，不是教育家，对如何让小学生领会国家标志的历史，了解相关法律制度知识，再用小学生自己的话进行宣传，缺乏相关经验。但每每想起杨思逸在生病救治以及成长过程中得到过无数人的帮助，我还是坚定了信念，要陪伴孩子一起把这个公益项目做下去，以公益活动为切入点，教育引导孩子能够有感恩之心，进而强化她的社会担当和对国家的认同。

2019 年是新中国成立 70 周年，正是进行爱国主义教育的好时机。“史家法宝联盟”项目聚焦“国家标志法律制度”，将宣传活动嵌入国庆这一大背景，公益活动具有了很强的针对性和鲜明的时代特征。班主任吴金彦老师有着丰富的公益项目指导经验，2018 年她指导的“BASS 刷牙法推广”荣获益路同行优秀项目，她的充分肯定和鼎力相助，使项目得以顺利开展。杨思逸邀请“BASS 刷牙法推广”原班人马作为核心成员，大家群策群力，活动开展得有声有色。由于活动形式生动活泼、寓教于乐，很快吸引了全班的同学。同学们还通过微信公众号向社会招募志愿者，一些幼儿园和小学主动发来邀请，“史家法宝联盟”在社会上开始有了一定的知名度。活动的开展，也吸引了从事国家标志宣传工作的“同道中人”，他们中有全国政协委员、中国人民解放军军乐团原团长、著名指挥、国歌法的提案人和宣讲人于海同志，天安门国旗班第八任班长、长年从事国旗文化宣传的赵新风同志等。和他们一起参加活动，让“法宝”们大开眼界。还有素不相识的媒体朋友，他们主动报道活动情况。究竟是什么引起大家的共鸣？我觉得正是爱国主义情感将大家凝聚在一起，正是要让伟大民族精神传承的坚定信念将大家凝聚在一起。你是行路人，我也是行路人，我们都是爱国主义的同路人，脚下的路越长，心中的爱越深。

一些支持活动的人曾表示，他们能从活动中感受到伟大民族精神的传承，感受到作为一个中国人，要为中华民族伟大复兴贡献力量不仅仅是一句口号，而是要有所行动、有所担当。由最初的法治宣传到推动相关制度完善，这一深化和转变，缘于孩子们在活动中自我感知、自我发现。这一深化和转变，拓展了活动的内容，提升了活动的层次。活动过半，“法宝”们陆续发现了一些问题，比如有些法律是20多年前制定的，部分规定已不符合现实；比如只知升旗、不知降旗，让国旗“上夜班”；天安门广场升旗仪式后小国旗被四处乱扔；等等。发现问题后，孩子们不仅在公众号上发表了自己的看法，还出席了中国旗帜文化学术研讨会并发表意见。“五一”期间孩子们借外出度假，对北京、河北、天津等地的法律实施情况进行了“检查”，发现了不少问题。于是他们“出炉”了一份《国家标志法律实施情况检查报告》，梳理出北京、天津、河北、山东、辽宁5地在现实生活中使用国旗等国家标志存在的诸多问题，并积极向有关部门反映。这一转变，充分地证明了孩子们在活动中感知、在活动中成长。通过公益活动，他们不仅为一部分人提供帮助，也在活动中提升认知，为社会作贡献。

杨思逸在活动中的转变也是令人欣喜的，她在课上积极主动发言，也敢于在众人面前讲话了。有一天她对我说，从国歌的作词者田汉的经历和国歌在新中国成立后经历的波折中明白了习近平爷爷说的一个道理：每个人的前途命运都与国家和民族的前途命运紧密相连。国家好，民族好，大家才会好。实现中华民族伟大复兴是一项光荣而艰巨的事业，需要一代又一代人共同为之努力！此时，我深深感到，“史家法宝联盟”项目是成功的，它走进了孩子们的内心，取得了应有的效果！

"史家法宝联盟"项目是短暂的，而人生观、价值观养成是漫长的，相信这段短暂而有意义的时光，已在孩子们人生道路上留下浓墨重彩的一笔，相信孩子们将怀揣公益之心，在未来的人生之路上继续前行，为中华民族的伟大复兴贡献力量。

家长感悟精选（二）

默默守护，静待花开

刘佳萱家长

因为女儿刘佳萱，今年我再次作为家长志愿者陪伴孩子参加服务学习项目，这是一个分享知识、传递温暖、弘扬社会正能量的舞台。"史家法宝联盟"项目通过开展国家标志法律宣传，激发公民的爱国主义情怀，提高对伟大祖国的认同感，发扬革命先烈的民族精神和拼搏精神。

以前，孩子只是倾听者，被动地接受老师和家长的爱国主义教育，不懂得为什么要爱和如何去爱。而这次不同了，她和小伙伴作为小主讲，要向别人宣传国家标志的历史和精神内涵，讲解国家标志的法律规范。在这个过程中，孩子们首先要学习相关法规，不断地发现问题，这就需要大家主动开展问题研究，请教相关专家，讨论解决办法，这实际上又是一个吸收、运化、释放知识的过程。传统的课堂是老师讲、学生听，只是停留在吸收的层面，而孩子们自主研究、讨论、解惑，则是到了运化的层面。当孩子把吸收的知识运化归纳，用自己的语言向别人讲解出来的时候，就是将知识释放出来了。这个过程对孩子的自主学习能力、解决问题能力以及语言表达能力的提高非常有帮助，更重要的是她对中国人民的苦难历史有了切身的感受，激起了强烈的爱国主义情怀，真正懂得了传承革命精神的责任担当。

教育的实质是感染和引导，除了教授孩子文化知识，人格培养至关重要。我一直希望刘佳萱心怀友善、懂得感恩、吃苦耐劳、不畏挫折，能够有人格魅力，拥有一个精彩的人生。这一段参与公益项目的经历，对她人生观、价值观的形成的影响是深远的。在一次班级活动中，吴金彦老师为了培养孩子们的团队合作和组织协调能力，让他们自由组合小组，分头准备活动的相关资料。刘佳萱是其中的一个小组长，我发现她的组里有两个平时淘气、集体意识不够强的孩子，于是问她那两个孩子是怎么分到她的组里的。她告诉我，是他们自己主动加入的。她解释道，他们已经变得好多了，不像以前那样了。我知道她一定是误会了我的意思，以为我会责备她，其实我内心是欣喜的，她能够看到别人的进步并接纳不完美，能够吸纳别人加入她的团队，正是她包容大度的表现，这是难能可贵的成长！

公益项目和社会实践在孩子心里埋下了精神和情感的种子，作为孩子生命中的同行人，我们将默默守护，静待花开。

家长感悟精选（三）

宣传国家标志法　传承中华民族情

李哲宣家长

非常荣幸，李哲宣能够成为“史家法宝联盟”项目的核心成员。作为家长志愿者，在陪伴孩子参与一次次的活动中，有了一定的成长、收获。

说句实在话，在孩子加入“史家法宝联盟”项目之前，我对于国家标志的历史和法律，了解得也不是很全面，真的挺惭愧，孩子们的想法确实很有现实意义。今天的社会充满了竞争、利益，人们处于浮躁状态中，很有必要回顾下新中国的成长历程，在那样特殊的历史中沉淀和思考自己，而国家标志正是一个很好的切入点。

孩子们去宣讲，每次都能看到受益人群中成年人发出的感慨、少年激昂的热情、孩童期待的目光，我知道小“法宝”的行动也许微不足道，一次的宣传也许不足以有人性的定格，但这些努力一定唤起了人们心灵深处的赤诚。国歌是中国人的呐喊、国旗是华夏魂的积淀，国徽更是代表了中国屹立世界的尊严。我相信只要坚持自己的信念，小“法宝”也能作出大事情，实现自身的价值，用自己的力量让世界变得美好。

公益不是某个特定人群的舞台，它是每个人成长的摇篮。公益在播撒一种精神，传承一种理念，坚定一份责任，坚守一种信仰。非常感谢学校给了孩子和家长这样的平台，引领大家走进了更美好、更广阔的世界！让我们积极投身公益，陪伴孩子一路成长！

六、帮扶对象——公益服务社会，爱心连接你我

帮扶对象感言精选（一）

天安门国旗班第八任班长、全国学校升旗手总教官、中国国旗网创办人赵新风：“史家小学的小‘法宝’们是我的老朋友啦！3月23日，他们作为小记者参加了我在北京组织召开的首届中国旗帜文化学术研讨会，旁听了来自全国各地的专家围绕旗帜文化进行的深入研讨，还在会上发表了自己的见解《关于国家标志——小学生有话要说》，结合自己发现的国家标志在实施过程中存在的问题，如对国旗的升挂、使用、销毁等，提出了自己的见解。这些只有10多岁的小学生，真是让我们这些成年人刮目相看！小学生真是有担当！这让我这个从事多年国旗教育的老兵备感欣慰，真是遇到了同路人，交到了忘年交。2019年是新中国成立70周年，我们应当在全社会深入宣传国家标志法律制度，让每一个公民都能够正确规范地使用国家标志，维护国家的尊严。小‘法宝’任重道远！”

帮扶对象感言精选（二）

北京市崇文小学教师邓天宇：“感谢‘史家法宝联盟’项目组的同学们为我的学生带来生动的一课。通过活动，学生们了解了国家标志的历史及其相关的法律规定，对国家标志有了应有的尊重与敬畏。每一个中国人都应该热爱自己的国家。国歌是激励我们奋勇前进的强劲旋律，是进行爱国主义教育的生动教材，青少年学习国歌的历史，可以更加深入地理解国家苦难史，埋下爱国主义的种子。在新中国成立 70 周年这一伟大时刻，能够带领学生参与这样的爱国主义教育，我十分荣幸。我们的学生，在小小的活动当中收获了大量的知识，对他们而言，这也是意义非凡的事。感谢‘史家法宝联盟’项目组的孩子们!”

帮扶对象感言精选（三）

北京市东城区崇文回民幼儿园园长梁文红：“‘史家法宝联盟’项目组的小哥哥、小姐姐给我们幼儿园大班的小朋友带来了一场别开生面的宣讲活动。他们用讲故事、画图画、唱国歌等喜闻乐见的形式帮助小朋友们理解了一个个关于国家标志的问题，让爱国情怀在孩子们心中发芽。‘法宝’们还送给我们幼儿园一些国家标志法的书籍、宣传品，我们一定好好学习。‘法宝’们的演讲稿和播放的 PPT 也非常适合我们在未来的教学中使用。2019 年是新中国成立 70 周年，是进行爱国主义教育的好时机。小‘法宝’们以国家标志法律制度宣传为抓手，大力弘扬爱国主义精神，非常值得我们学习借鉴。”

帮扶对象感言精选（四）

辽宁省大连圣林社区书记依玲：“今年寒假的时候，‘史家法宝联盟’

的李哲宣同学找到了我，提出了宣传国家标志法的想法，这与我们的青少年教育工作不谋而合。于是我们组织辖区内的青少年教育的社会团体进行研讨，发现这方面确实是我们教育中的一个缺口，但同时也是一个很好的契机，所以我们决定以此为工作方向，由‘史家法宝联盟’发起，举办国家标志法系列活动，把国家标志法的宣传作为青少年爱国主义教育项目长期、持续地搞下去。经过一段时间的实践，收效显著！非常感谢‘史家法宝联盟’的小朋友，这么小的年纪就能把公益项目开展得有板有眼，人小志大，未来可期，必将成为国之栋梁！”

七、成果展示——公益，我们一直在路上

“史家法宝联盟”服务学习项目自开展以来，先后走进大连金星社区、大连圣林社区、大连甘井子区小博士幼儿园、北京东城区苍南胡同军队家属院、保利剧院、中国国旗网、北京东城区文化馆、中国人民解放军军乐团、北京崇文小学、北京崇文回民幼儿园等地，开展 10 余场活动，影响人数超过 5000 人，受到社会各界的广泛关注和好评。同时，项目组还对北京、天津、河北、山东、辽宁 5 地对国家标志规范使用的情况进行调研，形成《国家标志法律实施情况检查报告》，提交相关部门，并整理形成项目成果集《国家标志的法律天空》。项目受到了法制日报、中国妇女报、《国防教育》杂志、法制网、全国青少年普法网、学习强国 App 等多家新闻媒体的关注与报道。因表现突出，项目最终获得了由中国扶贫基金会颁发的“益路同行·优秀公益创新团队”奖。

03 政法

“没想到国家安全离我们这么近”

北京朝阳区800名高中生齐聚水立方开展国家安全教育活动见闻

全面推行市县领导干部深入基层接访

对充当黑恶势力保护伞行为决不姑息

完善涉企冤错案甄别纠正常态化机制

防止院庭长以监督为名违规干预案件

研究制定见义勇为人员奖励保障条例

建立逆循执法司法规律容错纠错机制

严禁下刑事拘留数等不合理考核指标

唱响国家第一声音汇聚安全力量

浙江开展形式多样宣传教育活动

法制日报对项目进行报道

女界报道

湖北咸宁深入推动妇女思想政治引领工作

为姐妹们送去盛满精神大餐的“红色菜篮”

“爱心妈妈”让更多孩子健康成长

江西永新：积极开展自救

“有了好政策，我们才有了奋斗的舞台”

小学生的大担当

中国妇女报对项目进行报道

一线传真

唱响捍卫国家利益的青春之声

《国防教育》杂志对项目进行报道

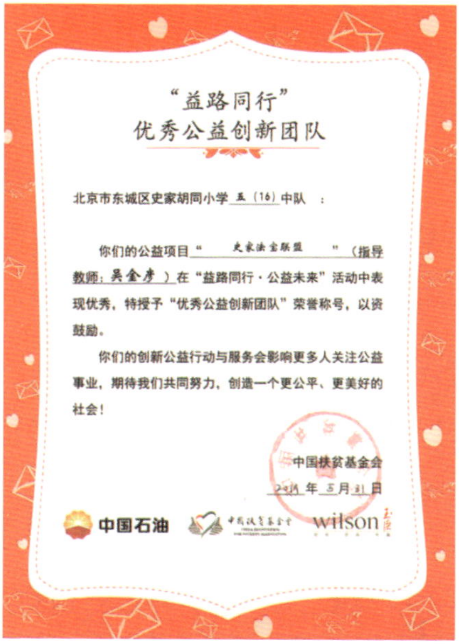
“益路同行”

优秀公益创新团队

北京市东城区史家胡同小学 五（16）中队 ：

你们的公益项目“ 史家法宝联盟 ”（指导教师：吴金彦 ）在“益路同行·公益未来”活动中表现优秀，特授予“优秀公益创新团队”荣誉称号，以资鼓励。

你们的创新公益行动与服务会影响更多人关注公益事业，期待我们共同努力，创造一个更公平、更美好的社会！

中国扶贫基金会

2018年 5月31日

中国石油 wilson

项目获得“益路同行·优秀公益创新团队”奖

我们眼中的北京城

“我们眼中的北京城”服务学习项目由史家小学六（4）中队黄羽萱同学发起，六（4）中队全体成员共同参与完成。项目指导老师为史家小学宋宁宁老师。“我们眼中的北京城”服务学习项目自2018年10月初发起，2019年6月底顺利完成。项目组通过调查问卷、资料查阅、采风调研等多种方式，实地调研探访了北京城内适合少年儿童参观寻访的历史文化场所，制作成有趣又新奇的适合青少年观光旅游的5条特色线路。项目实施以来，项目组先后走进钟鼓楼、宋庆龄故居、北京古代建筑博物馆、北京市珐琅厂、故宫博物院、东四胡同博物馆、西南角楼、王府井商业街、北京十五中附属小学、哈罗国际学校、南门仓社区、海嘉国际双语学校等地，累计举办10余场活动，成功地将北京城独一无二的魅力推荐给千家万户，受到社会各界广泛好评。项目组还开通了微信公众号及时进行活动展示和宣传，人民网、新华网、中国新闻网、北京青年报等多家新闻媒体对项目进行了报道。

一、指导教师推荐序

六（4）中队的队员们有热心公益的传统。从“暖冬红围巾计划”项目到“音为爱　乐传情”项目，再到“城市树木美容师”项目，队员们在一次次积极践行公益的行动中，不断提升了服务意识和服务能力。“学有所长”“服务社会”“热心公益”也成为六（4）中队全体队员甚至每一个队员家庭最宝贵的精神财富。当新的一期“益路同行”项目启动时，班上全体队员热情高涨，积极提交备选方案，很多提案都充分展现了史家少年特有的对家事、国事的责任与担当。

黄羽萱同学在其他国家旅游时，发现这些国家有专门为小孩子设计的游览线路，跟着这些线路就能去很多有意思的地方。她想到，2022 年北京冬奥会即将到来，届时会有很多国家和地区以及全国各地的小朋友跟随父母来到北京，历史悠久的北京城应该有一份专门给中小学生设计的“北京游览线路”。作为一名北京小学生，她想把自己眼中最棒的北京介绍给大家，于是她提出了自己设计的活动方案。她的想法得到了全班同学的一致认可和积极响应。经过一轮又一轮的评审和答辩，最终项目在全校 3000 多份提案中脱颖而出。很快，黄羽萱、田雅昀、张馨予、刘行之、孙思临一起组成了核心团队，完成团队内部分工，开始了调研与策划工作。

换位思考，由己及人

项目开展的第一阶段，为了让全体队员了解活动主旨，核心成员首先在班级内组织并召开了“我们眼中的北京城”项目推广会。5 位核心成员轮流走上讲台，给生在北京、长在北京的同学们抛出了一个个饶有趣味的问题：“北京最古老的学校有多少岁？图片中哪个是四合院的广亮大门……”同学们争先恐后地举手回答，然而结果不尽如人意。一时间，同学们进一步了解北京、认识北京、推广北京的兴致空前高涨。项目就在这种饶有兴致的氛围中顺利地开展起来。

接下来，队员们来到了具有北京民居特色的东四博物馆进行调研，参观了“到故宫过大年”的展览，到西南角楼北京明城墙遗址公园实地考察……他们的足迹遍布北京的大街小巷。此外，他们还结合以往的参观经历，到图书馆查阅资料，进一步丰富对北京的了解，并在此基础上设计了包含前门大街、东岳庙北京民俗博物馆、史家胡同博物馆、北京明城墙遗址公园等10个地点的"成为老北京，感受传统民俗"线路。这条线路对来北京旅游的小朋友特别有帮助，它可以让初来者快速、准确地了解北京的历史文化和老北京人的生活。

此外，中小学的语文、历史课本中讲述的许多作家和历史名人都曾经在北京居住过，队员们多方考察后，制定了"课本里的名人寻踪"线路，线路里包含鲁迅、郭沫若、老舍、茅盾、宋庆龄等10位名人的故居。通过参观这些故居，学生可全方位地了解作家和历史名人及其所处的时代背景，能够更加深入地理解文学作品和历史事件。这是小学生出行的一个非常有意义的选择。

接下来，队员们根据自己的亲身经历，并按照喜爱程度精心筛选出来的10个地点，又分别打造了"京城书店"线路、"京城学堂游"线路和"儿童游乐园"线路。每条线路都特别符合广大青少年的需求，线路内容生动有趣，为居住在北京的孩子们、从外地来北京游览的孩子们甚至想要了解北京文化的外国孩子们了解北京、爱上北京提供了导览。

精诚合作，精彩纷呈

完成5条线路的设计后，项目组成员们面临的新挑战是如何向更多有需要的人群宣传、推广自己精心设计的导览方案。2019年4月28日放学后，成员们第一站就选择来到游客较多的王府井商业街。队员们个个精神抖擞，他们热情地将精心设计制作的旅游折页送给游客，并详细地向他们介绍了这些线路的特色。很多游客对队员们设计的线路表示了浓厚的兴趣。有的游客表示："这些线路中的很多地点是在旅游攻略里从没提到过的，听起来确实很值得一去。这样的线路设计给自己的北京之旅提供了特别好的参考。"这样的反馈给队员们以极大的鼓舞！随后，队员们又来到王府中环言几又书店。大家的公益之举得到了书店的大力支持。

这次活动之后，队员们明显感受到了自己的成长。在与陌生人的交流过程中，队员们都经历了由起初的忐忑不安到后来的自信自如的蜕变历程。周育竹、张馨予、吴未一大胆地走近了外国朋友，用英语向外国朋友介绍自己的项目。李傲然、王天一、王欣然利用手机上的有道词典，向韩国游客介绍了项目。项目核心成员刘行之、田雅昀和张馨予在与游客沟通几次之后，发现了大家在宣讲中出现的问题，并经过反思和总结，探索出了一条有效打动游客、让游客能够有兴趣了解项目的有效沟通策略。这次活动，队员们都收获颇丰。

随后，项目组还先后前往北京十五中附属小学、南门仓社区、海嘉国际学校等地做项目推广宣传，同样获得了很好的反响。很多参与者表示，队员们的5条线路设计得非常巧妙，既能让大家发现很多有趣的地方，又能很好地与课本知识结合，全方位地提升自己对北京城的了解，丰富历史文化知识。

突破自我，服务担当

对于很多成年人来说，对公益的理解似乎还局限于资助贫困儿童、帮助孤寡老人，而服务学习却通过扎扎实实的公益项目，在实践中改变了孩子们对公益的认识，把公益的内涵扩展到我们生活的方方面面。也正是这些项目，让孩子们在幼小的心灵中植入了“社会就是我的家园，国家由我们的双手来完善”这样朴素而神圣的社会责任感，我想这也正是我们开展服务学习项目的意义所在。

三年来，六（4）中队的4个项目非常荣幸地成为正式上线项目。作为班主任，我明显感觉到孩子们在服务学习过程中的成长与变化，他们的服务意识、服务能力、意志品质均得到了很好的提升。他们不再以自我为中心，而是在日常学习生活中注意观察与思考，心怀他人、心怀社会、心怀家国。孩子们不断突破自我，学会责任与担当。

如果说孩子们曾经是备受呵护的温室花朵，那么公益就是打开温室让他们自由生长的一扇窗。愿我和更多的同人，都能够为孩子们的成长，打开那一扇窗！

指导教师：宋宁宁

二、创想梦工厂——种下一颗公益的种子

（一）创想动因

项目发起人黄羽萱的爸爸妈妈常常带着她和哥哥去骑车，他们走过一条又一条小胡同，每当经过与众不同的大门时，就会停下来仔细看看：储藏过粮食的南新仓、曾经是皇家园林的北海公园、发生过“三一八”惨案的段祺瑞执政府旧址、关押过文天祥的文天祥祠……在他们眼里，北京就像一本翻开的大书，越看越深奥也越有趣。

当她到其他国家游览时，会去逛逛那里的书店。在书店里，她总会发现一些专门写给小孩子看的介绍这个国家或城市的有趣的书籍。书里写着孩子们感兴趣的内容，配着生动的插图，还有适合孩子们游览的详细线路。她一看就很喜欢，并且根据上面的线路去了很多有意思的地方，这让她和哥哥受益匪浅。

可是在北京，她没发现这类书籍，也没有发现专门给孩子们设计的游览北京的路线。于是，黄羽萱和伙伴们发起了“我们眼中的北京城”服务学习项目，希望通过他们的努力，共同挖掘北京有意思的地方，并设计了5条专门游览北京的路线，让更多的同龄人能够发现北京独特的魅力，了解北京古老又有趣的文化传统，使他们感受到北京这个国际大都市对儿童的友善和关爱。

（二）团队介绍

发起人及总负责人	黄羽萱	史家小学六（4）中队中队委，谦虚诚恳、团结友爱，是东城区“三好学生”、东城区“红领巾奖章”获得者，并多次获校“公益之星”“艺术之星”“科技之星”称号；富有创新精神，曾是2016年“创智汇”商业挑战赛10强智能书包项目设计者。作为项目的发起人及总负责人，负责项目的整体推进与协调
团队伙伴	田雅昀	史家小学六（4）中队中队委，热情活泼，擅长组织活动，善于沟通表达，曾连续三年参加服务学习项目并获得“小小公益创想家”称号。在项目中主要负责宣传工作
	张馨予	史家小学六（4）中队队员，兴趣广泛，踏实认真，热心公益，曾参加“暖冬红围巾计划”服务学习项目，积累了丰富的公益活动经验。在项目中主要负责财务工作
	孙思临	史家小学六（4）中队小队委，团结友爱、乐于合作，曾参加“音为爱　乐传情”服务学习项目，并在2018年度“雏鹰爱心行动”中获“创新实践奖”。在项目中主要负责组织工作，同时参与资料的收集整理
	刘行之	史家小学六（4）中队队员，喜欢画画，具备较强的自我管理能力，曾获得MAKER商业挑战赛“智慧奖”和“潜力奖”。在项目中主要负责外联工作及技术支持工作
指导教师	宋宁宁	史家小学六（4）中队班主任，热心公益活动，工作细致认真，善于协调沟通，曾获北京市中小学“紫金杯优秀班主任”一等奖，“东城区优秀教师”“区优秀少先队辅导员”称号。在项目中协助指导同学们完善计划，高效率地组织活动，实现项目目标
专家顾问	俞绍颖	资深媒体人、策划人，有丰富的采编经验和组织策划经验，在项目中为同学们提供相关支持
	刘明梅	中央电视台体育频道导演，从事新闻工作多年，在大型活动及赛事的组织实施和推广方面有着丰富的经验。在项目中为同学们提供活动的组织策划和宣传推广指导

（三）实施过程

“我们眼中的北京城”项目自2018年10月初发起，至2019年6月底顺利完成，共分为采风调研、线路编写、对外宣传、总结反思四个阶段。

第一阶段（2018年10月10日至2019年2月11日）：采风调研阶段。这一阶段，项目组成员明确线路，在专家的讲解和指导下，制订、完善采风调研计划；项目组成员分组前往钟楼鼓楼、宋庆龄故居、北京古代建筑博物馆等地进行采风调研；申请微信公众号，定期在线上推送与北京城相关的知识，发布活动信息和精彩瞬间图片、感悟心得等，让更多人深入了解北京。

2018年10月14日，项目组成员走进钟鼓楼和宋庆龄故居进行实地采风调研，为“课本里的名人寻踪”线路的编写做准备。

2018年10月20日，项目组成员来到位于永定门大街西侧的先农坛内的北京古代建筑博物馆采风，这是我国第一座以收藏、研究和展示反映中国古代建筑历史、建筑艺术、建筑技术的专题性博物馆。随后，项目组成

员又前往国家级非物质文化遗产保护传承基地北京市珐琅厂调研，为特色线路的编写做准备。

2018 年 10 月 28 日，项目组成员来到故宫博物院进行实地采风调研，并对游客进行问卷调查，进一步了解青少年感兴趣的北京历史名迹。

2018 年 12 月 26 日，项目组成员走进东四胡同博物馆进行实地采风调研，为“成为老北京，感受传统民俗”线路的编写做准备。博物馆义务讲解员寇安老师细致清晰地为同学们讲解了四合院的五种大门形制、四合院的基本结构和功能等，将老北京人的生活真切地展现在同学们眼前。

2019 年 1 月 18 日，项目组成员带着设计路线的任务来到故宫博物院参观《紫禁城里过大年》特展，了解宫灯等传统文化，为特色线路的编写做准备。

2019 年 2 月 11 日，项目组成员前往西南角楼，了解角楼的历史变迁、建筑特点等，为特色路线的景点挑选和资料编写做准备。

第二阶段（2019 年 2 月 12 日至 4 月 20 日）：线路编写阶段。在这一阶段，项目组成员在指导老师的帮助下，制订特色路线的呈现方式、写作标准和模板；前往图书馆查阅资料，整理前期的采风资料与所拍照片，编写自己负责的相关线路内容；结合编写中出现的问题，有针对性地到身边的历史文化古迹、传统文化场所进行再次采风调研；设计形成“课本里的名人寻踪”线路、“成为老北京，感受传统民俗”线路、“京城学堂游”线路、“京城书店”线路、“儿童游乐园”线路 5 条特色路线，并在微信公众号中进行发布；准备项目对外宣传所需宣传品及物资。

第三阶段（2019 年 4 月 21 日至 5 月 21 日）：对外宣传阶段。在这一阶段，项目组成员前往商业街、学校、社区等地，通过填写调查问卷、发放宣传折页、专题讲座等方式，开展特色线路的宣传活动，分享 5 条特色定制线路，帮助更多的青少年深入了解北京文化。

2019 年 4 月 28 日，项目组成员前往北京著名的商业街——王府井商业街，推广精心设计制作的宣传折页，并详细地向过往行人介绍 5 条特色线路，帮助带小朋友的游客选择合适的出行路线，感受不一样的北京。

2019 年 4 月 30 日，项目组成员走进北京十五中附属小学，给同学们带去精心设计制作的宣传折页，积极推介自主设计的 5 条特色旅游线路。

2019 年 5 月 2 日，项目组成员来到哈罗国际学校，开展问卷调查，向同龄人介绍老北京的文化景点，推介自主设计的 5 条特色旅游线路。

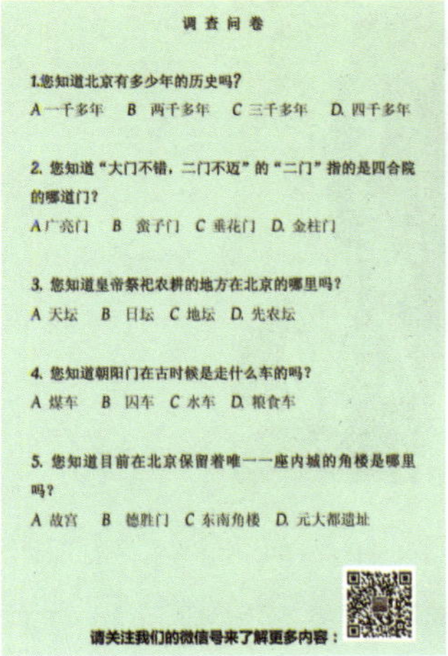
调查问卷

1.您知道北京有多少年的历史吗？
A 一千多年　B 两千多年　C 三千多年　D. 四千多年

2. 您知道“大门不错，二门不迈”的“二门”指的是四合院的哪道门？
A 广亮门　B 蛮子门　C 垂花门　D. 金柱门

3. 您知道皇帝祭祀农耕的地方在北京的哪里吗？
A 天坛　B 日坛　C 地坛　D. 先农坛

4. 您知道朝阳门在古时候是走什么车的吗？
A 煤车　B 囚车　C 水车　D. 粮食车

5. 您知道目前在北京保留着唯一一座内城的角楼是哪里吗？
A 故宫　B 德胜门　C 东南角楼　D. 元大都遗址

请关注我们的微信号来了解更多内容：

2019 年 5 月 17 日，项目组成员前往南门仓社区，向社区居民开展问卷调查，为社区的青少年讲解有关北京的文化知识，推介自主设计的 5 条特色旅游线路，帮助他们更好地了解北京。

2019 年 5 月 21 日，项目组成员走进海嘉国际双语学校，开展北京文化推广活动，推介自主设计的 5 条特色旅游线路，并通过专题讲座的形式把北京人的热情传递给国际友人。

第四阶段（2019 年 5 月 22 日至 6 月 20 日）：总结反思阶段。这一阶段，全体成员对项目进行梳理，总结经验、交流感受，整理项目过程中的图片和文字资料，并在学校“六一”活动中进行汇报演出，分享项目经验，持续广泛地传播北京文化，扩大项目影响力。

三、学生行动日记——记录公益之花盛开全过程

学生行动日记精选（一）

2018 年 12 月 26 日　星期三　多云

六（4）中队　黄羽萱

今天放学之后，我们六（4）中队的同学们来到东四胡同博物馆，为我们的服务学习项目进行采风调研。东四胡同博物馆坐落在东四历史文化保护街区。胡同里大树参天，路两旁一个接一个的四合院大门和围墙被整修一新，我们漫步其中，感觉一下子从喧闹的现代大都市进入了宁静安详的老北京。

来到博物馆，早已等在这里的义务讲解员寇老师在门口与我们见面了。他身穿绸面大棉袄，脖子上系一条红围巾，俨然是地道的老北京人。他首先从博物馆的大门开始讲起，架起屋顶的梁、用来支撑的柱，每种四合院的大门都有不同的梁柱排法和顺序。在之前班里的项目展示中，我们已经学习了金柱大门和广亮大门的区别，这次寇老师又讲解了另外两种四合院

大门：如意门和蛮子门。我们对照实物，聚精会神地听着。

接着，寇老师带着我们走进院子里。老北京四合院的标配是：“天棚鱼缸石榴树，先生肥狗胖丫头”；门上的彩绘里，荷花寓意阖家欢乐，瓶子寓意平平安安，喜鹊寓意喜上眉梢；院内的树木，枣树代表早生贵子，柿子树代表事事如意，石榴树代表多子多福……这些谐音和象形的组合表达了多少老北京人对幸福美满生活的向往啊！

寇老师还给大家讲述了标准四合院的构造：正房、北房、东西厢房、耳房、倒座房、卫生间，各种生活习俗、民间传说都淋漓尽致地展现了老北京。最后，寇老师从大衣里掏出了一个透明小罐子，里面居然装着一只大蝈蝈儿，我们都好奇地凑过去看，那蝈蝈一动不动，好像是被我们的一双双眼睛给吓到了呢。伴随着麻雀叽叽喳喳的叫声，我们今天的参观就这样结束了。

通过这次活动，我们一致决定将东四胡同博物馆列入我们项目的“成为老北京，感受传统民俗”线路当中。无论是保存完好的地道的老北京建筑，还是生动丰富的展品、活泼有趣的讲解，都能够给予我们同龄的少年儿童一个比较完整的北京生活画面，可以让大家非常容易地了解老北京人的日常生活。东四胡同博物馆的负责人也对我们的活动表示欢迎，期待着越来越多的小朋友在我们的影响下，来这里参观学习。

学生行动日记精选（二）

2019 年 4 月 28 日　星期日　晴

六（4）中队　张馨予

今天放学之后，我们项目组的同学来到了王府井商业街，为我们设计好的 5 条游览北京的线路做宣传。我们的心情有些复杂，既兴奋，又有些担心。开始派发宣传折页前，我们 2 ~ 3 人一组，并确定了此次宣传活动的目标人群：带着孩子的游客。我和田雅昀、刘行之一组。看到一对带着孩子的夫妻，我们忙走上前开始了我们的第一次宣传。刚开始我们还没能进入状态，紧张、结巴、词不达意、冒汗、不敢直视游客的眼睛……但游客耐心地听完我们的介绍，并收下了我们的线路折页，这给我们增添了不少信心。我们没有急着继续寻找目标游客，而是走到一旁对刚才的宣讲进行了总结反思。经过讨论，我们决定接下来的宣讲要言简意赅，不能再像刚才那样啰里啰唆，要更加自信一些、更加真诚一些。总结经验后，我们又大胆地走上前。几次宣传之后，我们已经很自如地为游客们讲解我们的线路，并回答游客提出的问题了。对于拒绝我们的游客，我们也给予了礼貌性的感谢。

另外一组同学也非常值得称赞。她们大着胆子用英语向外国游客介绍我们的线路，看到韩国游客还机智地用手机上的词典向她们宣传。

随后，我们来到了言几又书店。店长听了我们的公益活动，非常愿意让我们为店里的顾客推荐线路，还认真点评了我们的线路，提出了很多宝贵的建议。临走时，还不忘说会向需要的顾客提供我们设计的线路折页，帮我们宣传。

通过这次活动，我们每个人都得到了锻炼。尤其是我，平时不爱言语，但今天为了项目，也是拼了！我们会吸取今天的教训，带着今天积累的信心和经验去开展更多更好的活动，把“我们眼中的北京城”介绍给更多的人！

四、学生反思工具——从回望中汲取前行的力量

学生反思精选（一）

<table>
<tr><td colspan="2">姓名：田雅昀　时间：2018 年 12 月 26 日
提案名称：我们眼中的北京城</td></tr>
<tr><td>发生了什么
放学后，我们来到东四胡同博物馆进行采风调研活动。知识渊博的讲解员寇老师结合博物馆的结构为我们讲解了老北京四合院的结构和老北京人的生活，大家都很有收获！经过调研考察，我们决定把东四胡同博物馆纳入“成为老北京，感受传统民俗”线路中</td><td>有何感受
对照着实物，听着寇老师的讲解，老北京人生活在四合院的情景真实地呈现在我们眼前。我觉得通过书本学习知识是一种方式，通过参观实践学习也是一种非常好的学习知识的方式。接下来，我们会把采风调研的收获通过定制路线图的方式分享给更多的人，让更多的同龄人能够最直观地认识北京，并喜爱北京</td></tr>
<tr><td>有哪些主意
参观博物馆对有些人来说可能是件枯燥乏味的事情，建议在“成为老北京，感受传统民俗”线路上多安排一些老北京的民居，以便直观地了解老北京人是怎么生活的。这次我们带着问题去参观，收获很大。以后的调研考察也都应该事先预习，带着问题去调研</td><td>有哪些问题
听讲解时，人如果太多，可能会出现落队的情况。所以建议讲解员讲解的速度可以慢一点，或者每次参观的人数不要太多。如果讲解得比较枯燥，观众很难听进去。所以建议讲解员讲一些关于四合院的“冷知识”，提高大家对四合院的兴趣</td></tr>
<tr><td colspan="2">教师评语
通过这次活动，你们学会了分辨各种规格的四合院大门，如金柱大门、蛮子门、如意门等，对北京的传统文化有了更深入的了解，这是很不容易普及的知识。看得出来，你对活动中存在的问题进行了深刻的反思，同时又能结合项目提出有益的建议，希望你继续保持这份认真，加油</td></tr>
</table>

学生反思精选（二）

<table>
<tr><td colspan="2">姓名：张馨予　时间：2019 年 4 月 28 日
提案名称：我们眼中的北京城</td></tr>
<tr><td>发生了什么
今天放学后，我们项目组成员来到王府井商业街。这是我们第一次做宣传，派发我们设计的线路宣传册。一个多小时的宣传里，我们从胆怯羞涩，逐渐变得自信，即使有时被拒绝，我们也能从容不迫，灵活应对</td><td>有何感受
这次活动中，我们感受到了项目宣传推广的不易，对我们也是一种锻炼，同时也收获了许多。在一次次鼓足勇气的交流中，我们与陌生人交流的能力提高了，这让我们越来越自信</td></tr>
<tr><td>有哪些主意
由于这次活动场地的特殊性，我们未能获得许可，而主要是在步行街上进行宣传。因此，在每次活动前，我们需要做好分工，了解活动场地信息，与活动场地负责人沟通好场地的使用。我们也可以在学校附近开展宣讲活动，把我们的路线图分享给更多的同龄人</td><td>有哪些问题
我们和游客沟通时声音有点小，非常紧张，还有些胆怯；推广语言不够简练，过于啰唆。我们要加强练习，同时要做到发言精练、有重点</td></tr>
<tr><td colspan="2">教师评语
通过这次王府井商业街的项目推广，老师发现了你的另一面。你不再是那个内向、不爱言语的小姑娘，而是热心公益、为了公益勇敢突破自我的小勇士。更可贵的是，你能够在活动中及时总结自己的不足，并积极改正。通过这几次活动，老师已经感受到了你的成长和进步，加油</td></tr>
</table>

学生反思精选（三）

<table>
<tr><td colspan="2">姓名：孙思临　时间：2019 年 5 月 17 日
提案名称：我们眼中的北京城</td></tr>
<tr><td>发生了什么
我们一行 6 人来到南门仓社区做项目宣传。我们分成两组来介绍我们设计的路线，并调查居民对北京城历史的了解情况。这其中，我们经历了被拒绝，也经历了阶段性的失败。进行反思和调整后，我们的行动越来越成功，也得到了许多鼓励</td><td>有何感受
刚开始宣讲时，我们都有点羞涩，不敢说，经过几次锻炼之后，我们越来越大胆、自信，学会了从容回答各种问题，也让更多的人了解到我们的项目，我感到非常开心</td></tr>
<tr><td>有哪些主意
为游客介绍时，一定要着重介绍项目的核心和亮点，要介绍我们自己设计制定的 5 条线路。
要事先确定好目标宣讲人群，明确与哪些人沟通，才可以成功地进行项目推广</td><td>有哪些问题
有时游客拒绝了我们的宣传册，我们有些失落。我们要接受他们的选择，他们可以接受宣传册，也可以选择拒绝。我们要做的是更好地改善我们的宣传册，让更多的人愿意去接受它</td></tr>
<tr><td colspan="2">教师评语
你发现的问题很好，这是在项目推广中经常需要面对的问题，说明你在活动中在用心观察和总结。游客可以拒绝我们的宣传册，我们要学会接受拒绝，并去寻找需要宣传册的游客。我很高兴你自己看到了这一点，你又成长了，很棒</td></tr>
</table>

五、家长感悟——在公益服务中和孩子一起成长

家长感悟精选（一）

让公益成为一种生活方式

六（4）中队 黄羽萱家长

不知不觉中，孩子们在史家小学已经度过了六年美好的时光。无论是孩子，还是我们家长，都感觉这六年收获颇丰。孩子们不仅学到了知识，更为可贵的是，他们通过各种各样的活动打开了眼界，也打开了心灵。他们小小的心田里不再只有自己和家人，而是有了国家和社会。

六（4）中队的孩子们非常幸运地连续三年参与服务学习项目。四年级的“暖冬红围巾计划”项目，让孩子们看到了繁华都市之外的世界，他们用自己的双手编织温暖，传递到贫困孩子们的手中。五年级的“城市树木美容师”项目，让孩子们认识到保护生态、美化环境的重要性；“音为爱乐传情”项目，他们用自己的美术特长、音乐特长为不同的人群送去了美好。六年级的“我们眼中的北京城”项目，让孩子们认识到自己与社会是一体的，在丰富自己的同时，还可以帮助所有同龄人。

这次“服务学习”课程提案阶段，黄羽萱对选题比较困惑。她虽然觉得“我们眼中的北京城”是个很好的方案，但这个活动不能帮助贫困人群、孤寡老人或者弱势群体，也没有捐赠物资，不是传统意义上的公益。当她向我提出这个疑问的时候，我给她列举了过去几年创新公益的案例。经过讨论，我们认为从自身的特长出发，通过努力实现同龄人或者同一类人的共同需求目标，这样的活动就是公益活动。服务社会、服务家国，不需要等到长大，只要拥有由己及人的观察角度，就可以从小事做起，实现公益

的目标。

这三年服务学习项目的经历，使孩子的组织与活动能力得到了极大的提高。无论是设计制作项目推广的 PPT、召集同学们参与活动，还是查阅资料、完成调研，他们都能够驾轻就熟、从容搞定。在进行宣传时，虽然他们遇到被拒绝的情况，但能够保持良好的心态，及时商讨、调整策略，活动后按时完成总结反思。可以说，孩子们的心智成长和课堂所学，都在服务学习项目中得到了很好的发挥和磨炼。

回顾黄羽萱这三年参与服务学习项目的过程，从积极地参与活动，到自主提出公益创意，可以看出她在不断地思考着公益的定义、理解着公益的目的，公益已经走进她的内心，成为一种生活方式。作为家长，我既欣喜于孩子们能力的提高，更欣喜于他们内心的丰盈。

如果把知识和技能比作土壤和水，那么服务学习项目就是一双种植的手，把社会责任感和家国情怀的种子，深深地植入孩子们的内心，给他们爱，让这颗种子不断生根发芽、开花结果！

家长感悟精选（二）

走出课堂，走入社会

六（4）中队　田雅昀家长

从四年级的“暖冬红围巾计划”项目，到五年级的“城市树木美容师”项目、“音为爱　乐传情”项目，再到今年的“我眼中的北京城”项目，这已经是我和孩子连续三年参与服务学习项目了。

对比之前，我明显感觉到孩子在活动中不断成长。在公益项目中，孩子通过服务和学习的实践，一次次走进真实的社会和生活，并尝试着运用所学的知识去解决问题，孩子主动学习的能力得到激发。

在项目实施之前，家长们就达成了共识：这次的公益项目，希望孩子们能得到更多的锻炼，家长全力支持，但不包办，大量的工作希望由孩子们自主完成。这对家长其实也是一个挑战，毕竟孩子六年级了，面临小升初的升学压力，学业繁重，还有各种课外补习班，放手让孩子来做，势必会花费孩子们更多的时间。但是，这是一个非常好的自我锻炼和提升成长的机会。

项目开始之初，为了设计线路，几位主创人员先后走访了首都博物馆、民俗博物馆、先农坛、景泰蓝博物馆等，前往首都图书馆、国家图书馆查阅相关资料，阅读介绍北京的书籍，并通过网上查询资料，确保在设计线路之前，对北京城能有充分的了解。这是一次非常好的主动学习和积累的过程。

紧接着，项目组成员进行了分工，每个人负责各自线路的设计。田雅昀负责的是京城学堂路线的设计，总共要确定 10 个打卡景点，内容很多，如何选择和取舍？哪些是孩子感兴趣的？哪些是家长关注的？看着孩子牺牲了周末的课外班和休息时间，花大量的时间查询资料，反复修改路线方案，我们总是忍不住想去帮一把，但想到要放手让孩子自己去做，我们还是默默地退到了背后。好在，经过多次的修改之后，线路和打卡景点总算确定了。

2019 年 4 月初，推荐线路图也印刷出来了。有了打卡线路，最后也是最重要的一步就是向大家推广线路。孩子们在王府井商业街的推广活动给我留下了非常深刻的印象。这是他们第一次带着自己设计的线路图走向公众。我在旁边目睹了孩子们前后的表现和反差。最开始，孩子们一个个都特别紧张，说话词不达意，还不敢直视游客的眼光，我在一旁替他们紧张。他们介绍完项目，送出了第一份线路图，等游客离开之后，我本想过去给他们一些建议，没想到他们没有继续向游客推广，而是自己聚在一起，总结刚才每个人的问题，找原因，并讨论下一步的行动计划。看到这，我真是又惊又喜，想不到孩子们已经这么独立，知道总结反思，确定下一步计划。再往后，项目推广越来越顺利。不过也有好几次，孩子们遭到了别人的拒绝，虽然他们都有些失落，但还是很礼貌、很得体地说“谢谢您”。看着他们从忐忑到自信，从紧张到从容，从词不达意到清晰明了，我感到特别欣慰。事实也证明，这次的推广之后，孩子们在接下来的好几次社区活动中越来越成熟，也越来越有信心，并将自己的经验积极传授给后面参与的同学。

孩子们在活动中不断成长，他们通过学习、服务和实践，关注公益，践行公益。在活动中，孩子们的策划能力、学习能力、实践能力以及社会责任感和创新精神都得到了极大的提升，同时他们的组织能力、思维能力、合作沟通能力也有了明显提高。特别感谢学校，给孩子们提供了一个这么好的成长平台，让他们获得了受益一生的宝贵经验。

家长感悟精选（三）

在奉献中成长　在服务中立志

六（4）中队　刘行之家长

受项目总负责人黄羽萱的邀请，刘行之加入了“我们眼中的北京城”项目组。坦白讲，刚开始我是不太支持的，因为六年级实在太忙了，面临着结业、小升初，哪里有时间去做公益项目呢？

加入项目组后，孩子们对线路和工作内容做了分工。在线路选择方面，刘行之选择了书店路线。因为他经常去书店购买各类书籍，尤其喜欢去三里屯 Pageone、王府中环言几又、东方新天地王府井书店等。在工作内容方面，刘行之承担了公众号建立、维护以及内容优化、美化展示等工作。在这方面，需要他与家长积极配合，做好外部协调、审稿以及后台编辑等工作。这个过程很花时间，也很磨炼人。整个项目下来，能明显感觉到刘行之成长了、成熟了，能力提升很大。

看了刘行之的行动日记、反思、参与心得，我更加能感受到他各方面的提升。关于做项目，他已经意识到规划的重要性。他开始学习如何做规划，如何及时调整既定计划。这对于他未来的成长将会非常有帮助。

在做项目的过程中，他的心态越来越稳定，即便遇到拒绝和短暂的失败，也能坦然面对。特别是在派发宣传单页的过程中，他被拒绝后也曾短暂失落，但很快调整状态，总结经验后马上投入到与下一个游客的沟通。这令我对他刮目相看。这个项目让他成为一个心态稳定的孩子，一个遇到各种问题都能坦然面对的孩子，这是我在之前没有想到的，在我看来也是最大的收获。刘行之更是体会到了公益的重要性，学会了如何去帮助别人，如何用爱感化他人。之前他也参与过捐赠衣物、书籍、钱款等公益活动，但这些都是物质层面的帮助，而此次的公益项目，通过线路设计和推广帮助游客方便地游览北京、了解北京特色，让他认识到公益不只是捐款捐物，还可以在文化和精神层面帮助他人。这也符合物质水平不断提升的当下，公益维度不断拓展的趋势。

作为家长志愿者，我也参与了几次活动，有了三点感受与收获：一是更喜欢北京了，北京原来还有好多有特色的地方等待我们去游览、去体验；二是更相信孩子了，要相信孩子们可以解决问题、探索世界，要相信他们帮助他人的初心和提升自己的内驱力；三是更相信团队了，以项目的工作量而言，任何一个孩子或者任何一个家长都很难完成，但是大家通力配合，在每一个环节各自尽其所能，就能圆满完成任务。此外，在项目执行过程中，宋老师适时的提醒、不急不躁的推动、对孩子的持续鼓励、正面管教等，都给我留下了深刻的印象。

在奉献中成长，在服务中立志。相信服务学习项目带给孩子们的是受用终生的财富和铭记于心的难忘记忆！

六、帮扶对象——公益服务社会，爱心连接你我

帮扶对象感言精选（一）

国家文化和旅游部高级导游、故宫博物院宫廷导游马楠：“孩子们向我介绍了他们公益项目的初衷和设想，我感到非常惊讶！做导游近20年面对了无数游客的我，未曾真正想到为这么一群小游客做些什么。而项目组的这些孩子们不但细心地发现了这个旅游服务上的空白，而且还愿意不惜时间和精力去学习、去研究，并将自己所学加工整理成册，奉献给更多的孩子们。我为这群有激情有爱心的孩子们感到骄傲！孩子们，你们真棒，为你们加油！也期待更多的孩子认识北京，爱上北京！”

帮扶对象感言精选（二）

南门仓社区自管会会长董森：“5月初，史家小学六（4）中队‘我们眼中的北京城’项目组联系我，希望能在南门仓社区开展一场宣讲活动。他们发现目前没有专门为孩子设计的北京旅游攻略，便自发到各个博物馆、图书馆翻阅资料、研究学习，编写了5条专属于儿童的北京旅游打卡线路，希望帮助小朋友找到他们自己喜欢的路线。5月17日，我早早等在小区大门迎接项目组的孩子们。孩子们一进小区广场，就马不停蹄地开始忙活起来，他们穿上自己设计的带有项目标志的文化衫，两两一组，有的发放宣传折页，有的分发调查问卷，并不厌其烦地给社区居民讲解，欢迎他们使用打卡线路去欣赏北京。我也上前要了一份调查问卷来试试‘身手’，没想到我这70多岁的老北京居然没有全做对。看来适时普及北京的文化知识真是太有必要了！特别感谢项目组的孩子们为我们社区添加了一份活力！活

动结束后，孩子们还不忘把场地清理干净。我相信这与老师和家长的教导是分不开的，我要教导我的孙子向哥哥姐姐们学习，学做公益，学做人！”

帮扶对象感言精选（三）

海嘉国际双语学校黄熙越：“我和‘我们眼中的北京城’项目组的几个主创人员都是好朋友，也是曾经的同学。当他们告诉我他们的想法时，我特别高兴，想着这个旅游打卡路线一定会特别受欢迎。平时偶尔会有一些爸爸妈妈的好朋友带着他们的孩子来北京旅游，他们总是这样问我：你是北京的小主人，你有什么好玩的地方推荐给哥哥姐姐或者弟弟妹妹吗？每当这个时候我总是很‘头疼’，不知道该如何推荐。这下好了，以后就按照这个打卡线路带他们去玩，又省心又好玩。我把打卡线路折页带到学校给同学们看，大家都很感兴趣，争抢着要，他们都觉得里面推荐的打卡线路特别实用，还提了好多建议，比如增加美食线路，增加博物馆线路……我把大家的建议反馈给了项目组。连我们的老师也对打卡线路折页产生了兴趣，夸项目组的同学们有责任感、有爱心，并支持我在学校里帮项目组的同学们做推广。我还会将这种爱心继续传递下去，让更多的人得到帮助，并像项目组的同学们一样，尽自己所能，在生活中主动去帮助别人！”

帮扶对象感言精选（四）

收到项目组宣传折页的游客代表：“我和孩子收到了一份特别的礼物，是史家小学‘我们眼中的北京城’项目组的同学们派发的旅游宣传单。他们告诉我这都是他们自己通过调研设计出来的旅游线路，是专门为小学生设计的。我的孩子正在上小学，正发愁接下来的‘五一’该怎么安排行程路线呢。孩子看完宣传单后觉得都很好，遗憾的是我们时间有限，只能挑选部分线路。这些旅游线路不但符合孩子的兴趣爱好，连我们大人也觉得挺有意思，很多都是在旅游攻略里看不到的。感谢项目组的同学们，他们如此有心去做公益，想他人之所想，并实实在在地落到实处，提供给需要帮助的人！我会告诉孩子，要像史家小学的哥哥姐姐那样怀有一颗感恩的心，将来也能服务他人、服务社会。”

七、成果展示——公益，我们一直在路上

“我们眼中的北京城”服务学习项目自开展以来，先后走进钟鼓楼、宋庆龄故居、博物馆、商业街、学校、社区等地，累计举办10余场活动，影响人数近千人，受到社会居民、学校师生、景点游客们等的肯定与好评。项目组创建了“我们眼中的北京城”微信公众号，定期在线上推送相关知识，发布活动信息和活动精彩瞬间、感悟心得等，让更多的同龄人对北京的历史和文化有了更丰富、更深刻的认识。人民网、新华网、中国新闻网、北京青年报等多家新闻媒体对项目进行了报道。因表现突出，项目最终获得了由中国扶贫基金会颁发的“益路同行·优秀公益创新团队”奖。

新华网
WWW.NEWS.CN
让新闻离你更近！

北京新闻　新华网北京频道 > 正文

5条线路逛“我们眼中的北京城”

2019-04-30 08:30:37
来源：北京青年报
【字号：大 中 小】【打印】

昨天，北京市史家小学6年级的8位同学放学后来到了学校附近的王府井步行街，向游客介绍他们设计的5条游览北京线路。

这些游览线路主要针对那些和他们一样的中小学生，目的就是想让大家通过这些线路，能更好地了解和发现北京独特的魅力。同时，“我们眼中的北京城”也是一项由中国扶贫基金会和史家小学共同举办的“益路同行”公益项目中的一个。

据孩子们介绍，2022年北京冬奥会即将到来，到时候会有很多国家和地区，还有全国各地的小朋友跟随他们的父母来到北京。作为小主人，同学们想把自己眼中最好的北京介绍给他们。于是，便想着把他们自己去过的有意思的地方记录下来，设计一些专门给中小学生的北京游览路线。

据悉，同学们设计的路线包括：走进语文课本里的名人故居的名人寻踪线路；逛老北京街市听老北京吆喝的传统文化线路；探究京城学堂线路；阅读书店线路；回忆美好童年的游乐园线路。

文并摄/本报记者 臧彤

即时报道
1 延庆冬奥村主体结构将于今年9月底完工
2 清肺排浊片北京600余家药店有售
3 西城片区登记学位不足协调入学
4 北京：天气转晴气温回升
5 北京：7家医院成为国际医疗试点医院
6 大兴机场首条保通航道路贯通
7 北京地区取消企业银行账户许可
8 北京世园会新闻中心正式启用
9 北京划定生态控制线 开展生态保育和修
10 老人个性化降压指南发布

新华社记者看北京
1 从北京世园会看中国绿色发展的“世界
2 持续162天的国际园艺盛会正式对外开放
3 北京“五一”开通假期夜景公交专线
4 带你领略北京世园会新闻中心三大“亮
5 “一带一路”体验中心在京建成并投入
6 “一带一路”智库与媒体交流合作成果
7 北京：从沙漠化边缘城市到“花园城市”
8 五省市亮“实招”：与共建“一带一
9 “神州奇珍展”亮相北京世园会 展示省
10 中国电影“走出去”：三大短板亟待补

新华视频
京张铁路：穿越百年的旧与新

新华网对项目进行报道

人民网
people.cn

5条线路逛“我们眼中的北京城”

2019年04月30日08:17 来源：北京青年报

昨天，北京市史家小学6年级的8位同学放学后来到了学校附近的王府井步行街，向游客介绍他们设计的5条游览北京线路。

这些游览线路主要针对那些和他们一样的中小学生，目的就是想让大家通过这些线路，能更好地了解和发现北京独特的魅力。同时，“我们眼中的北京城”也是一项由中国扶贫基金会和史家小学共同举办的“益路同行”公益项目中的一个。

据孩子们介绍，2022年北京冬奥会即将到来，到时候会有很多国家和地区，还有全国各地的小朋友跟随他们的父母来到北京。作为小主人，同学们想把自己眼中最好的北京介绍给他们。于是，便想着把他们自己去过的有意思的地方记录下来，设计一些专门给中小学生的北京游览路线。

据悉，同学们设计的路线包括：走进语文课本里的名人故居的名人寻踪线路；逛老北京街市听老北京吆喝的传统文化线路；探究京城学堂线路；阅读书店线路；回忆美好童年的游乐园线路。

人民网对项目进行报道

06 读北京　北京青年报　2019年4月30日　星期二

网安总队共侦破各类涉网违法犯罪案件8600余起

禁播主播5万人次　封禁35万个帐号

昨天，第六届首都网络安全日在北京展览馆开幕。当日，北京市委网信办、北京市公安局联合北京市互联网法院共同举办“网络空间法治化治理”主题论坛活动。论坛中，由北京市公安局网络安全保卫总队与北京互联网法院联合编写《网络空间法治化治理白皮书》正式发布。专项行动开展以来，网安总队共侦破各类涉网违法犯罪案件8600余起，抓获犯罪嫌疑人5400余人。

打击网络水军、有偿删帖

针对黑色产业链迅速蔓延的特点，网安总队围绕人民群众反映强烈的侵犯公民个人信息、网络电信诈骗、黑客攻击、网络赌博、网络淫秽色情、网络制假贩假等突出网络违法犯罪，成功打掉“Hack80”“红蓝安全网”“北京玩耍论坛”“青花缘”等网络黑客、招嫖、交友诈骗等各类涉网违法犯罪平台共计31个。

打掉“3.29”利用互联网制售假发票案、王某龙等人伪造、变造、买卖证件、印章案等网络黑色产业链16条；抓获为诈骗团伙提供钓鱼网站、制作黑客工具等涉网违法犯罪源头人员35人。

针对花样翻新的新型涉网犯罪，网安总队积极探索公安机关网络空间治理新模式。网安总队重点加强对“网络水军”“有偿删帖”“非法公关公司”“倒卖公民个人信息”等违法犯罪活动的深挖打击，严厉打击处理为网络犯罪提供服务的企业及平台，先后打击查处了北京盼太科技等多个非法网络公关公司，抓获数十名违法犯罪嫌疑人。

禁播主播5万余人次

北京作为全国网络信息传播中心和互联网应用中心，网安总队督促企业清理各类违法信息1947余万条。依法开展行政处罚，特别是对违法信息高发的11家互联网企业和运营商分别处以10万至60万的行政罚款，有力惩治了互联网企业不履责行为。

对于违规网络服务商，网安总队按照“严清违法信息、速停违规账号”的工作思路，针对人民群众普遍关注、反映强烈的网络乱象，围绕云平台、网络直播、移动应用、电子商务、网络短租、婚恋类、APP应用商店、分发平台等重点网络服务商开展专项治理，共关停违法账号130余万个；指导视频直播网站关闭直播间270余万间，禁播主播5万余人次，封禁账号35余万个，停机整顿网站2350余家。

网安总队对全市重点网站和重要信息系统，开展全方位监测、预警、检查、处置和防范。2018年，共计发现、消除重要信息系统安全隐患6500余个。对于问题隐患多、无法按期整改的系统，坚决采取“关停并转”的工作措施。

审结多起涉热门网络平台案

自挂牌成立以来，北京互联网法院针对互联网纠纷中知识产权案件占比大、新类型案件多、涉及因素多元、复杂等特点，充分利用专业化审判和技术优势，推进简案快审、繁案精审。

据了解，截至2019年4月17日，北京互联网法院审结案件9822件，其中知识产权案件8167件，占比83%。

自创立以来，北京互联网法院成功审理了“抖音维权案”“人工智能著作权案”“中国音乐著作权协会诉斗鱼直播平台案”“商务平台规则适用纠纷案”等一批对产业发展和互联网健康生态有较大影响力的典型性案件。

通过审理“抖音维权案”，确立了短视频是否可以构成类电作品、短视频浮水印的法律属性及“通知—删除”规则的适用原则等裁判标准，并向北京市版权局发出了司法建议，建议规范浮水印技术应用，使著作权在互联网上的保护和传播更加顺畅、规范、明晰。

审理人工智能著作权等新型案件

此外，北京互联网法院正在审理“人工智能著作权案”“网红坠楼直播平台责任案”“平台不当获取个人信息案”等社会公众广泛关注的新类型案件。

北京互联网法院积极开展大走访、大调研、大服务活动，与北京大学、清华大学、中国政法大学等10所高校开展合作共建，组织了“互联网审判模式下诉权保障与平衡”“创新与冲突：人工智能的法律挑战与司法应对”等大型研讨会，强化理论与互联网司法实践的互动与融合。同时，实地走访了百度、腾讯、阿里、华为、SOGO、京东数字科技、度小满科技等20多家互联网企业，调研了20多家互联网行业协会和监管机构，努力提供精准化的司法服务保障。

据悉，围绕网络与执法司法融合中出现的新情况、新问题，网安总队和北京互联网法院等单位携手，对外送出互联网执法司法“联合服务包”，对内双方基于解読案件数据，探索大数据分析研判，形成“监管执法+打击审判”互相促进的良性循环，提高了执法司法服务精准化和有效性水平。　　文/本报记者　叶婉

5条线路逛“我们眼中的北京城”

昨天，北京市史家小学6年级的8位同学放学后来到了学校附近的王府井步行街，向游客介绍他们设计的5条游览北京线路。

这些游览线路主要针对那些和他们一样的中小学生，目的就是想让大家能够通过这个线路，能更好的了解和发现北京独特的魅力。同时，“我们眼中的北京城”也是一项由中国扶贫基金会和史家小学共同举办的“益路同行”公益项目中的一个。

据孩子们介绍，2022年北京冬奥会即将到来，到时候会有很多国家和地区，还有全国各地的小朋友跟随他们的父母来到北京。做为小主人，同学们想把自己眼中最好的北京介绍给他们。于是，便想着把他们自己去过的有意思的地方记录下来，设计一些专门给中小学生的北京游览路线。

据悉，同学们设计的路线包括：走进语文课本里的名人故居的名人寻踪线路；逛老北京街市听老北京吆喝的传统文化线路；探究京城学堂线路；阅读书店线路；回忆美好童年的游乐园线路。

文并摄/本报记者　魏彤

下载北京头条App
让现在告诉未来

北京青年报对项目进行报道

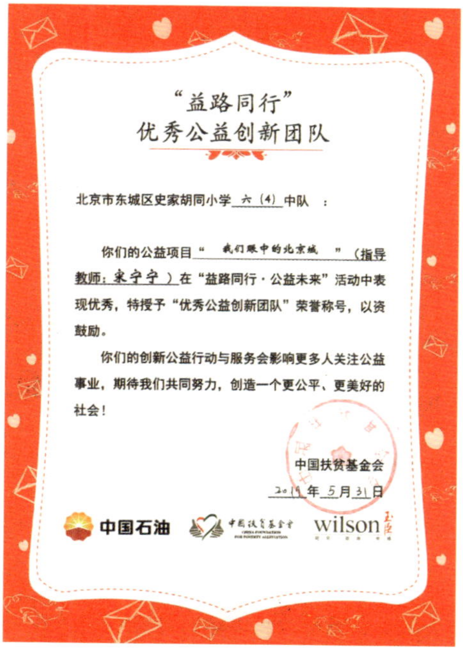
“益路同行”

优秀公益创新团队

北京市东城区史家胡同小学 六（4） 中队 ：

你们的公益项目“ 我们眼中的北京城 ”（指导教师：宋宁宁）在“益路同行·公益未来”活动中表现优秀，特授予“优秀公益创新团队”荣誉称号，以资鼓励。

你们的创新公益行动与服务会影响更多人关注公益事业，期待我们共同努力，创造一个更公平、更美好的社会！

中国扶贫基金会

2019年5月31日

中国石油　中国扶贫基金会　wilson

项目获得“益路同行·优秀公益创新团队”奖

华服传承小使者

“华服传承小使者”服务学习项目由史家实验学校四（4）中队马弋涵同学发起，四（4）中队全体成员共同参与完成。项目指导老师为史家实验学校韩凯旋老师。“华服传承小使者”服务学习项目自2018年11月初发起，2019年6月底顺利完成。项目组通过华服知识讲座、传统服饰表演、华服AR体验、魔毯拍照等多种形式，进行中华传统服饰文化的传播与推广，让更多的人了解传统服饰文化，建立文化自信。项目实施以来，项目组先后走进鸟巢、东直门工人体育馆社区、昌平三中、东城区少年宫、东城区文汇小学等地，累计举办10余场活动，通过多种方式向人们推广中华传统服饰文化，影响逾万人。中央电视台体育频道、现代教育报、北京晚报等多家媒体对项目进行了报道。

一、指导教师推荐序

中国有礼仪之大故称夏，有服章之美谓之华。我们华夏民族拥有着悠久灿烂的服饰文化。华服，作为我们中华精神的载体之一，五千年来更是承载着厚重的历史和精彩的文化。中国传统服饰文化是中国传统文化的一个重要组成部分，是中华民族乃至整个人类社会创造的宝贵财富。学习和传承中华传统服饰文化，弘扬中华民族优秀传统，继承和创新中华服饰文化，更是我们所有人义不容辞的责任。

今年，“服务学习”课程第一次从史家本部辐射到全集团，也是第一年走进史家实验学校，孩子们既新鲜又好奇。提案征集阶段，所有同学都跃跃欲试，几天的时间，我就收到一份份凝聚了孩子们创意和责任感的提案。其中，就有我们班马弋涵同学提交的“华服传承小使者”提案。马弋涵的妈妈是一位服装设计师，也是一名服装图书编辑。受到妈妈的影响，马弋涵从小就非常热爱中国传统服饰，然而，她发现，同学们对传统服饰的了解甚少，这不是因为大家对此不感兴趣，而是鲜有机会能够接触到传统服饰文化。于是，她发起“华服传承小使者”这一服务学习项目，希望能够发挥自己的特长，将服饰文化作为传播传统文化的切入点，让更多的人有机会了解中华传统服饰文化，增强民族自豪感和文化自信心。

马弋涵的提案很快获得了全班同学的支持，大家对中华传统服饰文化产生了浓郁的兴趣，也对将来能更多服务他人充满了期待。通过大家一轮又一轮的修改，项目变得越来越完善，终于在3000多份提案中脱颖而出，也成为史家实验学校唯一一个入围的项目。项目入选后，四（4）中队全体同学士气高涨，主动申请加入项目当中，使“华服传承小使者”项目成为一个全员参与的活动，大家都以传承华服为己任。

回顾项目从入选到圆满结束的这半年多时间，无论是孩子们还是作为班主任的我，都收获满满。四（4）中队的队员们在“华服传承小使者”服务学习项目中收获了真实的成长。

首先，通过这一项目，孩子们学习到了大量的历史文化知识。从最初接触华服的懵懵懂懂，到成为华服传播的小使者，孩子们在学习传统服饰文化的过程中，不断深入了解我国艺术文化和传统历史知识。我们沿着中国历史的发展脉络和演变进程的主线宣传推广华服文化。随着项目的推进，孩子们也深入学习了中国每个历史时期的服装款式和服饰文化，真正做到了在服务中学习。

其次，孩子们的沟通能力、现场表达能力得到了很好的锻炼，社交胆量和交际能力都有很大的提高。每一次宣讲活动，孩子们都全员参与，并在班级内部进行竞争上岗，通过实力角逐小主讲的机会，很多孩子的潜能都因此得到了挖掘和锻炼。给我印象最深刻的是马弋涵参加专家答辩会。由于她比较内向，不善言辞，我也很担心她会表述不清楚。为此，我在答辩前给她看排练时候的录像，每一个细节我都给予她充分的肯定，给她增强信心。进入答辩会场前，我给了她一个大大的拥抱，并告诉她："加油孩子，你一定可以的！"她坚定地点头回应，满怀信心进入会场。她当天的展示十分精彩，和专家的对答也特别流畅。那天，我体会到孩子的潜能是无穷的，能给孩子以陪伴并给她鼓励，就是给她最好的帮助。

再次，孩子们的统筹规划能力和组织能力也得到了极大的提升。还记得在鸟巢的冰雪季活动，我们项目组受邀在现场进行宣讲活动，当时现场有几万人。这就要求孩子们通过项目讲解和服饰体验，把现场参观的人吸引到自己的活动中来。这对孩子们来说是一大挑战。在项目核心成员的带领下，孩子们分组撰写宣传文案，在班里召集志愿者，提前背诵服饰知识……有了提前的规划和准备，孩子们在现场从容淡定、互相带动、彼此鼓励，拿着精美的穿华服的人模和绘本，在冰雪季现场招募体验者，获得了非常好的宣传效果。通过这些现场的宣传活动，孩子们也获得了丰富的现场活动经验。

最后，孩子们的朗诵潜力和舞台表现能力都得到挖掘和锻炼。在新年诵读会上，"华服传承小使者"们精心策划了一场美轮美奂的中华传统服饰T台秀，用诗歌朗诵的方式，将中华服饰用唯美的语言娓娓道来。那一刻，微风带着收获的味道，我在远处望着孩子们，他们笑得那么甜，仿佛是稻田里涌动着的金色麦浪。

不仅仅是孩子们，作为指导教师，我的收获也非常大。对我而言，从头到尾跟踪、指导一个公益项目，从一个小小的创意到一个硕果累累的项目，这种经历是非常可贵的；从协助项目组核心成员在班级里组建团队，到联系核心成员的家长以及召集班级所有同学和家长们共同参与活动，再到充分调动孩子们参与活动的热情，这些工作充分锻炼了我的组织协调能力。

项目的成功也离不开家长志愿者们的协助。每次活动前，孩子们都会在家长志愿者的协助下，提前与各个社会单位进行联系，协调活动时间、场地、设备，确认活动流程。我们还借助家长委员会的力量，合理分工，群策群力，一起细致、有效地安排好活动当天的各项事宜。宣讲日，除了主办小组外，班中其他小组的成员、家长志愿者们也会尽量到场帮忙、出力。正是有了大家的团结一心，我们的项目才会硕果累累，收获芬芳。

一个民族的传统文化，是这个民族的根基和灵魂。文化有传承，民族才有希望。半年多的时间很快过去了，我们的项目也暂时告一段落，但是我们服务他人、热心公益的步伐并不会停止。未来，我们将继续传承中华传统服饰文化，持续进行传统服饰文化的传播与推广，让更多的人继承和发扬传统服饰文化的精华，不辱“华服传承小使者”的使命。

指导教师：韩凯旋

二、创想梦工厂——种下一颗公益的种子

（一）创想动因

项目发起人马弋涵的创想来自妈妈。妈妈是一位服装设计师，也是一名服装图书编辑。她总是看着妈妈拿着一本服装书稿涂涂改改，或是在缝纫机前制作各种精美的传统服装。在马弋涵和妈妈的心目中，中华传统服饰是民族精神的优秀代表，各朝各代的霓裳羽衣独具魅力，美妙绝伦。

有一次，学校组织升旗仪式，妈妈为同学们设计了一款汉服作为演出

服装。同学们穿上汉服，跟着民族音乐翩翩起舞，赢得了全校师生的热烈掌声。此后，每当她跟同学们讲起汉服的起源和演变故事的时候，同学们都听得津津有味，纷纷让她讲更多的传统服饰故事。她突然明白，太多人不是不喜欢传统服饰，而是缺少认识和了解传统服饰的渠道。中华传统服饰文化中有太多的元素值得继承与发扬，与服饰相关的历史文化更是值得去传承与创新。

于是，马弋涵和伙伴们发起了“华服传承小使者”服务学习项目，希望通过他们的努力，帮助大家了解并喜爱中华传统服饰文化，增强民族自豪感和文化自信心。

（二）团队介绍

发起人及总负责人	马弋涵	史家实验学校四（4）中队队员，热心公益，善于策划，有较强的组织能力和沟通能力。作为项目的发起人及总负责人，负责项目的整体推进与协调
团队伙伴	王艺菡	史家实验学校四（4）中队队员，热心公益，善于沟通表达，具有团队合作精神。在项目中主要负责外联工作
	白皓宁	史家实验学校四（4）中队队员，热心公益，做事认真，善于与人合作。在项目中主要负责组织工作
	陈子聪	史家实验学校四（4）中队队员，热心公益，做事认真、仔细，具有团队合作精神。在项目中主要负责财务工作
	葛依扬	史家实验学校四（4）中队队员，热心公益，绘画和创意能力强。在项目中主要负责宣传工作
专家顾问	刘晓娟	资深服装设计行业从业人员，多年来从事中国传统服饰文化挖掘和课程研究，具有丰富的服饰文化传播经验，能够为团队的服饰文化宣传和制作提供专业指导
指导教师	韩凯旋	史家实验学校四（4）中队班主任，热心公益，具有丰富的教育教学经验，在项目中为学生提供有效的指导

（三）实施过程

“华服传承小使者”项目自2018年11月初发起，至2019年6月底顺利完成，共分为前期筹备、项目推广、总结反思三个阶段。

第一阶段（2018年11月1日至2019年1月31日）：前期筹备阶段。这一阶段，项目组成员搜集传统服饰文化资料，针对性地调研了解大家对服饰文化的盲区和兴趣点；设计制作展板、宣传PPT、宣传视频等宣传品；购买服装制作材料包、无纺布、AR魔毯、表演服装等物品；注册并开通微信公众号，为项目的顺利开展做好准备工作。同时，项目组成员组织校内外预演，推广项目，积累项目宣讲经验。

2018年12月28日，在每年一度的新年诵读会上，项目组精心策划了美轮美奂的中华传统服饰T台秀，共展出了5个朝代的8款服饰，通过诗歌朗诵的方式，将所展示服饰的特点用唯美的语言娓娓道来，给现场的几百名师生献上了一场精彩的视听盛宴，激发校内同学对于华服文化的兴趣。

2018 年 12 月 29 日，项目组成员前往鸟巢，通过 AR 绘本体验，为到场的师生宣讲中华传统服饰文化，介绍中华民族传统服饰特色，并通过 AR 绘本、魔毯拍照等方式开展互动活动。

第二阶段（2019 年 2 月 12 日至 5 月 19 日）：项目推广阶段。在这一阶段，项目组成员先后前往捷克当地学校、东直门工人体育馆社区、昌平三中、东城区少年宫、文汇小学等地，通过播放宣传视频、华服专题讲座、传统服饰表演等方式，开展传统服饰文化宣传活动。

2019 年 2 月 12 日，项目组成员参加捷克艺术之旅。他们不忘使命，以我国服饰文化的发展进程为线索，用全英文向当地师生介绍了中华服饰文化，把华服的魅力带到了欧洲。

2019 年 3 月 5 日，在第 56 个“学雷锋日”，项目组走进东直门工人体育馆社区，开展“新时代雷锋精神永相传”送温暖、送文化服务活动。他们为社区的爷爷奶奶宣讲中华传统服饰文化，并通过 AR 魔毯等方式为老人们带来一场特别的体验互动活动。

2019 年 3 月 15 日，项目组走进昌平三中，给三中服装设计兴趣社团的哥哥姐姐上了一堂生动的传统服饰普及和制作课，“小使者”们的介绍生动有趣，参与活动的哥哥姐姐们兴趣盎然。

2019 年 3 月 16 日，项目组成员走进东城区少年宫，向现场的同学们详细介绍了我国历朝历代的典型服饰和与服饰有关的历史故事，宣传推广中华传统服饰文化。

2019 年 3 月 24 日，为迎接 2022 年冬季奥运会，项目组成员再次走进东城区少年宫，开展“冬奥会礼服设计”活动。大家以旗袍为基础元素为北京冬奥会设计了一整套颁奖礼服。

2019 年 4 月 2 日，项目组成员第三次走进东城区少年宫，带领少年宫的同学们，继续为冬奥会设计具有中华传统文化元素的颁奖礼服。2008 年北京奥运会闭幕式服装总设计师、北京舞蹈学院韩春启教授也亲临孩子们的“施工现场”，指导孩子们的礼服设计。

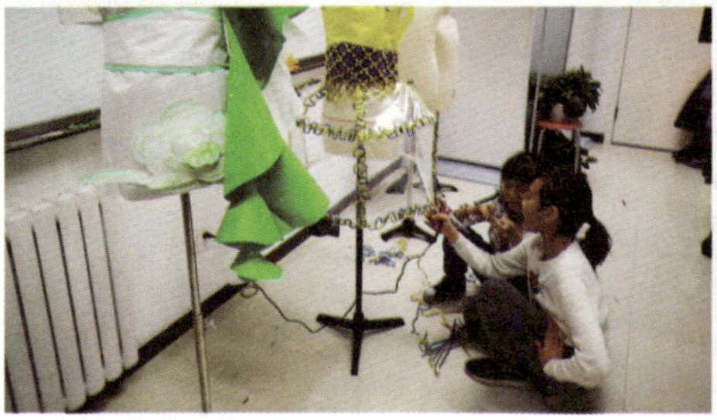

2019 年 4 月 11 日，项目组成员参与华服合作小伙伴公开课，为在场的师生介绍我国历朝历代的传统服饰，还用画笔对我国传统的服饰纹样进行绘制和设计。“华服传承小使者”的队伍又一次壮大了！

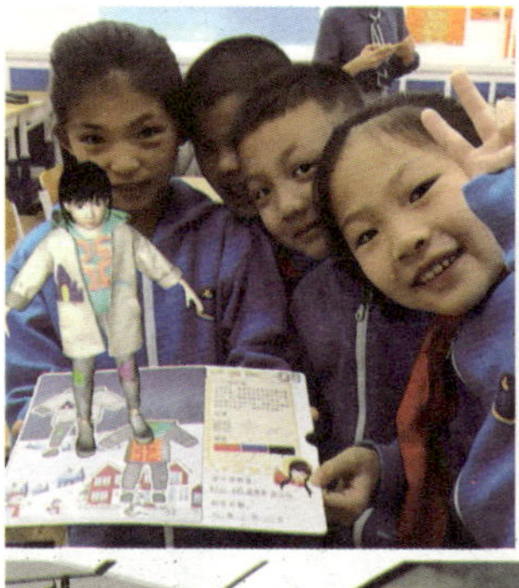

2019 年 4 月 26 日，项目组成员前往文汇小学，为二年级的同学介绍中华传统服饰文化，现场播放了项目宣传纪录片，详细讲解了我国服饰演变的过程，并带领同学们制作了一款传统服饰——旗袍。

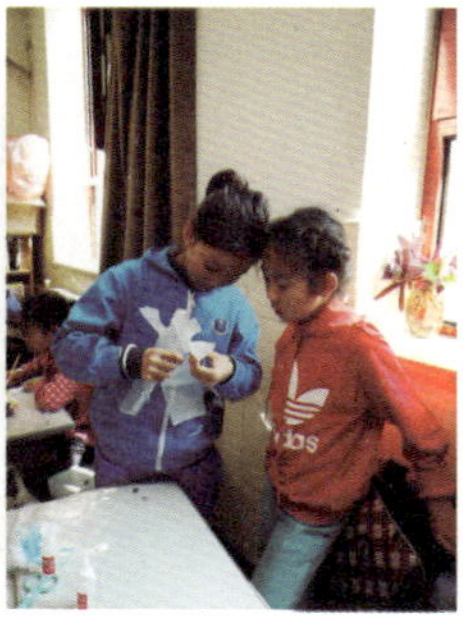

2019 年 5 月 14 日，项目组成员参加北京市第二届中小学生技术创意设计——纸艺服装大赛，在比赛中积极宣传、推广华服文化。最终，项目组成员设计的以“燕京八绝”为灵感的冬奥会颁奖礼服作品获得了大赛服装设计第一名、模特展示第一名、团体一等奖。

第三阶段（2019 年 5 月 20 日至 6 月 20 日）：总结反思阶段。

在总结反思阶段，全体成员还对项目进行梳理，总结经验、交流感受，整理项目过程中的图片和文字资料，并在学校“六一”展示活动中进行汇报演出，向全校师生分享项目经验。

项目虽然接近尾声了，但是同学们宣传、推广华服文化的热情并没有减退。6 月 9 日，项目组成员来到“小天使外交官中国才艺大赛”现场，积极向中外同龄人推广、宣传华服文化。6 月 23 日，项目组成员在东城区少年宫热情接待了国际奥委会教育和公众参与顾问玛丽安娜·安德雷德女士一行，展示了他们自己设计制作的、具有浓郁中华民族传统特色的奥运颁奖礼服，持续推广中华传统服饰文化，扩大项目影响力。

三、学生行动日记——记录公益之花盛开全过程

学生行动日记精选（一）

2018 年 12 月 29 日　星期六　晴

四（4）中队　白皓宁

最近，鸟巢的“冰雪嘉年华”活动开始了，我们项目组的同学们精心策划，希望利用这次机会宣传华服文化。这个想法得到了老师和家长的支持，只是他们担心，我们这样一群爱玩爱闹的小伙伴到了“冰雪嘉年华”还有心思做华服宣传吗？其实我们自己也担心，不过我们更担心的是在冰雪世界尽情玩耍的同学们，会有兴趣到我们的华服宣传展台与我们互动吗？

一大早，我们团队的伙伴们就来到了鸟巢，进驻华服帐篷展台，“华服

传承小使者”的推广活动正式开始啦！一开始确实像我们担心的那样，鸟巢“冰雪嘉年华”有太多好玩的项目，同学们争先恐后地玩这玩那，而我们的展台前就我们五六个人。不行，不能就这么等着！我们决定主动“出击”，我和三名同学拿着华服玩偶来到寒冷的帐篷外，见人就介绍里面的华服展台有多棒，能让人瞬间穿越到秦汉唐宋朝代。

果然，聚集到我们展台的人越来越多，拍完3D照片的同学还会推荐给他们的同学，这又给我们带来了新的体验者。我们赶紧回到帐篷协助大家体验。

今天的鸟巢活动圆满成功！虽然我们几个“华服传承小使者”当天没有痛快地玩冰雪，但是能让几百位同学听到我们的讲解，体验了华服的魅力，我们感到太满足啦！

学生行动日记精选（二）

2019年3月15日　星期五　晴

四（4）中队　葛依扬

早春晴朗的下午，我们“华服传承小使者”项目组走进了昌平三中，向三中服装设计兴趣社团的哥哥姐姐们推广中华传统服饰文化。

我们首先来到了社团所在的教室，推开门就看到屋里摆放着哥哥姐姐们自己设计的各种各样的服装。我们立刻被这里浓厚的服装设计气氛感染了，同时也对今天的活动充满了信心和期待。我们迫不及待地拿出了准备好的身着中国各个朝代服饰的娃娃，认真地摆放整齐，精心地整理好每个娃娃的服饰和妆发，又检查了缝纫机等制作服装的工具，力求在一会儿的活动中做到最好。

活动中，我们以中国历史的发展演变为主线，向参与活动的哥哥姐姐们介绍了我国历朝历代的传统服饰，还给他们讲述了和服饰相关的历史故事。哥哥姐姐们听得津津有味，还不时给我们提出了相关的问题，我们都耐心地做了解答。看到他们脸上露出了满意的笑容，我们顿时充满了自豪感。在活动中，我们还教哥哥姐姐们制作典型的传统服饰——汉服。在我们的帮助下，哥哥姐姐们都学会了制作汉服。有一个姐姐不太会用缝纫机，我们就给她示范，告诉她如何串线，如何踩踏板，并且手上要同时推进。在我们的耐心示范和讲解下，小姐姐成功地完成了自己的汉服制作。

在今天的体验活动中，通过我们生动有趣的讲解和耐心的示范，哥哥姐姐们对我国传统服饰产生了浓厚的兴趣。“华服传承小使者”又一次成功地推广了中华传统服饰文化，我们的志愿者队伍再一次壮大起来，我们将继续前行！

学生行动日记精选（三）

2019 年 4 月 16 日　星期二　晴朗

四（4）中队　马弋涵

今天，我们“华服传承小使者”项目组前往东城区文汇小学，开展了一次公益活动。今天活动的内容是要教二年级的弟弟妹妹们学习制作中国的传统服饰旗袍。整个活动进展顺利，但是到了黏领子环节，遇到了尴尬。一个小妹妹不会黏领子，向我们的一位同学请教，没想到这位同学竟然把领子黏反了。我马上过去帮他们修改了领子，并告诉小妹妹，旗袍的一个很重要的特点就是这个立领，它是从清朝的旗装演变过来的。

经过我的修改，这位二年级的小妹妹对传统服饰旗袍的印象更深刻了。只是我觉得我当时的做法可能会让我的同学尴尬，经过反思我认为这里面也有我的责任。在班级内部培训的时候，我没有认真询问大家的学习效果，只是理所当然地认为缝纫是一个最关键的练习环节，而忽略了其他部分的制作，这才造成了今天的尴尬。

要想服务他人，必须先增强自己的本领。因此，我决定利用周末的时间，再举办一次团队内部的学习，让大家能够更加熟练地掌握制作传统服饰的本领，保证接下来的活动不出现同样的尴尬场面。另外，我还想到一个主意：下次再有需要动手制作的推广活动，我们可以采用两人一组的方式进行，互相配合，弥补彼此的不足。

从这次活动中，我认识到遇到问题并不可怕，积极开动脑筋，找到解决问题的办法更加重要。我相信在大家的努力下，我们的项目会越来越精彩！

四、学生反思工具——从回望中汲取前行的力量

学生反思精选（一）

<table>
<tr><td colspan="2">姓名：白皓宁　时间：2018 年 12 月 28 日
提案名称：华服传承小使者</td></tr>
<tr><td>发生了什么
在史家实验学校的新年诵读会上，我们项目组推出了唯美“华服秀”，漂亮的服装让同学们特别兴奋。大家穿衣服时，有的同学穿得又快又好，很好看，但有的同学不太会穿。同学们互相开着玩笑，影响了排练的进度和效果</td><td>有何感受
大家的参与热情很高，但是高兴起来就忘了参与活动的目的。我们推出“华服秀”的目的是向全校同学推广华服文化，而不是热热闹闹地走形式，大家都应该时刻牢记我们的使命和宗旨</td></tr>
<tr><td>有哪些主意
在现场可以分小组，由专人负责现场秩序，也可以请家长志愿者协助管理现场秩序。在活动开始前，对全体成员进行宣讲，让大家知道活动的目的和意义，带着思考和任务去参加活动</td><td>有哪些问题
丰富多彩的形式使大家都愿意参加我们的活动，这是很好的。可是，活动的组织纪律也非常重要。我们在让大家对活动感兴趣的同时，还要把活动的秩序维持好</td></tr>
<tr><td colspan="2">教师评语
你在反思的过程中，发现大家在服装秀的准备中因为说笑影响了整体的进度和效果。同时，你能够想到避免这个问题再出现的方法，非常棒！通过这几次的活动，老师已经感受到你在不断成长和进步，加油</td></tr>
</table>

学生反思精选（二）

姓名：陈子聪　时间：2019 年 2 月 12 日

提案名称：华服传承小使者

发生了什么	有何感受
捷克艺术之旅，我们向当地师生进行了中国传统服饰文化的推广，把华服文化带到了欧洲，获得了当地师生的好评	我们把华服的魅力带到了国外，让外国人了解了我们中华民族的传统服饰文化，我感到非常的自豪，也感受到了自己身上的责任和使命
有哪些主意	**有哪些问题**
在现场，我们带领捷克的同学们亲自制作中国传统服饰，让他们在实践中亲身感受中国传统服饰文化的魅力。相信在动手实践中，宣传推广的效果会更好	现场用英文 PPT 演示，形式有点单一，应该准备一些华服制作的配套宣传产品，如创意纸膜、AR 绘本等，用不同的形式描绘传统服饰文化，这样展示的效果会更好
教师评语	
看得出来，你对活动中存在的问题进行了深刻的反思，同时又能结合项目，提出有益的建议。你的进步非常明显，希望你能够继续保持，让我们一起努力，为华服文化推广贡献力量	

五、家长感悟——在公益服务中和孩子一起成长

家长感悟精选（一）

让公益成为孩子童年记忆中的亮丽一笔

白皓宁家长

孩子参加“华服传承小使者”服务学习项目，最初给我们家长的感觉是参加一个兴趣小组，项目不错，多少能增长点儿知识。可是渐渐地我们

发现，项目对孩子成长有多方面的促进作用，而且是令人惊叹的。

通过“华服传承小使者”项目，孩子们了解了历史时间轴线上发生的一切，包括朝代的更迭、文明的演进、民族的融合、地域的特色、工艺的发展、民族审美趣味的形成，等等。孩子们从简单的兴趣入门，挖掘探索出各种延伸学科，学到的知识可以说是多维度、多层次、多角度的，这为孩子今后的兴趣走向提供了无限可能。

正是因为获得的文化启迪令人惊喜，孩子们有着非常高的传播热情，特别希望把自己的获得分享给更多的人，这是公益特别宝贵的初衷。这个项目，不仅让孩子们得到了成长，我们家长也受到了教育与锻炼。我们了解了孩子们的愿望，并看着他们把愿望一步步地实现，这是一次亲子共同的成长。

这还是孩子们第一次真正意义上的独立行动。每一次活动的策划、分工、组织、宣传、总结，尽管有老师和家长的协助，但具体实操完全由孩子们做。他们从一开始的不知如何入手，到后来的主动总结经验、积极想办法解决突发问题、事先做好应变预案、学会相互督促与团结协作等，每一次活动都能看到孩子们越来越沉着、笃定、胸有成竹。

作为家长，刚开始我们都很担心一向比较内向的孩子会不会适应向陌生人推广展示，与陌生人的沟通会不会受挫？实际情况却是惊喜连连，孩子们之间的相互影响是那样的自然、有力、持续，只要大家在一起，只要大家付出努力，就一定会成功，这种宝贵的信念贯穿于每一次活动。他们从最初的束手无策，到想办法分工合作、互相帮衬和鼓励，从来没有轻言放弃，从来没有应付了事，从来没有袖手旁观。作为家长，我们看在眼里，心里都在为孩子们叫好。

史家实验学校对孩子们快乐教育、通识教育、综合能力教育的理念一直是我们非常认同的，而在这次“华服传承小使者”公益项目中，我们从孩子们的表现中明显地看到了教育效果的呈现。老师和孩子们既在一起，又不在一起。他们既全面地掌握了孩子们的状况，又充分给予孩子们自由成长的空间。正是在这样的环境中，孩子们拥有了乐观、自信、上进、团结的意志品质。

“华服传承小使者”公益项目无疑是孩子们童年记忆中亮丽的一笔，让我们家长看到了潜藏在孩子身上对知识的热切探索精神、对项目推进的热情与能力、对困难处置的信念与坚持、对团队协作的信赖与投入、对公益倾注的真诚与纯真。孩子们在服务中学习，也在服务中成长！非常感谢学校和老师给予孩子的这一切，相信服务学习项目带给我们和孩子们的是受益终生的财富！

家长感悟精选（二）

用心服务　收获成长

马弋涵家长

这一次的服务学习项目完成后，我感觉孩子的成长非常快。在欣喜之余，我也感慨良多，这是我们刚开始“华服传承小使者”项目时没有想到的。

首先，孩子对历史知识的兴趣被点燃，开始主动学习相关知识。孩子从小通过很多方式学习历史知识，但是在这次活动中，她对历史知识的理解最深刻。因为服饰是一个记录历史很好的载体，孩子会主动用她知道的服饰历史故事把历史脉络贯穿起来，我觉得她的收获非常大。

其次，作为项目发起人和负责人，马弋涵的统筹能力和策划能力有了极大的提升。他们一共组织过 10 多次活动，每一次活动都需要项目发起人提前规划项目细节，统筹人员和活动安排。比如，提前设计易拉宝和服饰介绍的桌牌和卡片，准备服饰文化知识，提前培训现场讲解人员，组织宣传人员现场拍照……这些活动都需要负责人统筹安排，项目成员分头落实。几次活动下来，马弋涵和伙伴们已经配合得非常默契，积累了很好的活动经验，大家能够做到各司其职，把现场安排得井井有条。

记得第一次他们在鸟巢进行推广活动，正好赶上我出差，不能帮助她。她给我打电话，我告诉她现在她就是整个活动的总策划，她要负责给大家分配任务，若人数不够，可以在班里招募志愿者。于是，孩子连夜建立了微信群，把三天后活动的流程和负责人都分配好了。第二天放学后，她还去打印店设计制作了一个展架，虽然整个设计还有点稚嫩，但这些都是一个很好的开端。事实证明，马弋涵和伙伴们在活动当天各司其职，秩序井然地安排了活动的各个环节。

此外，孩子的沟通能力、现场表达能力也得到了锻炼。有一次，马弋涵作为学生代表向东城区教委领导汇报他们的"华服传承小使者"项目。我一直担心孩子在现场会紧张，结果我多虑了，孩子完全能够独立回答教委老师的问题。她落落大方，思路清晰，让我非常吃惊，但是仔细想想，孩子这半年来，几乎每个月都有几次面对不同人群的宣传推广活动，她的胆量和自信心都得到了很好的锻炼和培养。

前一阵子，我带着孩子去国家大剧院看话剧。看完话剧后我们一起步行到天安门看夜景，孩子在夜色下自豪地跟我说："妈妈，我以后要成为一名优秀的服装设计师，专门设计具有现代感的中国传统服饰。"看着她骄傲自豪的神情，我觉得她真的成长了，变得有理想，有目标了！我想，这个项目对于她来说是意义非凡的，她在其中找到了自己真正热爱的事情，并在服务他人的过程中收获了成就感和使命感。我会继续陪伴她，一起为华服传承贡献力量！

六、帮扶对象——公益服务社会，爱心连接你我

帮扶对象感言精选（一）

北京市文汇小学负责人：“非常感谢‘华服传承小使者’项目组为同学们带来这一次颇具特色的传统服饰设计体验活动！在活动中，我校同学们学习了中华民族典型时期的传统服饰。大家一起设计了自己心目中的华服，手工制作了传统服饰，并通过现场服饰表演、服饰文化讲座、AR 魔毯拍照留念等形式进行了互动。活动激发了同学们对传统文化的兴趣，让我们的学生对中华传统服饰文化有了更多了解。希望以后有更多的学习交流机会，同学们一起学习进步！”

帮扶对象感言精选（二）

北京市工人体育馆社区一位爷爷：“‘华服传承小使者’来到我们社区，为我们讲了我国传统服饰的特点，还精心准备了一次颇具特色的传统服饰设计体验活动。孩子们准备得很充分，我们一起手工制作传统服饰，用手工串缝和 AR 绘本体验等形式，学习了解了传统服饰文化。他们的活动形式很丰富，给我们的社区带来了活力。这样的活动非常好，欢迎同学们以后常来我们社区，为我们带来更多更精彩的项目活动！”

帮扶对象感言精选（三）

北京市昌平三中学生：“‘华服传承小使者’项目组的同学为我们讲解了中国传统服饰文化，还带我们一起手工制作了传统服饰。我们通过纸模、手工串缝和 AR 绘本体验等形式，了解了我国的传统服饰文化，设计自己心

目中的华服；还通过 AR 魔毯的动画情景感受，体验了中华传统服饰文化的魅力，我们的收获非常多！我们特别喜欢这样的活动！”

七、成果展示——公益，我们一直在路上

“华服传承小使者”服务学习项目自开展以来，先后走进鸟巢、少年宫、社区、学校等地，累计举办 10 余场活动，影响逾万人，受到社区居民、学校师生等的肯定与好评。项目组创建了“华服传承小使者”微信公众号，定期在线上推送相关知识，发布活动信息和活动精彩瞬间、感悟心得等，让更多的人对中华传统服饰文化有了更丰富、更深刻的认识。中央电视台体育频道、《现代教育报》《北京晚报》等多家新闻媒体对项目进行了报道。因表现突出，项目最终获得了由中国扶贫基金会颁发的“益路同行 · 优秀公益创新团队”奖。

中央电视台体育频道对项目进行报道

04 北京新闻

打破“一间教室、45分钟讲授”的常规模式

大学思政课还可以这样上！

高水平师资双选会举行

一次挂号可实现多学科会诊

图新闻

为迎接2022年冬季奥运会，东城区少年宫美术小组的学员们日前举行了一场“冬奥会礼服设计”活动。师生们以旗袍为基础元素，设计出自己心目中的冬奥会礼服，借助AR虚拟现实技术，将平面的设计图变为立体，直观感受服饰的穿着效果。一件件服饰在孩子们的手中诞生，寄托着他们对于冬奥会的美好憧憬。本报通讯员 周良摄

《北京晚报》对项目进行报道

Modern Education News

现代教育报

普通初中迎来更多发展利好

冬奥礼服我来设计

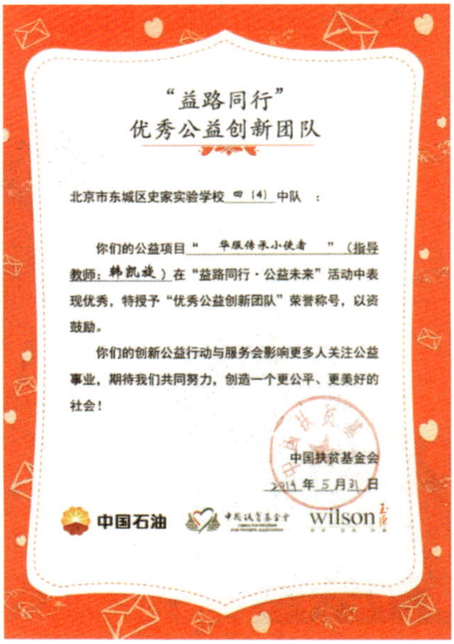

“益路同行”

优秀公益创新团队

北京市东城区史家实验学校 四（4） 中队 ：

你们的公益项目“ 华服传承小使者 ”（指导教师：韩凯旋）在“益路同行·公益未来”活动中表现优秀，特授予“优秀公益创新团队”荣誉称号，以资鼓励。

你们的创新公益行动与服务会影响更多人关注公益事业，期待我们共同努力，创造一个更公平、更美好的社会！

中国扶贫基金会

2019 年 5 月 31 日

《现代教育报》对项目进行报道　　　　项目获得“益路同行·优秀公益创新团队”奖

爱的 1000 次合影

“爱的 1000 次合影”服务学习项目由史家小学四（15）中队阮思涵同学发起，四（15）中队全体成员共同参与完成。项目指导教师为史家小学彭霏老师。“爱的 1000 次合影”服务学习项目自 2018 年 11 月初发起，至 2019 年 5 月底顺利完成。项目组以“离别”“团聚”“陪伴”为主题，走进社区、公园、学校、机场、车站等不同的地方，征集、捕捉到 1000 张各种人们之间的真情合影，然后挑选具有代表性的照片，编写真情故事，引起大家的共鸣，共同构建美好的社会。项目实施以来，项目组先后走进了南门仓养老驿站、东四养老院、东四奥林匹克红枫叶社团、天星调良马术基地、全心全意宠物医院、首都机场、北京师范大学、北京大学、红十字会王府井献血站、798 艺术区等地，累计举办 10 场活动，深度访问 100 多人次，参加人员人均累计跨越 300 多公里，积累了 1000 个爱的合影瞬间和 50 个真情故事，记录生活中美好的瞬间。这些从小学生视角出发，去观察社会中友爱的瞬间，用照片来宣传友爱、关爱、感恩和责任，受到了社会各界广泛好评。

一、指导教师推荐序

“爱的 1000 次合影”这个公益创想来自学生对生活的观察。难能可贵的是，10 岁的孩子能从小伙伴的离别，思考生活中的友爱到底是什么。而我和孩子们将这份真情实感，用观察爱和发现爱的探求方式扩展到社会中。

这个公益项目从开始调研、准备，到实施运行，最后宣讲和推广，经历了半年多的时间，每一次活动都围绕着主题，精心挑选活动地点和访问对象。项目还受到社会各界的支持，以色列航空微信公众平台特别报道了我们的活动，中央电视台《智慧树》栏目的绿泡泡和点博士也特别录制了视频，为我们打气。

在项目核心团队成员的带领下，团队的各项活动有条不紊地开展起来。根据计划，在活动中孩子们要用自己的眼睛去发现身边的故事，拍摄下人们相聚、陪伴和分别的瞬间，体会那一刻的情感，并分享其中的故事。

首先，是“陪伴”的主题。孩子们关注的是老有所养、老有所乐，感受的是对生命和梦想的永不放弃和持之以恒的追求。老人们在分享故事的同时，也和孩子们一起坚定了坚持的信念。养老院的爷爷奶奶期待和小朋友交流的目光让人难以忘记，参加活动后孩子们体会到要好好陪自己的爷爷奶奶聊天。评剧团团长已经80多岁了，但依然身姿稳健，还风雨无阻地去排练。这激励了在场的孩子和家长，原来追求梦想不分年龄。

然后，他们将人与人之间的陪伴，扩展到人与宠物之间的陪伴。让孩子们理解爱是相互的，宠物陪伴了主人的生活，主人也要对宠物的饲养尽职尽责，不能因为宠物变老或照料麻烦就随意放弃。爱动物不只限于自己的宠物，一些人和机构不辞辛苦地照顾流浪动物，也是爱心传递的表现。

其次，是“团聚”和“分别”的主题。这需要孩子们到距离很远的机场、大学去采访和拍照。在国际边检出境口，他们学习和体验爱的分别的故事；在航空办票柜台，他们和外籍乘务组探讨跨越国界的爱的故事。每一次活动都是对孩子们交流能力的挑战和考验，但他们都完成了任务。通过在社会中的采访和实践，他们看到边检民警为保卫公众安全，维护公众健康和保护公共财产，牺牲了与家人团聚的时间。这种爱的本质在世界每个角落都是同样的——无私的奉献。也是这次采访的实践，让孙瑞泽同学更加了解了自己的妈妈。从他小时候，他的妈妈就很少陪伴他度过休息日和节日，他只知道妈妈在机场上班，但不知道具体做什么，原来自己的妈妈作为一名民警，是为了服务好更多的人，才放弃了与他的相聚时间。孩子为此自豪，在每一次活动中更加坚定地去收集他人的爱的故事。

我们的公益项目不仅思考人与人之间的关系，还引入了以红十字会献血为主题的升华活动。这对孩子们是一次震撼，爱的奉献已经超越了血缘和亲情。在收集的故事中，孩子们看到很普通的叔叔阿姨用自己的鲜血救助别人，而接受过他人献血的叔叔阿姨也用同样的方式在救助更多的人。可以说，这些爱的故事在孩子们心中埋下深深的爱的种子。

作为指导老师，我看到了孩子们切切实实的进步。有时邀请访问对象拍照和讲故事时会遭到拒绝，让孩子们有点气馁。每当这时候，我就启发他们多想想成功的案例。伴随着一次次尝试，孩子们慢慢成熟起来。最后一次活动选择在798艺术区，孩子们面对的是陌生的游客，但得益于以往的活动经验和宣讲经验，他们大方、自信地向人们展示着一张张朴实的爱的照片，一段段真实的故事。孩子们成长了，他们在自己受教育的同时，也向人们推广了爱的本质的公益理念。

渐渐地同学们在学校里不会去问为什么我没有得到，不会去说我没有得到我不开心，而是会换位思考，经常会想我可以为别人做什么，我愿意和他人分享甚至帮助别人。韩尚奕同学利用假期时间，远赴青海，慰问当地的老人和儿童。这一切都是孩子们参加这个公益项目之后的巨大改变。

半年多来，虽然团队经历了很多困难和不易，但团队的老师、孩子和家长们都共同出谋划策，相互激励，最终出色地完成了公益创想。我为孩子们的进步感到欣慰，他们已经在公益中受益，学会了珍惜爱和感恩爱。

感谢公益活动带给他们的感悟和成长！

在学校和益路同行平台支持下，四（15）中队得以走进社会，在实践中成长和学习，并反馈、服务于社会。作为一个小学生教育者，我很高兴地看到孩子们在实践体验中重新领悟了书本上传授的理论知识，在公益践行中获得了爱的教育，也完成了爱的宣传的任务。伴随着公众交流工具的发展和发达，在拍照变得便捷、随意的今天，我们的项目重拾拍照的仪式感，并使每一个参与者和受访对象都获得了心灵上的认同感，同时借助收集到的照片和故事向更多的人去推广，让瞬间化作永恒，产生了积极正向的社会共鸣。

指导教师：彭　霏

二、创想梦工厂——种下一颗公益的种子

（一）创想动因

摄影是人类文明的手印，照片记录了无数个精彩的瞬间。一张小小的图片，一张薄薄的相纸，却将人世间无数真情友爱的瞬间成为永恒。生活中有很多充满真情的瞬间，这些瞬间都会成为最美好和珍贵的回忆。随着社会的快速发展，拍照变得越来越方便和随意，却失去了它原有的仪式感。

史家小学四（15）中队阮思涵同学经历了一次与同学的分别后，发起“爱的1000次合影”项目，希望用自己的双眼去观察、用光影留住真情时刻，用照片记录美好的瞬间，并在班级、学校和网络平台进行宣传，倡导人与人之间的关爱。

这次“爱的合影”主题定为“离别”“团聚”和“陪伴”。这出于两方

面考虑：一是他们认为离别的人们最需要合影，尤其是那些暂时无法见面，或者将分别一段时间的人们，他们最需要通过合影来怀念在一起的美好瞬间。所以他们走进机场，为那里即将离别的人们拍摄爱的合影；他们还走进学校，为即将毕业分别的同学们拍摄爱的合影。二是他们发现人和人之间的关系不外乎三种状态：不在一起——离别；短期在一起——团聚；长期在一起——陪伴。因此，除了为离别的人群拍摄爱的合影，他们还为大家拍摄团聚时刻的爱的合影。他们希望通过这个项目，让大家明白人与人之间交流甚至人与动物相处的真谛——爱，他们希望用这1000张真情照片和50个温情故事，让身边的朋友们都能够感受到人与人之间真挚的感情，一起为和谐友爱的社会贡献一份力量。

（二）团队介绍

发起人及总负责人	阮思涵	史家小学四（15）中队长，善于思考，善于与人沟通，表达能力较强。金帆合唱团团员。曾在史家“创·智汇”活动中担任CMO。本项目的发起人和总负责人
团队伙伴	韩尚奕	史家小学四（15）副中队长，热衷于班级各项活动，阳光开朗，乐于助人，热心公益，善于沟通，有很强的组织应变能力。在本项目中负责组织工作
	孙瑞泽	史家小学四（15）中队队员，热心公益，团队意识强。校足球队成员，曾担任故宫小讲解员。在本项目中负责财务工作
	赵子墨	史家小学四（15）中队委员，热情开朗，善于观察，做事有责任心，擅长钢琴和绘画，在各种比赛中获得过优异成绩。在本项目中担任宣传负责人
	张嘉耀	史家小学四（15）中队队员，活泼开朗，热情大方、善良，热心公益，团队意识强。在本项目中负责外联工作
指导教师	彭　霏	史家小学四（15）班班主任，关注学生成长，担任多年班主任工作，教学经验丰富，组织策划能力强，能够为本项目提供指导工作

（三）实施过程

“爱的 1000 次合影”项目自 2018 年 11 月发起，至 2019 年 5 月底圆满结束，共分为准备、实施、总结三个阶段。

第一阶段（2018 年 11 月 1 日至 12 月 20 日）：准备阶段。核心成员积极在班级和学校招募活动志愿者，准备摄影和采访所需的各类器材，并申请公众号，发布项目动态。项目成员在指导团队的协助下，完成了横幅、易拉宝等宣传品的设计与制作。为了保证项目质量，团队成员还接受摄影技术和采访技巧培训。

第二阶段（2018 年 12 月 1 日至 2019 年 5 月 19 日）：实施阶段。项目组以“团聚”“陪伴”“离别”为主题，去往不同的场合拍摄“爱的合影”。

首先是“团聚”主题拍摄。项目组成员利用公众平台，向社会各界征集与亲人团聚的合影。同时，他们还走进红十字会王府井献血站，记录那些无私的奉献者，用影像和故事持续传递温暖与真情。

在“陪伴”主题的拍摄中，他们走进了南门仓养老驿站、东四养老院、东四奥林匹克红枫叶社团，记录老年人的幸福瞬间。除了人与人之间的真情陪伴，项目组成员还将目光投向宠物，为此他们走进天星调良马术基地、“全心全意”宠物医院，记录人与动物之间爱的瞬间，了解背后的真情故事。

在“离别”主题拍摄中，项目组成员锁定机场和毕业季的校园，因为这些地方经常上演着“相聚与分别”。于是项目组成员走进首都机场、北京师范大学、北京大学等地，收集爱的合影及其背后的故事。

最后，项目组在798艺术区成功举办了项目照片展。

项目组成员深度访问100人，人均累计跨越300多公里，积累了1000个爱的合影，记录生活中美好的瞬间。

第三阶段（2019年5月20日至5月31日）：总结阶段。项目团队按照计划完成活动后，全体成员在指导老师的带领下，整理照片素材和故事，形成活动影集——《爱的合影》。项目团队还参加了学校“六一”展演，在全校师生面前展示项目成果，扩大项目影响力。

三、学生行动日记——记录公益之花盛开全过程

学生行动日记精选（一）

2019 年 2 月 23 日　星期日　晴

四（15）中队　韩尚奕

阳光明媚的周末早上，我们“爱的 1000 次合影”公益小组又出发了，这次我们的目的地是顺义的天星调良国际马术俱乐部，与马亲密接触，了解马的特点、生活习性，以及它们和主人的故事。

走进马场，首先映入眼帘的是一片宽阔的草地，几名教练正带着学员训练。学员中有成年人，也有小孩，最小的四五岁的样子。我很佩服他们的胆量，缰绳在他们小小的手里操控自如，真是帅气！我们几个同学不禁驻足欣赏，用手机拍下了他们帅气的背影。再往里走，我们到了马厩。这可是今天的“重头戏”。我兴奋地拿出了之前准备的胡萝卜，准备让马儿们吃个饱。刚进去时，我有点胆怯，带队的教练告诉我们不用害怕，马是非常温驯的动物，它们是靠嗅觉感知外面的世界；喂马之前，先让马闻闻手上的气味儿，马儿们一旦熟悉了气味，再喂它们食物，它们就会乖乖地吃了。于是，我们按照教练说的做，果然效果很好！我们一边喂马一边拍照，

记录下一个个亲昵的瞬间。

教练告诉我们，不同品种的马，体格大小相差悬殊。重型马匹，体重可达1200公斤，体高200厘米；小型品种，体重不到200公斤，体高仅95厘米；还有矮马，仅高60厘米。教练讲解的过程中，我们看到一个小朋友牵着一匹小马从我们身边经过，小朋友和小马和谐相处，画面实在太温暖，于是我们赶紧凑上前去，和这匹小马拍了张开心的合影。

在教练的带领下，我们在马厩里四处参观，捕捉人们和马儿友爱的瞬间。正好我看到一个外国阿姨，她对马可好了，给它洗澡、按摩，还烤红外线。我问她为什么还要给马烤红外线呢？阿姨告诉我，因为马训练完后身上有很多汗，洗完澡要用红外线把身体烤干，这样马才不容易生病，也非常干净漂亮。看着这么漂亮的马和这么善良的阿姨，我和他们也拍下了难忘的合影。

今天通过参观马场，我对人类的朋友——马这种动物有了更深刻的认识和了解。我们几个同学和家长们都受益匪浅，那就让我们和教练们留下美好的合影吧！“咔嚓！”相机快门按下的那一瞬间，我深深地体会到，照片记录下的是我们童年每一次出游、每一次体验、每一个和小动物相处的瞬间、每一次爱的体验……我们一定要把“爱的1000次合影”进行到底！

学生行动日记精选（二）

2019年3月23日　星期六　晴

四（15）中队　孙瑞泽

今天，我们来到了国家移民局北京出入境边防检查总站，在这里工作的叔叔阿姨接待了我们。叔叔阿姨告诉我们，这里是国门线，也就是祖国的大门。每天都有很多很多的中外旅客从这里进出，为了使所有旅客都能顺利、快速地通关，他们要每天24小时坚守在这里。

在过去的2018年，这里平均每天接待的客流量就高达8万人。在边检现场，我们看到旅客中有老人、小孩、年轻人，有中国人、外国人……不一会儿边检窗口就排起了“长龙”。边检站的叔叔阿姨们镇定自若，仔细核对护照上的所有内容，并与电脑系统上的信息进行确认。看着护照和电脑系统里密密麻麻的文字，真难以置信他们实际核查每位旅客的时间都在半分钟以内，工作效率超高！现场还会出现各种突发情况，但他们都会尽职尽责、细致耐心地给予解决。

就在这时，我看到一位老奶奶焦急地东张西望，正在给我们讲解的叔叔赶忙跑过去问原因。原来，因为旅客太多，老奶奶找不到自己的儿子了，可她的护照还在儿子的手里。叔叔一边安慰老奶奶，一边帮忙寻找她儿子。好在很快就找到了，我也跟着松了口气。

叔叔说，每天类似这样的事可多了。有一次，一位来北京看病的人一到机场就发病了，昏迷，不断呕吐，机场执勤的叔叔全然不顾秽物，全力救助病人；同时还与正在海关外等待的旅客亲属取得了联系，一直到急救中心医生将其护送至等候的亲人身边，目送其安全离去。至此，紧张而又充满温情的病人救助工作画上了圆满的句号。

通过这些故事，我明白了中国边检警察用实际行动关爱着每一位旅客，他们牺牲了自己的休息时间和与家人团聚的美好时光！我们感谢这些大爱无私的叔叔阿姨，感谢他们用自己与家人的分别，换来旅客们的相聚。每一位旅客的相聚背后，都离不开他们的爱的守护。正是他们的付出，成就了我们社会大家庭的爱的合影。请让我与心中最可爱的叔叔阿姨拍下合影，每当我看到与他们的合影，就不会忘记像他们一样做一个心中有大爱、为大家无私奉献的人！

四、家长感悟——在公益服务中和孩子一起成长

家长感悟精选

定格瞬间感动，蕴蓄大爱之情

韩尚奕家长

2019 年以来，历时半年的时间，我追随孩子“爱的 1000 次合影”公益项目的脚步，走进社区、养老院、大学校园、机场等地，先后走访 10 处公共场所，深度采访 100 人，积累了 1000 张爱的合影，将爱的瞬间定格为永恒的记忆。

一路走来，我真切地感受到了孩子的成长与改变。韩尚奕在此次活动中担任组织委员，负责每一次活动的具体安排、组织工作。每一次他都能够认真地完成任务，同时还会协助发起人做宣传物料的筹备工作。

以前，韩尚奕是个非常不爱拍照的男生，每次拍照，他总是躲着不拍或者摆鬼脸，调皮捣蛋。通过参加“爱的 1000 次合影”公益活动，他懂得了拍照不仅仅是个形式，更不限于一张照片、一个合影，而是了解了拍照、合影背后的意义——用爱的光影留住真情的时刻，用爱的照片记录下美好的瞬间。活动中，孩子非常配合拍照合影，不光以身作则，还帮助身边的小伙伴们投入活动；不光为大家承担起拍照的任务，还组织协调拍照的纪律，排队形、想姿势，仿佛变了一个人，一下子长大了好多！

为了能给项目组提供更多更好的素材，让孩子有更直观、真切的感受，

课余我带孩子参与了一些自发的公益活动，让孩子更全面、多维度地了解公益活动的含义。

寒假期间，我们远赴青海藏区，给那里的贫困户送温暖。这不是一件容易的事，因为青海地处高原，高原反应让孩子和大人很难受，但是我能感觉到孩子满满的热情。他拿出了自己的压岁钱，为当地学校的学生送去了笔、本和各种书籍；跟着我们一起开车上百公里，在藏地高原为 20 多户贫困户送去酥油、砖茶和慰问金，还给贫困户的小朋友送去了从北京带去的糖果和零食。路途遥远，山路不好走，有的地段被冰雪覆盖，我们还要下来推车才能继续往前行，孩子明白了什么叫“跋山涉水”“千里迢迢”；到了贫困户家里，看他们的家，孩子明白了什么叫“家徒四壁”“一贫如洗”……

孩子多次跟我说：“妈妈，我心里真难受，我们再多给他们一些钱吧，以后我每年都要来看他们。”我觉得通过真实的感受，让孩子明白了生活有很多种，在偏远贫困地区有很多孩子吃不饱、穿不暖，有很多人没钱治病，他们需要别人的帮助。

在贡嘎县的老人院，孩子为孤寡老人盛饭端菜，为百岁老人剥橘子皮并将橘子喂到他们嘴里，我用相机记录下这珍贵的一幕幕；在跋山涉水的路途中，孩子把自己从北京带来的大白兔奶糖、旺旺雪饼放到一个个藏族小伙伴的手中，与他们留下珍贵的合影；在热贡县唐卡学校，孩子为学习画唐卡的哥哥姐姐们分发了从北京带来的笔和本，与老师和同学们留下了一张张珍贵的合影。这一路，我看到孩子的成长与进步，看到他小小的内心里蕴藏着大大的爱心，感受到他坚强的外表下无比柔软的内心。

身教胜于言传！我们家长一直本着这个初心，让孩子懂得大爱，懂得惜福，懂得感恩。一路上孩子用自己手中的相机记录下每一个爱的瞬间，作为家长，我也用手中的相机为孩子记录下这一程各种难忘的瞬间。“爱的

1000次合影”公益项目让我们重新审视生活，善于发现生活中值得回味的瞬间，把精彩的瞬间化为永恒，留在我们的记忆里。

五、帮扶对象——公益服务社会，爱心连接你我

帮扶对象感言精选（一）

首都机场国际边防范警官：“3月下旬，作为一名普通的边防移民局警察，我和同事们一起接受了史家小学‘爱的1000次合影’项目组的采访。孩子们来采集发生在边防检查中的故事。其实，我们这里的故事可真是多呢！每天都有突发事件发生，大大小小的，每次都要以旅客安全和解决问题为优先，随机应变。看着天真的孩子敬佩地看着我，我也想起了自己的女儿。在首都机场国际边防工作，最近几年春节总有几天因为值班，不能跟心爱的女儿一起度过。感谢孩子们来给我们拍合影，倾听这里的故事，我觉得很温暖。我也很感谢家人的支持！这是我的工作，我为自己的工作感到自豪！我会继续这些爱的故事！”

帮扶对象感言精选（二）

以色列航空市场负责人严先生：“史家小学‘爱的1000次合影’项目组一行20人，经过我向以色列航空总部特别申请这次活动。以色列航空总部高度重视这次交流活动，也做好了充分的准备工作。总部领导很高兴能有机会让乘务组与中国小学生进行国际交流活动。当天在活动现场，开始时我真为孩子们捏了一把汗，但交流过程非常顺利。这次交流跨越了国界，孩子们的爱心、自信和努力，让我们每一个工作人员和外籍乘务组非常感动。当时正值办票时间，很多旅客办好票后都驻足观看。这个活动使旅客

们进一步了解了以色列航空公司的服务和公司文化，也使我们的工作人员更加自豪自己的职守。这是非常好的一次活动，促进了机组人员和旅客之间的理解；这也是一次很有意义的国际交流，让我们知道了在史家小学有这样一群充满爱心的孩子！”

六、成果展示——公益，我们一直在路上

“爱的1000次合影”服务学习项目自开展以来，先后走进养老院、社团、马术基地、宠物医院、机场、大学、献血站、艺术区等地，累计举办10场活动，深度访问100多人次，参加人员人均累计跨越300多公里，广泛记录生活中美好的瞬间，受到了社会各界广泛好评。因表现突出，项目最终获得了由中国扶贫基金会颁发的“益路同行·优秀公益创新团队”奖。

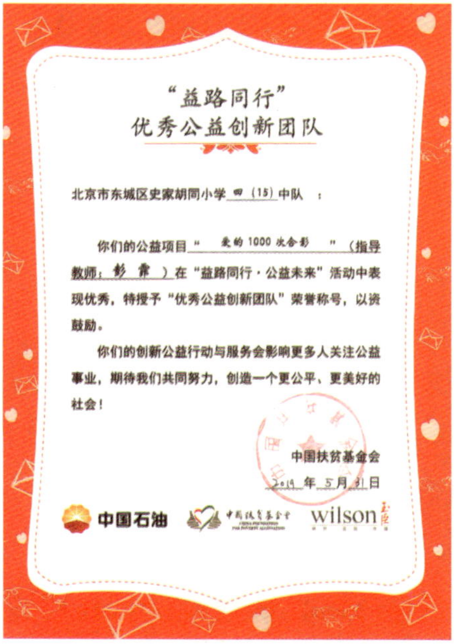
“益路同行”
优秀公益创新团队

北京市东城区史家胡同小学四(15)中队：

你们的公益项目“爱的1000次合影”（指导教师：彭霏）在“益路同行·公益未来”活动中表现优秀，特授予“优秀公益创新团队”荣誉称号，以资鼓励。

你们的创新公益行动与服务会影响更多人关注公益事业，期待我们共同努力，创造一个更公平、更美好的社会！

中国扶贫基金会

2019年5月31日

中国石油　中国扶贫基金会　wilson

项目获得“益路同行·优秀公益创新团队”奖

萤火虫计划

“萤火虫计划”服务学习项目由史家小学二（3）中队王婉宁同学发起，二（3）中队全体成员共同参与完成。项目指导教师为史家小学张滢老师。“萤火虫计划”自2018年11月发起，至2019年6月顺利完成。其间，项目组开展了多种活动，如给快递车张贴反光标、走访交通队、去社区宣传、慰问快递员等，通过设计并粘贴反光标志、法规宣讲、情景重现、互动参与、有奖问答等多种方式开展安全宣传活动。自项目实施以来，项目组先后走进北京二中分校、史家社区、朝阳门社区、大方家回民幼儿园、南竹竿社区、东单交警支队等地，累计举办10余场活动，为200多名快递员和外卖员进行安全宣传，帮助大家强化交通安全意识，减少交通安全隐患。

一、指导教师推荐序

服务学习项目已经进行到第三届了，这次我们二（3）中队王婉宁同学发起的“萤火虫计划”项目成功入选。这个项目萌发于王婉宁同学对日常生活细致的观察与深入的思考。她通过亲身经历的交通事故，发现快递车在夜间行驶不易被发现，容易造成交通事故，因此萌生了一个简单、有效的措施——给快递车贴上醒目的反光标志，这样即使在夜间，后面的车也能及时发现快递车，也就不会发生类似追尾、剐蹭的交通事故了。同时，她还起了一个生动形象的名字——“萤火虫计划”。

非常幸运的是，“萤火虫计划”项目经过多轮筛选成功入选。拿到这个来之不易的名额，全班同学都积极加入“萤火虫计划”公益项目中。从前期筹备到最终实施，历时近 7 个月，参与项目的每一个人都有了不同的收获。作为项目指导老师，我有许多的感触。

在项目进行中，这批“10 后”孩子展现了他们敢想敢做、勇于表现的特点。作为二年级的小学生，面对未知的环境、陌生的宣传对象，他们敢于交流、善于沟通，所表现出来的能力与兴趣超出家长和老师的预期。记得在二中分校开展活动时，孩子们虽然做了充分的准备，还做了 PPT，但真要进入中学的课堂开始宣传时，他们又紧张起来，5 个人靠着墙扎在一起，谁也不愿意第一个进去。最后还是家长把孩子强行推了进去。然而他们步入教室后，很快就进入状态，流畅、富有感情地介绍着项目。台下的观众肯定想象不出他们刚才紧张的样子。

他们展现出让家长和老师惊奇的“隐藏能力”，在活动过程中面对具体问题或临时问题时会冒出许多想法。遇到问题后，孩子们经常聚在一起讨论，你一言、我一语，一个个问题被解决，一个个主意又随之而出。在旁边的家长和老师，就仿佛看到了一簇簇跳动的火花，这大概就是集体的智慧与力量吧！

起初，有些家长比较担心外出宣传时孩子们能否适应陌生的环境。但事实证明，对于不同的活动场景，孩子们会设计出不同的活动计划。在交警队，他们认真学习，积极提问。在社区，他们派发印有宣传内容的购物袋，受到社区居民的欢迎。在快递公司，他们以“辛苦的快递员叔叔”为题进行绘画创作，并将图画作为礼物，赠送给快递公司，迅速拉近了彼此的距离。他们还将印有项目标志的手套赠送给快递员，顺利地完成了交通安全宣传。孩子们设计了 4 套不同的安全提示，分别针对幼儿园小朋友、中学生、社区居民和快递员。这种有针对性的宣传，使宣传本身更吸引受众，也更好地达到了宣传效果。

当然，他们在活动中的优秀表现离不开家长、老师的协助。作为班主任老师和项目指导老师，我给全班家长讲解项目的意义，并且发动全班家长的力量。有的家长提供了能够对接的社区资源，有的家长提供了能够给予政策法规指导的交通队信息，有的家长负责起活动过程中的摄影、录像……全班同学均以不同形式参与项目，扩大了项目的影响范围。

做公益是史家小学学生的必修课，孩子们虽然年龄小、力量薄，但他们用自己的行动感召着社会上更多的力量。活动锻炼了他们的勇气与表达能力。这更是史家教育集团战略“种子计划”培养生命意识、责任意识和尊重意识的成果和缩影。

指导教师：张　滢

二、创想梦工厂——种下一颗公益的种子

（一）创想动因

快递与我们的生活日益密切。几乎所有的快递员使用的主要交通工具是电动车。为了保证货物及时送达，快递员驾驶电动车穿梭于车流、人流。由于电动车噪声小，不易被发现，尤其是在夜间光线较暗的街道，更容易发生交通事故。

王婉宁同学就遇到了这样一件事，一天爸爸开车带她回家，当时已经晚上 8 点多，本应该不堵车。但是他们被堵了半天，原因是道路较黑，一辆汽车没看到停在路旁的快递电动车，发生了剐蹭事故。双方争执不下，后面车辆只能从他们旁边小心翼翼地开过去。

由此她想到，如果给快递车贴上醒目的反光标志，那么即使在夜间，也很容易看到电动车，也就不会发生追尾、剐蹭等交通事故了；如果对快递人员和行人多进行安全宣传和提示，提醒快递员注意周边的行人，提醒行人留意周边的电动车，也会减少电动车与行人之间的交通事故。

于是她发起“萤火虫计划”项目，从两个方面开展项目宣传和实施。一方面针对快递，为其设计反光图标并粘贴在车尾，并向快递人员进行安全宣传；另一方面针对行人，通过发放安全宣传单等方式，向身边的居民进行安全宣传。通过项目的实施，希望减少由快递电动车引起的交通安全事故，提高人们的交通安全意识。

（二）团队介绍

发起人及总负责人	王婉宁	史家小学二（3）中队队员，有较强的耐力和分析能力，是项目的发起人及总负责人
团队伙伴	张馨心	史家小学二（3）中队队员，细心、严谨，性格稳重，在本项目中负责财务工作
	汪馨阳	史家小学二（3）中队队员，热情、开朗，善于应用电脑制作宣传材料，在本项目中负责宣传工作
	王一茗	史家小学二（3）中队队员，热心公益，善于沟通，有很强的组织能力，在本项目中负责组织工作
	周沛慈	史家小学二（3）中队队员，善良、温和，喜欢帮助别人，有很强的沟通能力，在本项目中负责外联工作
指导教师	张 滢	史家小学二（3）班班主任，热心公益，思维缜密、条理清晰，担任多年班主任工作，经验丰富，注重对孩子多元能力的培养，并能及时进行有效的指导。在此项目中帮助协调同学关系，完善项目，引领同学们完成计划

（三）实施过程

“萤火虫计划”项目自 2018 年 11 月发起，至 2019 年 5 月底圆满结束，共分为调研阶段、准备阶段、实施阶段和总结阶段。

第一阶段（2018 年 11 月 15 日至 2019 年 1 月 31 日）：调研阶段。核心成员查阅资料，搜集快递电动车交通事故案例及其相关的法律规定；走进史家社区，调研社区中出现的与快递相关的交通安全问题，确定宣传的时间、具体场所；走进顺丰、EMS 等快递集散点，与快递员进行沟通，调研快递的实际困难与切实需求。

第二阶段（2019 年 2 月 1～28 日）：准备阶段。通过对社区和快递集散点的调研，核心成员将收集的相关事故资料进行整理、归类、总结，制作交通安全宣传 PPT、安全宣传单等宣传材料。此外，项目组成员根据快递行业的具体需求设计反光标志的图案，并在班级发起以“辛苦的快递员叔叔”为题的绘画创作活动，为后续的宣传做好准备。

第三阶段（2019 年 3 月 1 日至 4 月 30 日）：实施阶段。项目组成员走进北京二中分校、朝阳门社区、大方家回民幼儿园、南竹竿社区以及中通、圆通等快递集散点，进行法规宣讲、情景重现、互动参与模拟、有奖问卷答题等多种形式的宣传活动，将采购的反光图标粘贴在快递电动车上，并向周边居民宣传推广。项目组成员还走进东单交警支队汇报项目，并听取交警人员的专业意见。

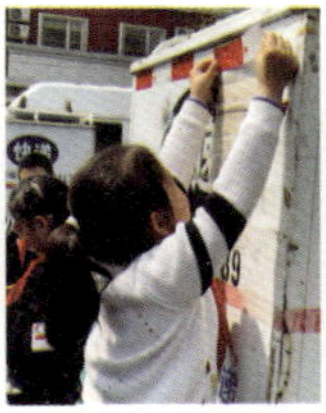

快递
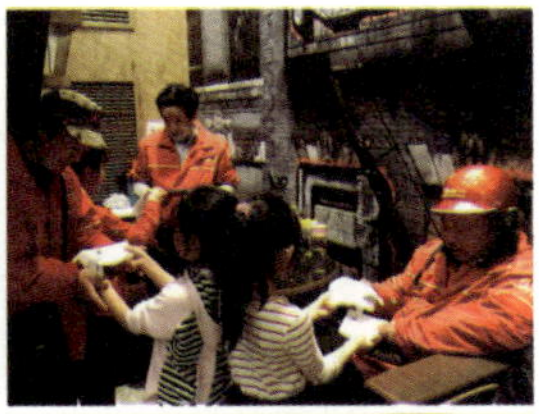

对党忠诚 服务人民
执法公正 纪律严明

对党忠诚 服务人民
执法公正 纪律严明

DAFANGJIA
MUSLIM KINDERGARTEN
大方家回民幼儿园

第四阶段（2019 年 5 月 1 日至 31 日）：总结阶段。活动顺利完成后，全体成员对活动进行梳理和反思，并形成项目成果集《快递员安全行车指南》，同时精心编排节目，参与学校“六一”展演，总结、分享项目经验，持续扩大项目影响范围。

三、学生行动日记——记录公益之花盛开全过程

学生行动日记精选

2018 年 11 月 20 日　星期二　多云

二（3）中队　王婉宁

我们的项目在全班同学的支持下，终于上线了！接下来，我们的具体行动也就该开始了。这时候，班主任张老师建议我们 5 个项目核心成员开个会，一起商量，一起想方法。所以，今天放学后，我就组织了团队的其他 4 位成员，希望大家能开动脑筋，一起出主意，让我们的项目计划更加完善。

我问大家：“咱们的反光贴到底要贴在哪儿呢?”我刚说完，大家纷纷发表自己的意见：“咱们就直接去给快递电动车贴吧！”这个主意不错，可是马上有伙伴提出疑问："那我们去哪里贴呢？总不能站在马路上随便拦车贴吧？"

我突然觉得每个人说的都很有道理。"那怎么办？咱们买快递贴，然后再贴？""那要买多少呀？""咱们还得提醒行人注意快递电动车。""去哪里给行人宣传呢？"……

我们讨论着，问题一个个地冒出来，好多以前我没想到的问题都被大家提出来了。虽然这次讨论没有什么具体的结果，但是大家在一起讨论，想得更全面，会让问题变得更清晰、更有条理，会突出问题的关键。今天讨论完，我们会根据大家的意见，先去离我们最近的社区服务站问问，向附近的居民和社区的工作人员咨询一些好的建议，一定能学到不少知识和经验。我相信我们的项目会越来越顺利的！

四、家长感悟——在公益服务中和孩子一起成长

家长感悟精选

体验付出的快乐

汪馨阳家长

听说孩子要作为核心成员参与一个公益项目时，我的内心充满疑问：二年级的孩子能做什么？能做公益活动吗？能为社会作贡献吗？但是看到孩子和项目发起人王婉宁有模有样地开始准备自己的项目时，我才意识到这几个孩子是认真的。

随着项目的推动，孩子们的热情就像滚雪球一样，越来越大。作为家长志愿者，我们也打起了十二分精神，参与到项目中。孩子们作为"10后"，有着他们的不足和特质。他们的表现欲望与能力，超过了我们这一代人，甚至超过我们这一代人的想象。在社区、快递公司、交警队、中学、

幼儿园等不同的场所宣传时，孩子们都能自如地“切换”；面对不同年龄层次、职业特点的宣传对象，他们能用不同的方式、方法进行宣传。

我印象最深的一次就是和孩子们一起去中通快递公司，那次的活动内容是给快递电动车贴反光标。在学校时，孩子们就激动得不行，我还以为是因为不用上课，能够出去玩，所以孩子们兴奋。到了快递公司，开始给快递车贴反光标时，我才体会到了什么是“争先恐后”。孩子们三两个一组，为快递车清洁表面，比画合适的位置。他们有的负责裁剪，有的负责揭下贴纸，有的踮着脚粘贴反光标，有的负责压实、捋平。贴完一辆车，又小跑着来领反光标，寻找下一辆电动车。没过一会儿，这个快递集散点所有的电动车的侧面、后面都贴上了反光标。最后，孩子们还不忘整理地面，将撕下的贴纸收纳好。忙活了半天，孩子们的脸上没有疲惫，显现的都是单纯的满足。看着孩子们专注地完成有意义的事，我感觉欣慰与自豪。

这里固然有老师和家长的付出与指导，但真正实施活动时，家长和老师都是旁观者、记录者。这些二年级的孩子自主交流、行动、总结、讨论，将该项目从始至终地坚持下来，圆满完成。相信这次宝贵的经验，不仅激励了孩子，也激励了家长，让孩子对自己有了新的认识，让家长对孩子有了新的期待。感谢项目平台提供的宝贵机会。

五、帮扶对象——公益服务社会，爱心连接你我

帮扶对象感言精选

中国邮政 EMS 北京金宝街站负责人杨先生：“史家小学二（3）班的‘萤火虫计划’的成员利用周末时间来到了我们公司，与快递工作人员进行

了多种方式的互动，增进了彼此间的了解，还进行了交通安全宣传。孩子们代表全班同学表达了对快递工作人员用辛勤劳动为大家生活提供便利的感谢，还将自己制作的各种交通安全标志贴在了快递车上，现场与快递员进行互动问答。他们将印有‘萤火虫计划’项目标志的手套作为奖品，送给了参与活动的快递员。感谢这群可爱的孩子们，虽然他们年龄小、力量薄，但是他们用自己的行动感召着社会上更多的力量。”

六、成果展示——公益，我们一直在路上

“萤火虫计划”服务学习项目自开展以来，项目组成员先后走进学校、社区、幼儿园、交警支队等地，累计举办 10 余场活动。他们设计并粘贴反光标志，对 200 余名快递员和外卖员进行安全宣传，帮助大家强化交通安全意识。项目得到交警、社区、快递公司多方关注与配合。因表现突出，项目最终获得了由中国扶贫基金会颁发的“益路同行 · 优秀公益创新团队”奖。

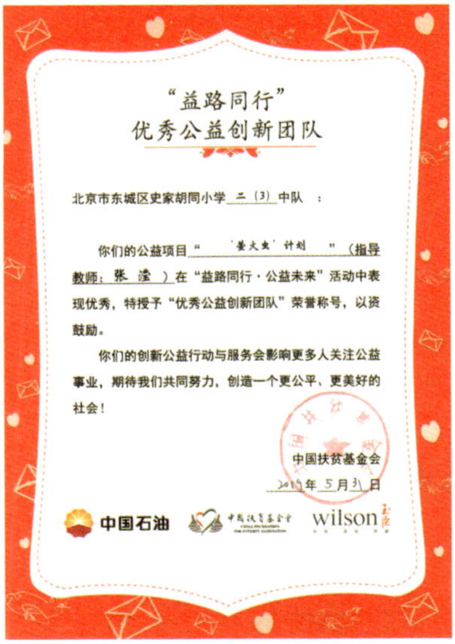
“益路同行”
优秀公益创新团队

北京市东城区史家胡同小学 二（3） 中队 ：

你们的公益项目“ ‘萤火虫’计划 ”（指导教师：张 滢 ）在“益路同行 · 公益未来”活动中表现优秀，特授予“优秀公益创新团队”荣誉称号，以资鼓励。

你们的创新公益行动与服务会影响更多人关注公益事业，期待我们共同努力，创造一个更公平、更美好的社会！

中国扶贫基金会
2019 年 5 月 31 日

中国石油

项目获得“益路同行 · 优秀公益创新团队”奖

史家博物文化小主讲

“史家博物文化小主讲”服务学习项目由史家小学三（4）中队陈泽宽同学发起，三（4）中队全体成员共同参与完成。项目指导教师为史家小学刘晓珊老师。“史家博物文化小主讲”项目自2019年1月发起，至2019年6月初顺利完成。项目组通过向专家学习、实地培训、绘制漫画等方式了解博物文化，编写项目成果集《史家娃绘文博》。项目组先后走进首都博物馆、故宫博物院、韩美林艺术馆、观复博物馆、朝阳门街道新鲜社区、朝阳公园、三间房街道双柳社区、中国园林博物馆等地，累计举办10场活动。通过传播博物馆知识和博物馆的学习方法，让大家了解中华文化并传承中华文化。项目受到社会各界广泛好评。项目组还开通了微信公众号及时进行活动展示和宣传，北京晚报、“观复博物馆”微信公众号等媒体对项目进行了报道。

一、指导教师推荐序

文物看似离我们遥远，却涤荡着历史的尘埃，镌刻着岁月的痕迹；而在现实生活的强劲脉搏里，我们也能时时处处感受它们的气息。在史家小学三（4）班，有这么一个爱逛博物馆的孩子，他就是陈泽宽。每逢假期，他最爱去的地方就是博物馆。慢慢地他发现了一些问题：不是所有人都能掌握博物馆的学习方法，即使是在北京，也不是所有同学都能有机会走进博物馆学习，更别说全国范围了。因此，他的小脑袋里孕育着一个计划：要建立一支史家小学的“博物文化小主讲团”，组建博物馆小课堂，将自己的所学所得，用孩子的语言和图画表现出来，教会更多人在博物馆学习的方法并传播博物文化，提高大家对博物文化的热爱。他积极参与第三届“益路同行”的案例征集活动，一路披荆斩棘，顺利通过答辩，成为 20 个上线项目之一。

随着项目的启动，我根据孩子们的兴趣爱好与特长，将他们进行了分组，并制订了详细的活动计划：前期调研，与专家进行沟通，博物馆踩点，宣传单设计……从 2019 年 2 月开始，我们的活动进入实施阶段。

1 月底正是紧张的期末复习阶段，我们把大名鼎鼎的朋朋哥哥邀请到三（4）班教室，给孩子们做活动前的培训。朋朋哥哥风趣幽默的讲解，使他们明白了博物馆的重要价值：博物馆收藏着人类的记忆，珍藏着民族的灵魂，记录着时代的变迁，抵御着岁月的侵蚀；通过博物馆，我们可以以史明智，鉴往知来，可以感受美、享受美，激发我们对未来的追求与向往。孩子们迷上了朋朋哥哥的课，更爱上了博物文化！

我们的活动还得到了很多知名专家的支持。

耿硕老师是中国历史文物界的大咖专家，既是第一季《国家宝藏》的国宝守护人，又是故宫文博课的专家。耿老师了解我们“博物文化小主讲”项目之后，被孩子们对传统文化的热爱感动了。他冒着严寒，在首都博物馆为孩子们进行讲解。耿老师的讲解细致入微，带着孩子们一路走，一路看，让孩子们了解到古都北京的千年变化。耿老师告诉孩子们，理解古人，也是理解我们自己，今天我们要努力超越时代的局限，在一个更宏大的时空中去理解历史，去理解世界文化的多样性，才能对人类的未来充满责任与信心。孩子们被耿老师的讲解震撼了，他们终于明白什么是学无止境、胸怀天下的人文追求。

马未都老先生创建的观复博物馆也为我们敞开了大门。他们为孩子们精心设计了课程，为我们的讲解作了悉心的指导，马未都爷爷还告诉孩子们：在古代文物面前，要怀着虔诚的心；博物馆不仅为你打开眼界，还为你铺平一条快乐的人生大道。我们的活动还得到了韩美林艺术馆、花伴侣培训机构的大力支持，他们对公益项目的这份热忱，也深深感染着孩子。

孩子们在项目书中提出：“要通过我们的宣讲，让更多的孩子了解博物文化，爱上博物文化，传承博物文化。”我们所选择的博物馆涉及的面非常广泛，既有像国家博物馆、首都博物馆这样的传统意义上的综合性博物馆，也有韩美林艺术馆、园林博物馆这样的主题展馆。我们还在线上与线下扩大宣传的范围：邀请涞水的贫困山区师生来到观复博物馆，为他们宣讲文物知识；创建了微信公众号，推送活动新闻，用孩子们喜闻乐见的方式宣传博物文化；刊印了《史家娃绘文博》宣传手册，孩子们用稚嫩的画笔，把自己对文物的了解、认识和情感融入一幅幅四格漫画中。此外，我们还先后走进 3 所学校、3 个公园、4 个商场、5 条胡同、5 条街道、12 个社区、15 个博物馆进行调研和宣传。在学校“六一”演出中，我们还表演了自己创编的《三字歌》。

在一次次活动中，我见证了孩子们的成长。在汇报表演中，孩子们知道了什么是“台上一分钟，台下十年功”；孩子们在发放传单时，品尝到了不被认可、不被接纳的滋味……

作为“博物文化小主讲”项目的指导老师，我与孩子们一起经历了申报、答辩、立项、开展活动、成果汇报等每一个过程。在这段紧张而忙碌的日子里，我为孩子们对中国传统文化的那种热情而激动，为孩子们宣讲博物文化的那份认真而感动，更为孩子们在服务别人的同时也在不断成长而感到欣喜。今天，一颗“爱上博物，传承文化”的种子已经种在了孩子们心中，希望伴随着他们的成长，中国博大精深的传统文化能够在这些孩子和更多的孩子心中生根、发芽，开出绚丽的花，结出丰硕的果。

指导教师：刘晓珊

二、创想梦工厂——种下一颗公益的种子

（一）创想动因

国博课程是陈泽宽喜爱的一门课程。他利用课余时间，陆续参观了北京地区的许多博物馆，都快成为博物馆方面的“小专家”啦！可是博物馆里有太多的文物，如果一个一个去看，根本没有办法在一天之内看完。而且，北京的博物馆非常多，每个博物馆都有自己的特点和“镇馆之宝”。爸爸妈妈告诉他，许多偏远地区的孩子生活艰苦，有的连学费都交不起，更没有能力来北京参观博物馆。

因此，他希望建立“博物文化小主讲团”，把自己在博物馆看到的、在大自然学到的知识汇集起来，通过网络共享给更多的人，与偏远地区的小朋友们一起分享。同时，项目组还走进博物馆，开设博物馆小课堂，教会更多的人在博物馆学习的方法，让感兴趣的小伙伴们也能学到博物馆方面的知识，让大家更加热爱中华文化，主动传承中华文化。

（二）团队介绍

发起人及总负责人	陈泽宽	史家小学三（4）中队中队长，史家胡同博物馆讲解员、校英文戏剧社成员，积极参加公益活动，热爱自然与中国传统文化，有较强的组织能力，善于沟通与团队协作，敢于创新，在项目中负责整个项目的策划与组织工作
团队伙伴	高　瑗	史家小学三（4）中队组织委员，学校年级广播站主播，兴趣爱好广泛，曾主持学校、班级各种活动，善于组织与沟通，语言表达能力强。在项目中主要负责组织工作
	华梓琪	史家小学三（4）中队中队委，史家胡同博物馆讲解员、校广播站广播员，热情开朗，善于组织与协作，曾参加服务学习项目“蚯蚓堆肥”。在项目中主要负责外联工作
	高依源	史家小学三（4）中队小队委，善于团队协作，学习认真仔细。曾获“宋庆龄基金会书画展”美术三等奖，华北五省舞蹈大赛集体舞表演一等奖。在项目中负责财务工作
	黄煜涵	爱好音乐、体育，热爱运动，曾在史家足球队受训，有团队精神，做事认真。在项目中主要负责宣传工作
指导教师	刘晓珊	史家小学三（4）班班主任，有奉献精神，积极参与公益活动，担任多年班主任工作，教学经验丰富。善于培养孩子的优良品质，能够给孩子提供有效的项目指导。在项目中帮助同学协调校内关系，完善项目，引领同学们完成项目计划

（三）实施过程

“史家博物文化小主讲”服务学习项目自 2019 年 1 月初启动，至 2019 年 6 月初圆满结束，共分为准备、实施、总结三个阶段。

第一阶段（2019 年 1 月 1 日至 31 日）：准备阶段。这一阶段，项目组邀请朋朋哥哥讲解如何参观博物馆；前往首都博物馆、故宫博物院、韩美林艺术馆参观、学习并开展第一次宣传试讲活动；与河北涞水龙门学校进行沟通，确定活动时间与活动内容；注册、开通项目微信公众号并发布活动信息；设计制作宣传横幅、易拉宝、旗帜等宣传材料。

第二阶段（2019 年 2 月 1 日至 5 月 20 日）：实施阶段。这一阶段，项目组前往观复博物馆、朝阳公园，在朝阳门街道新鲜社区开展书签制作互动宣传，走进三间房街道双柳社区开展制作拓片互动宣传，前往园林博物馆进行宣讲并与龙门小学互动。项目组介绍和推广博物知识与文化，通过发放宣传单、有奖问答互动环节，提高参观者对博物的兴趣和热爱。

博物文化小主讲
中国园林博物馆

第三阶段（2019 年 5 月 20 日至 6 月 5 日）：总结阶段。活动实施完成后，全体成员对活动进行梳理，总结经验、交流感受；同时在学校“六一”展演中进行汇报演出，总结、分享项目经验，持续宣传、推广博物文化。

三、学生行动日记——记录公益之花盛开全过程

学生行动日记精选（一）

2019 年 3 月 31 日　星期日　晴

三（4）中队　高依源

今天天气晴朗，阳光明媚，虽然微风中还带有一丝凉意，但依然让人闻到了春天的气息。我们史家小学“博物文化小主讲”们早早地来到了北京朝阳门街道新鲜社区，开展“亲近自然，宣讲春天”的主题活动。

别看这个社区不算大，但里面种植的植物可丰富呢，而且好多都是我不曾了解的。我们在社区居委会工作人员与专业老师的指导下，认真地观测植物，热情洋溢地向小区的居民和小朋友们介绍常见的植物。短短的两个多小时里，老师教我们认识了白玉兰、银杏、龙爪槐、连翘等社区里常见的植物。

小小的植物，大大的学问。我们很快就学会了怎么分辨连翘和迎春花，知道了黄杨和大叶黄杨究竟有什么不同，漂亮的银杏树竟然有着“活化石”的美称，路边不起眼的果子居然是我们耳熟能详的名药。

通过与社区植物的“亲密接触”，让我感受到了春天的独特魅力，也让我真正体会到：知识无处不在，生活就是一本内容丰富的教科书。读万卷书，行万里路。光靠书本上学来的知识是不够的，我们还要走出去，学会观察社会、体验生活，留心做生活的主人，拓展自己的眼界，学习绝不能“守株待兔”。

让我们一起亲近自然、守护绿色，一起投入到建设美好家园的行动中来吧！

学生行动日记精选（二）

2019 年 1 月 29 日　星期二　晴

三（4）中队　陈泽宽

今天，朋朋哥哥——大名鼎鼎的中国博物馆讲解员，来到我们班为我们讲解如何参观博物馆。

朋朋哥哥是青少年博物馆教育推广人、青少年阅读推广人、耳朵里的博物馆创始人、郭守敬纪念馆执行馆长，自 2003 年起先后参与数十个大型展览的讲解服务，还给孩子们出版了《宫城：写给孩子们的紫禁城》《倾听博物馆：朋朋的时光笔记》等多部图书。我们做梦也没有想到他能来到我

们的班级，为“博物文化小主讲”们上课，支持我们的项目。

以前，我去博物馆只是喜欢看样子奇特的文物，并不理解文物背后的含义。朋朋哥哥告诉我们要选定主题进行专题式参观学习，要敢于分享自己的感悟，勇于表达，要将学校学习、自主阅读与博物馆学习相结合，还要学会变换角度，不断地思考。他从出土的2800多年前的周朝文物鸡蛋，讲到贾思勰的《齐民要术》中记载的炒鸡子，又讲述了西红柿是从南美洲漂洋过海传到欧洲再传到亚洲的历史。我们今天的一盘西红柿炒鸡蛋真是历经了多少岁月和传奇才汇合在一起的呀！谁说它是普通的家常菜了，这明明是一道很有文化深度的菜品呀！

作为“博物文化小主讲”项目的发起人，我一定要善于学习，勤于思考，敢于表达，积极阅读，将沉睡的历史唤醒，让历史文化在一个个生动有趣的故事中鲜活起来。传承文化，由我做起！

四、家长感悟——在公益服务中和孩子一起成长

家长感悟精选（一）

真情陪伴，共同成长

陈泽宽家长

做一个项目是快乐的。当我看到陈泽宽和其他“小主讲”们一起为来自贫困山区的孩子讲解古董的时候，表现出来的那种自信，我感到孩子们

已经克服了紧张的心理。当我看到项目组的孩子们一起为社区的小伙伴们讲解花草知识的时候，表现出来的认真专注的神情，我感到孩子们已经真正吸收了知识，并转化成了自己的语言。当我看到陈泽宽在马路上向过往行人泰若自然地发放宣传单、介绍项目的时候，我感到孩子更加懂得了公益的内涵。当我看到孩子们一起在舞台上进行项目展演的时候，他们声情并茂、娓娓道来，我感到孩子真的长大了。通过半年的努力，陈泽宽已经学会了如何利用互联网、书籍去探究未知的世界，学会了如何妥善地解决小朋友之间的问题，如何更合理地安排自己的时间。

通过这个公益项目，陈泽宽已经学会了如何更好地关心他人、关心社会，如何从点滴做起，服务他人、服务社会。我们非常高兴地看到，孩子正在学习着如何成为一个正直善良、有爱心的人。

家长感悟精选（二）

传承文化，服务学习

黄煜涵妈妈

随着“博物文化小主讲”项目的开展，我们目睹了孩子们的变化与成长，见证了“博物文化小主讲”活动不断增强的号召力，领悟了史家小学坚持不懈地每年开展博物特色课程背后的意义。孩子们也不断地在践行着“爱上博物，传承文化，服务学习”的使命。虽然只是半年的时光，但是我坚信，这个公益项目给孩子们和社会带来的是深远的影响和广泛的社会价值。

对于孩子们而言，“博物文化小主讲”活动像是一堂生动的社会体验课。孩子们深入地理解博物馆文物与历史的连接，以及博物文化传承的意义，并且真切地感受到公益活动与博物文化的力量。对于家长们而言，“博物文化小主讲”活动让我们看到了履行使命、懂得分享、热爱博物文化的中华少年，也带给我们一次次的文化吸收和再成长……我们将和孩子们一起，继续用不同的方式倡议更多的人走进博物馆，并将始终不渝地宣传和传承博物文化。

家长感悟精选（三）

让爱洒满人间

高瑗家长

在项目进展的过程中，我们有欢笑，有汗水，也有泪水，但这些都是孩子成长过程中的财富。印象最深的一次是，孩子在发放传单的时候，被一位阿姨拒绝了。当孩子用真诚的态度和话语追着阿姨给她宣传的时候，阿姨并没有停下脚步。孩子的眼泪一下子就涌了出来，扑在我怀里大哭，嘴里不停地喊着："我不要发传单了，我长大了也不要做这种发传单的工作。"我能理解孩子当时尴尬与委屈的心情，我心里也特别难受，但是我知道这是孩子将来走向社会后也要面临的问题，便俯下身给孩子讲了一些道理。孩子慢慢明白了，我们要接受可能和不可能，要以正常的心态去面对挫折和失败。最后，孩子又鼓起勇气继续发放传单。我想这些经历是我们一辈子的印记。

这次经历对孩子内心的触动还是很大的，现在走在街上，每遇到发宣传单的叔叔阿姨，她都是面带微笑地接过传单，并说声"谢谢"。她懂得了要尊重别人的劳动成果，工作没有高低贵贱之分。希望我们每个人都能心存感激、心存爱，世界将会变成美好的人间，让爱洒满人间。

五、帮扶对象——公益服务社会，爱心连接你我

帮扶对象感言精选（一）

河北涞水龙门小学学生："我是河北涞水龙门小学的一名学生，我非常

高兴能跟着老师坐着大巴车来到北京，来到观复博物馆参观学习，在这里我学到了很多博物文化知识、各种文物的历史背景和意义。在‘观复猫’课程，通过‘喵星人’展现出来的传统文化不但生动，还激发了我们了解文物、了解历史的浓厚兴趣。非常感谢史家小学三（4）中队的小朋友和班主任刘老师，他们给我们准备了精美礼物和图书。我以后要好好学习，希望长大后能在这么美丽的校园里教书！”

帮扶对象感言精选（二）

东交民巷小学四年级剑慕霓同学：“我是东交民巷小学四年级的学生，我妈妈下班时带回来一张漂亮的宣传单，上面有参观博物馆的小知识，还有介绍各种花草的知识，真是太丰富了。上面还提到，4 月 27 日在园林博物馆有活动。我和妈妈一起参加了这次活动，参观了园林博物馆，听了史家小学同学们的讲解，我了解了中国园林的许多知识，还有与园林、花草和山水有关的中国传统文化、文学典故等。我再看这些花花草草、山山水水时，感觉它们不再是简单的花草山水，不再是简单的风景了，它们也是有典故的。史家小学的同学们真的很棒，向你们学习！”

六、成果展示——公益，我们一直在路上

“史家博物文化小主讲”服务学习项目自开展以来，先后走进博物馆、艺术馆、社区、公园等地，累计举办 10 场活动，得到参观者和社区居民的肯定与好评。项目组制作了成果集《史家娃绘文博》，广泛传播博物馆知识和博物馆的学习方法，让大家更加了解中华文化、传承中华文化。项目组通过微信公众号定期发布项目进展情况的原创文章。北京晚报、“观复博物馆”微信公众号等媒体对项目进行了报道。因表现突出，项目最终获得了由中国扶贫基金会颁发的“益路同行·优秀公益创新团队”奖。

北京晚报

第七轮中美经贸
高级别磋商结束

2版

2019年2月25日 周一

本报今日推出习近平总书记视察北京五周年特别报道

新北京早春图

3~12版

“六项举措一套指标”支持小微企业融资

本市将设百亿融资担保基金

13版

开学第一课

14版

学榜样 我行动

时代楷模北京榜样
引发市民学习热潮

2版

速读

凉水河亦庄段
绿道10月贯通

长13.7公里的亦庄新城滨河公园二期已经开工，将于今年10月建成开园，届时，凉水河开发区段44公里绿道将实现全贯通。

15版

第91届奥斯卡颁奖典礼上午举行 22版

观复公益行|我们都是讲解员

观复博物馆 2019-03-25

2019年3月24日上午，史家小学与中国扶贫基金会共同举办的公益活动“博物文化小主讲”在观复博物馆（北京）如期举行。

北京晚报采用“博物文化小主讲”
展演照片为新闻图片

“观复博物馆”官方微信公众号通过《观复公益行，我们都是讲解员》对项目进行宣传

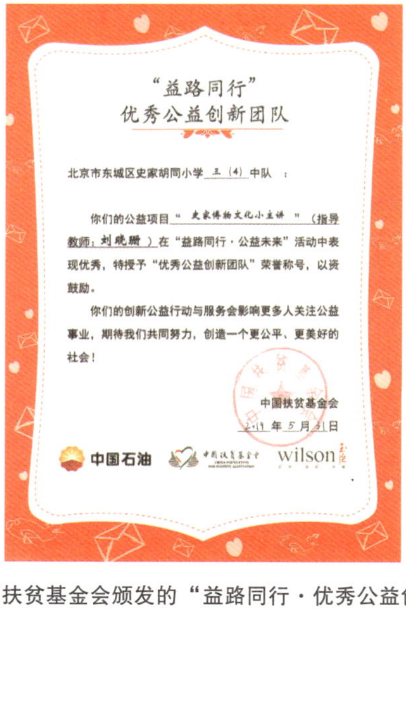

“益路同行”
优秀公益创新团队

北京市东城区史家胡同小学 三（4） 中队：

你们的公益项目“ 史家博物文化小主讲 ”（指导教师：刘晓珊 ）在“益路同行·公益未来”活动中表现优秀，特授予“优秀公益创新团队”荣誉称号，以资鼓励。

你们的创新公益行动与服务会影响更多人关注公益事业，期待我们共同努力，创造一个更公平、更美好的社会！

中国扶贫基金会
2019 年 5 月 31 日

中国石油 wilson

项目获得中国扶贫基金会颁发的“益路同行·优秀公益创新团队”奖

给盲道“清清肠”

“给盲道‘清清肠’”服务学习项目由史家七条小学四（3）中队牛宣懿同学发起，四（3）中队全体成员共同参与完成。项目指导教师为史家七条小学何光宇老师。“给盲道‘清清肠’”服务学习项目自2018年10月初发起，至2019年5月底顺利完成。项目组通过开展调研、组织宣传、模拟盲道行走等宣传活动，初步形成了《北京市（二环区域）盲道建设使用情况调研报告》，并向与北京市无障碍环境建设中心提交了调研报告。项目组还拍摄“给盲道‘清清肠’”宣传片，通过微信公众号等平台，持续扩大项目影响范围。

一、指导教师推荐序

2018年10月，史家教育集团新一轮“服务学习”课程正式启动了，我们班牛宣懿同学的“给盲道‘清清肠’”项目有幸成为和“益路同行”平台签约的项目之一。通过近5个月的实施，“给盲道‘清清肠’”项目按计划完成了3次模拟盲道行走，进行了6次盲道清理实践，累计发出1000份宣传单，统计分析了200份问卷，初步形成了《北京市（二环区域）盲道建设使用情况调研报告》，并与北京市无障碍环境建设中心进行了有效沟通。经过项目组的努力，学校周边的盲道已经更换成新版的盲道，走在上面的感觉更加清晰，相信会带给盲人更安全便利的出行。

回顾这次公益项目的始末，孩子们为公益项目所做的一切还历历在目。首先，核心成员在班里举行了主题班队会，宣传推广他们的公益项目。在班队会上，同学们展示了精心设计的宣传海报，各小队分享了收集到的盲道建设相关知识。原以为大家可能对这个话题并不关注，没想到很多同学为了这次的建议，特意做了调研。在大家的热情参与下，涌现出很多有建设意见的方案。

通过班队会，同学们对“给盲道‘清清肠’”公益项目的主题有了更深的体会，纷纷报名做项目志愿者。为了呼吁更多的人关注项目，项目组成员还走进其他年级进行宣讲。给学校的低年级同学介绍盲道的保护和维护盲道安全知识时，他们听得非常认真。通过大哥哥和大姐姐的宣传，他们知道了中国盲人的现状、盲道的起源、盲道的种类、现在盲道存在的问题以及保护盲道的倡议。很多同学针对改善盲道现状、解决出行难题提出了自己的想法和建议。比如有的同学认为盲道的设计不太合理，盲人过马路时因为没有盲道，盲杖感觉不到危险，希望在斑马线上也铺设盲道；有的认为盲人上下楼梯或乘坐电梯时，如果有盲人能感觉到的明显的标志会更安全；有的认为盲人看不到红绿灯，能否用不同的声音让他们来分辨……虽然这些想法比较稚嫩，但是通过这次宣传，他们知道了要时刻关心盲人，关注盲道的安全，还要时刻关心和帮助弱势群体及任何需要我们帮助的人。

为了让同学们对盲人有更进一步的了解，我们将盲人按摩院的医生李主任请到学校和同学们一起交流。李主任给同学们分享了她曾经有过看到这个美丽世界的童年，分享了眼睛失明后在生活中碰到的很多有趣又让她尴尬和担心的事情，还分享了她为了工作，为了自己的女儿，更为了自己，克服一切困难学习电脑，学习使用手机，深造考研究生的经历，还给同学们介绍了盲人使用的书籍。通过这次讲座，同学们对盲人的生活有了更直观的了解。同学们通过自己的作品来表达对李阿姨的尊敬、对公益活动的理解。

整个项目实施过程中，印象最深刻的还是“全国助残日”的那一次宣传活动。5 月 12 日是“全国助残日”，同学特意选择这天来张自忠路地铁口和地铁 5 号线东四站口，向公众做宣传。为了让活动更有互动性和趣味性，项目组成员将活动分为三个方面：让行人戴上眼罩，手持盲杖在盲道上体验盲人行走；对行人进行有关盲道无障碍的调研问卷；对行人发放宣传单。活动中，所有的体验者都体会到盲人出行的不易，他们在黑暗的世界是没有安全感的，他们的出行需要依赖盲杖和盲道。

我们的公益活动将带动更多的人去关注曾经被忽视的角落，唤醒大家帮助残障人士拓宽生活空间的意愿，让社会更和谐。

指导教师：何光宇

二、创想梦工厂——种下一颗公益的种子

（一）创想动因

为了保护视力障碍人员的行走安全，我国建立了全球长度最长、分布最广的盲道。但在现实生活中，盲道被占用的现象比比皆是。特别是考虑到安全与便利，盲道往往铺设在便道的边缘，更容易成为被占用的对象。

史家七条小学的牛宣懿同学发现，在她所生活的北京，已经拥有超过 1600 公里的盲道设施，但也有被各种车辆、隔离墩、堆放的私人物品甚至垃圾占用的现象。看着路上被占用的、被堵塞的盲道，她决定就从脚下的道路做起，从给盲道“清肠”开始！恰逢“益路同行”项目申报，她便与同学组建团队，通过开展调研、组织宣传、模拟盲道行走等活动让更多的市民了解盲人生活中面临的困境，号召大家一起帮助盲人打通平行世界。

（二）团队介绍

发起人及总负责人	牛宣懿	史家七条小学四（3）班学生，有较强的学习能力，善于发现他人的优点与长处。是项目的发起人与负责人
团队伙伴	詹博薇	史家七条小学四（3）班学生，活泼开朗、乐于助人，善于理财，团队意识强。在项目中负责财务工作
	胡芯瑜	史家七条小学四（3）班学生，学习能力强，擅长画画，耐心细致。在项目中负责宣传工作
	张梓晴	史家七条小学四（3）班学生，热情开朗，有较强的组织能力。在项目中负责组织工作
	刘芸熙	史家七条小学四（3）班学生，擅长和他人交流与沟通，带动力强。在项目中负责外联工作
指导教师	何光宇	史家七条小学四（3）班班主任，担任多年的班主任工作，经验丰富，注重孩子的能力培养，能给孩子提供有效的指导。在项目中担任指导老师，帮助孩子们协调校内外关系，指导完成项目计划
专家志愿者	吕世明	中国残联副主席、中国残联无障碍环境建设推进办公室主任，为本项目提供专家咨询服务

（三）实施过程

"给盲道'清清肠'"项目自 2019 年 2 月初发起，至 2019 年 5 月底圆满结束，共分为准备阶段、实施阶段、总结反思阶段。

第一阶段（2019 年 2 月 1 日至 3 月 31 日）：准备阶段。核心成员搜集《无障碍环境建设条例》《中华人民共和国残疾人保障法》《残疾人教育条例》等法规及知识资料，摘录其中盲道建设规范标准及维护保养相关内容，储备法律规范方面的知识；了解规范的盲道应该符合哪些条件，并邀请美术老师指导设计，制作宣传手册及展板、爱心罚单及清障打卡单、PPT 课件等宣传材料；在班内组织预演，在校内进行宣传推广。

第二阶段（2019 年 4 月 1 日至 5 月 20 日）：实施阶段。项目组成员到东四地铁口，呼吁人们不占用盲道，积极主动地清理盲道障碍。项目组成员还与视力障碍儿童共同举办互动活动，感受他们的真实生活。

第三阶段（2019 年 5 月 21 日至 6 月 1 日）：总结反思阶段。活动实施完成后，全体成员对活动进行梳理，总结经验、交流感受；同时参与学校“六一”展演，总结、分享项目经验。

三、学生行动日记——记录公益之花盛开全过程

学生行动日记精选

2019 年 5 月 12 日　星期日　雷阵雨

四（3）中队　牛宣懿

说来也巧，每逢我们项目组开展集体活动，总是会遇到天公不作美，这次也没有例外。一上午天气阴沉，到了大家约定的见面时间，又淅淅沥沥下起雨来。这次活动的地点位于南门仓，我和爸爸妈妈事先已经用实景地图勘察了现场情况，发现这里正适合项目组今天的任务——拍摄公益宣传视频。

由于事前已经做过充分的准备，我们 5 个项目组成员见面后迅速按角色布置进入状态。我们先按脚本将项目背景介绍及短剧内容进行了两次排练，一旁辅助的家长志愿者们协助布置外拍场景。

就在我们本次短剧的女主角——扮演盲人的张梓晴同学做好各项准备，就等着“导演”一声令下的时候，突然瓢泼大雨从天而降。可是我们大家都没有要停下的意思，我和扮演主持人的胡芯瑜冒着雨开始介绍我们的项目，而扮演采访记者的刘芸熙和詹博薇则打着雨伞模拟对来往行人的提问采访。

最困难的还是张梓晴，因为扮演盲人，她戴着深色墨镜看不清前方的盲道。大雨更模糊了她的视线，无法躲避盲道的障碍物，连续两次与搁置在盲道上的自行车发生刮碰。我们和一旁负责摄制工作的家长都很心疼，但是她坚持完成了所有的拍摄内容。

就这样，在项目团队所有人的共同努力下，经过三轮拍摄和调整，终于完成了视频素材的收集。虽然我们的身上几乎都湿透了，但是想到如果因为我们的这段视频，能让更多的人关注盲人出行，我们又充满了干劲。

之后，我们一起清理了盲道。今天虽然天气给我们的活动带来了一些小挑战，但是我们能够克服困难，圆满地完成了任务。作为项目发起人，我对我们的项目更加充满了信心。

四、家长感悟——在公益服务中和孩子一起成长

家长感悟精选

心存善意，快乐成长

胡芯瑜家长

有一颗善良柔软的心是我对孩子的期望。因为心中有爱，学会关爱他人，自己才能在未来充满荆棘的道路上战胜困难，快乐前进。作为家长，我也特别感谢史家教育集团给孩子们这样一个机会，让孩子们参与到“益路同行”平台的公益项目中来。孩子们亲自发起并参与一个公益项目，明

白他们也需要担当社会责任，而且也有能力为社会上有需要帮助的人士提供帮助。

从2018年10月，胡芯瑜在项目发起人牛宣懿同学的号召下，主动参与到“盲道‘清清肠’”项目中。在历时5个月的时间里，她跟小伙伴一起撰写活动方案，绘制宣传图画，完善宣传讲稿，排练宣传视频。孩子们放弃了很多休息时间，把大量精力投入在“给盲道‘清清肠’”公益项目上。孩子们一次次热烈地讨论，期待得到更好的解决问题的方法，克服被拒绝的恐惧，走上街头发放几千份宣传单，让更多的人关注盲人的出行问题。孩子们战胜心里的惰性，清理堆积在盲道上的障碍物……在点点滴滴中学到了很多，也成长了很多。从最开始对盲道知之甚少，到后来关注到出行的各种问题，她学会了观察生活，对身处的社会也有了更多的思考。

“人生最精彩的不是梦想实现的瞬间，而是坚持梦想的过程。”虽然这个项目暂时告一段落。但这次公益项目在孩子们心里种下了一颗爱的种子。希望善意、关爱、信心、勇气一直陪伴着孩子们的成长，使孩子们成为自己想成为的人。也要感谢各位老师对孩子们精心的指导和付出，让他们在各种场景下自信满满地绽放。

五、帮扶对象——公益服务社会，爱心连接你我

帮扶对象感言精选

参与盲道行走体验活动的叔叔：“我体验了模拟盲道行走，深刻地体会到视力有障碍的人真的很不容易。我即便是在孩子的指导下也还是走错了，差点撞到旁边的栏杆上。我觉得这个模拟体验活动很好，能让大家进行换位思考。比如刚才行走的过程中，我发现这个盲道对于盲人来说可能还有

点偏窄，而且堆放的这些物体呀，共享单车啊，都会影响到盲人出行。所以，我觉得孩子们这个活动特别棒！”

六、成果展示——公益，我们一直在路上

“给盲道‘清清肠’”服务学习项目自开展以来，先后走进社区、地铁口、街道、盲人学校等地，开展调研、组织宣传、模拟盲道行走宣传活动，初步形成了《北京市（二环区域）盲道建设使用情况调研报告》，并向与北京市无障碍环境建设中心提交了调研报告。项目拍摄《给盲道“清清肠”》宣传片，通过微信公众号等平台持续扩大项目影响范围。因表现突出，项目最终获得了由中国扶贫基金会颁发的“益路同行·优秀公益创新团队”奖。

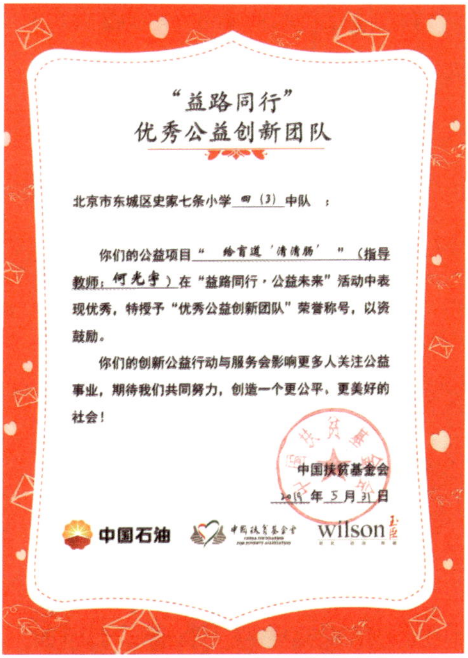
“益路同行”
优秀公益创新团队

北京市东城区史家七条小学 四（3） 中队 ：

你们的公益项目“ 给盲道‘清清肠’ ”（指导教师：何光宇）在“益路同行·公益未来”活动中表现优秀，特授予“优秀公益创新团队”荣誉称号，以资鼓励。

你们的创新公益行动与服务会影响更多人关注公益事业，期待我们共同努力，创造一个更公平、更美好的社会！

中国扶贫基金会
2019 年 5 月 31 日

中国石油　中国扶贫基金会　wilson

项目获得“益路同行·优秀公益创新团队”奖

爷爷奶奶保卫战

“爷爷奶奶保卫战”服务学习项目由史家小学二（2）中队王孙舒啸同学发起，二（2）中队全体成员共同参与完成。项目指导教师为史家小学王连茜老师。“爷爷奶奶保卫战”项目自2019年1月发起，至2019年6月初圆满结束。项目组通过对金融专业人士调研的方式，了解针对老人的金融诈骗案例以及主要防控方式。同时对老年人开展调研，了解他们对金融诈骗的实际了解情况，编写《老年人防诈骗简易指南》。项目实施以来，项目组先后走进建设银行东四支行、农业银行东城区支行、兴业银行灯市口支行等地，开展老年人防诈骗宣传，用典型案例告诉老年人诈骗分子的诈骗手段，防止老年人上当受骗。项目得到社区居民、银行客户的肯定与好评。项目组归纳总结了10条防诈骗的方法。

一、指导教师推荐序

2018年9月，我们二（2）班的40名“小豆包”开始了伙伴校区的学习生活。

在这一学年里，孩子们在开学典礼上观看优秀服务学习项目的介绍和招募，在“六一”庆典上感受高年级大哥哥、大姐姐们的创新服务学习内容，深受启发：服务学习就是为社会、为大家、为他人服务；服务学习既可以帮助他人、服务社会，同时也可以提升自身能力、体现自我价值。当然，一项优秀的服务学习项目需要我们用心去观察生活，去关注身边的人和事，通过我们自己的力量让生活变得更美好！虽然我们没有参与一年级的服务学习项目，但孩子们的心中已经悄然种下了一颗爱的种子，经过一年的孕育培养此时正待破土而出。因此在新一轮服务学习项目启动前，班里的很多孩子已经有了自己的想法，并跃跃欲试准备参加新一轮的服务学习提案竞选。看着孩子们提交的有模有样的项目书，我和孩子们一样心中充满了希望。

历经近一个月的严格评审，我们班的“爷爷奶奶保卫战”提案获得了评审专家们的认可，并顺利通过了第一轮选拔。孩子们紧锣密鼓地招募项目团队，准备项目答辩。最终，我们的提案从全校3000多份提案中脱颖而出，成为“益路同行”上线项目。

众所周知，中国已逐步进入老龄化社会。根据国家统计局数据，2018年我国60周岁及以上人口为24949万人，占总人口的17.9%，其中65周岁及以上人口为16658万人，占总人口的11.9%。而据研究显示：65岁以上的老年人比40岁的人受骗的概率高34%。2018年，我国老年人因内部信息网络诈骗就达千万余人，受害人最大的90多岁。老年人被骗，不仅损害了他们的健康，给所在家庭及亲属带来无穷烦恼，也极大损害了社会公信力。将老年人当作欺诈对象，是文明社会所不能容忍的。

孟子曰：“老吾老以及人之老。”尊老爱幼是中华民族的优良传统。尊老爱幼也是人类敬重自己的表现，每个人都有儿童时代，也都会有年老的一天。尤其是我们的爷爷奶奶们，他们年轻时付出过无数辛劳和爱。现在爷爷奶奶们老了，他们渴望陪伴与关怀。我们每个人都要爱自己的爷爷奶奶，也要爱所有像爷爷奶奶一样的老人，让他们都能安度晚年。于是我们决定就从身边的爷爷奶奶们做起，多提醒老年人，用典型案例告诉老年人诈骗分子的诈骗手段，防止他们上当受骗。我们还深入学校放学点、社区、银行等老年人聚集地，定期开展防诈骗宣传活动，通过故事、相声等方式进行巡演，加大宣传力度。于是，一场轰轰烈烈的“爷爷奶奶保卫战”在孩子们的精心策划下、在家长们的协调帮助下顺利地开展起来。

随着活动的深入开展，我们的宣传工作也大面积展开了。但有的孩子害怕被拒绝，表达时不太自信。我就在课堂中鼓励他们多发言、多表达，为孩子们提供展示自己的机会，增强他们的自信心。我还利用课余时间，带着“小卫士”们不断强化活动的目标及口号，梳理、练习我们的演讲稿，提示他们与爷爷奶奶沟通时的各种礼仪及注意事项，让他们明白只有不断地完善自己，才能走向社会，实现我们的梦想。

活动开展至今，我们的“小卫士”为爷爷奶奶们发放了自己设计和制作的宣传手册800余份、防诈骗指南30本，尽自己努力帮助老年人增强防诈骗能力。孩子们在活动中得到了历练和成长，如今的他们不再畏惧挫折，能积极主动地与陌生人沟通，表达上也更加自信流畅了！

虽然我们的项目将告一段落，但孩子们心中的爱将得以延续和传播。作为他们的班主任，我会继续为这些“小卫士”保驾护航，让他们的爱心在希望中绽放，让希望在教育中成长。

指导教师：王连茜

二、创想梦工厂——种下一颗公益的种子

（一）创想动因

有一天，项目发起人王孙舒啸同学在地铁里看到一个广告：一位老爷爷坐在一个大门紧锁的办公楼前痛哭流涕。爸爸告诉他，这位老爷爷的养老钱被骗子骗光了，所以老爷爷很伤心。此外，他也时常看到老年人被骗

的新闻。这些爷爷奶奶悲伤、无措的神情触动了他。

为什么老年人容易上当受骗呢？经过与爸爸讨论，他觉得主要是三个原因：第一，老年人与社会接触相对较少，对诈骗情况了解不多。第二，部分老年人与子女日常沟通不足，缺少关爱，容易被犯罪分子打感情牌欺骗。第三，部分老年人自认为社会经验丰富，有时做重大决定不与孩子商量。因此，他和小伙伴们发起“爷爷奶奶保卫战”项目，帮助老年人增强防诈骗的意识和能力，用典型案例解说诈骗分子的诈骗手段，提醒老年人谨防上当受骗。

（二）团队介绍

发起人及总负责人	王孙舒啸	史家小学二（2）中队成员，做事认真，追求完美，乐于分享与沟通。在项目中负责整个项目的策划与组织工作
团队伙伴	黄若恒	史家小学二（2）中队成员，善于沟通，组织能力强，有很好的团队协作意识。在项目中负责组织工作
	蒋浻涵	史家小学二（2）中队成员，耐心细致，善于协调，注重团队荣誉。在项目中负责外联工作
	张泓蕊	史家小学二（2）中队成员，乐观外向，认真负责，注重团队沟通。在项目中负责财务工作
	张智涵	史家小学二（2）中队成员，思维活跃，乐于沟通，集体荣誉感强。在项目中负责宣传工作
指导教师	王连茜	史家小学二（2）班班主任。有数十年班主任工作及教学经验，专业能力强；关爱孩子，热心公益；能够协调校内外资源，推动项目开展

（三）实施过程

“爷爷奶奶保卫战”项目自2019年1月发起，至2019年6月圆满结束，共分为准备、实施、项目总结三个阶段。

第一阶段（2019 年 1 月 1 日至 31 日）：准备阶段。这一阶段，项目组成员开展调研，了解针对老年人的金融诈骗案例以及主要防控方式；编写《老年人防诈骗简易指南》；编排舞台表演剧；完成宣传资料的制作工作。

第二阶段（2019 年 2 月 1 日至 5 月 20 日）：实施阶段。按照计划，项目组成员相继走进建设银行、朝阳公园、农业银行、兴业银行，开展巡讲活动，针对老年人进行防诈骗宣传，并表演自创的节目；传播如何预防金融诈骗的方法，以及提升社会对老年人防诈骗情况的重视程度。

第三阶段（2019 年 5 月 21 日至 6 月 5 日）：项目总结阶段。项目组全体成员对项目进行全面的总结和反思，整理项目过程中的图片、影音资料，在校内进行分享。同时，项目组还积极筹备参加学校“六一”儿童节会演。

三、学生行动日记——记录公益之花盛开全过程

学生行动日记精选（一）

2019 年 5 月 31 日　星期五　晴

二（2）中队　王孙舒啸

今天，学校组织了“服务学习助力全面发展，志在家园献礼七十华诞”的活动，由本年度所有参加服务学习公益项目的同学们进行成果汇报演出。

我和张智涵代表“爷爷奶奶保卫战”项目组，用相声的形式对项目成果进行汇报。在之前的排练过程中，我持续发烧 4 天。第一次组织彩排的时候，我依然低烧，同时嗓音嘶哑。好在彩排的老师对我们的节目特别照顾，还给我们提出了改进表演的建议，并叮嘱我一定要尽快养好身体，这让我非常感动。

表演当天，学校礼堂里来了很多领导、老师和同学。由于我们两人准备得比较充分，所以上台后基本没怎么紧张。爸爸说这是我们发挥得最好的一次。我们的相声表演获得了很多掌声和笑声，我俩觉得过去的辛苦付出都是值得的。通过这次汇报演出，我对“台上一分钟，台下十年功”这句话有了更深入的理解。只有经过多次的练习，才能更好地面对各种挑战。

学生行动日记精选（二）

2019 年 5 月 24 日　星期五　晴

二（2）中队　张泓蕊

今天放学后，我和项目组的其他小伙伴一起来到农业银行东城区支行宣传我们的公益项目“爷爷奶奶保卫战”。我们在农业银行的大厅里对前来办理业务的爷爷奶奶介绍了防诈骗 10 招。我们在提高了老人们的防诈骗意识的同时也提升了自己的沟通能力，农业银行的叔叔阿姨们还给我们颁发了“小小银行家”的荣誉称号。

通过这次的学习和宣传，我更加明白了我们的项目开展的意义，更加坚定了要把这个项目做好的决心。看到爷爷奶奶们积极参与，我想，只要全社会都增强防范意识，银行、公安部门加强监管，小朋友们时刻提醒爷爷奶奶，那些骗子就无机可乘，无处可逃！

四、家长感悟——在公益服务中和孩子一起成长

家长感悟精选

传播防诈骗知识，我们在路上

蒋浉涵家长

现在的诈骗形式真是五花八门，难辨真伪，通过跟随孩子们一起去开展宣传活动，我也受益匪浅。听着银行工作人员的案例讲解及分析，我也不禁毛骨悚然，太多我们从未见识过的诈骗手段使人防不胜防。通过活动中的所见所闻，我认识到一定要克服贪欲，不能相信陌生人的“糖衣炮弹”，要告诫自己和身边的老年人，自己拿不定主意的时候，多找亲人、子女、信得过的邻居、朋友商议，一定要打消“用小钱赚大钱”“吃小亏占大便宜”或者“不劳而获”的念头，世界上没有“天上掉馅饼”的好事。跟着孩子我学到了很多防诈骗知识，了解了打电话报警、与身边的子女亲属联系求证、咨询银行工作人员等防范措施和技巧，时刻告诫自己及身边人，在面对陌生人或者陌生电话时要多留一个心眼，不给不法分子可乘之机。

孩子们也在此次活动中成长了。蒋浉涵不仅从中学到了很多知识，也锻炼了自己的表达能力，每次到爷爷奶奶或姥姥姥爷家的时候，她都会跟他们讲学到的防诈骗知识和“防诈骗十招”。她还把听到的真实案例讲给她的小伙伴及身边的人听，让项目达到广泛宣传的目的。我很高兴孩子能参与到这么有意义的活动中，我会鼓励她多参加这样的公益活动，也希望更多的孩子能参与进来，传达更多的正能量！

五、帮扶对象——公益服务社会，爱心连接你我

帮扶对象感言精选

接孩子的老爷爷：“这两年社会上针对老年人的诈骗是挺多的，如电信诈骗、以房养老、理财产品，等等。这些骗子挺可恨的，知道我们老人反应慢、容易相信别人，就专找我们下手。不过现在社会上相关的宣传越来越多，不断提醒我们，使我们免受损失。孩子们的这个项目就挺好。他们也不露怯，都很懂礼貌，能把事情说清楚。”

六、成果展示——公益，我们一直在路上

“爷爷奶奶保卫战”服务学习项目自开展以来，先后走进银行、学校门口等地，开展老年人防诈骗宣传，得到社区居民、银行客户的肯定与好评。因表现突出，项目最终获得了由中国扶贫基金会颁发的“益路同行·优秀公益创新团队”奖。

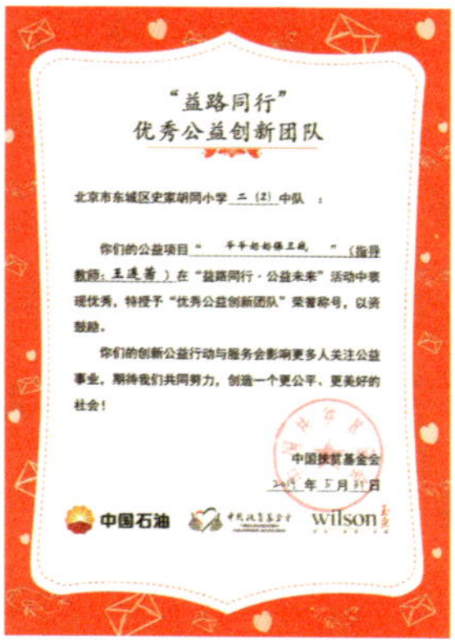
“益路同行”
优秀公益创新团队

北京市东城区史家胡同小学 二（2）中队 ：

你们的公益项目“ 爷爷奶奶保卫战 ”（指导教师：[illegible]）在“益路同行·公益未来”活动中表现优秀，特授予“优秀公益创新团队”荣誉称号，以资鼓励。

你们的创新公益行动与服务会影响更多人关注公益事业，期待我们共同努力，创造一个更公平、更美好的社会！

中国扶贫基金会
2019 年 5 月 31 日

项目获得中国扶贫基金会颁发的“益路同行·优秀公益创新团队”奖

结　语

服务学习，志在家国。

本书汇集了2018～2019学年从全校入选的优秀服务学习项目中精选的20个项目，详细记录了学生参与服务学习的全过程，展示了学生们一路以来的所见与所闻、收获与成长。这些都是学生们主动关心社会生活、自主发起的公益项目，蕴含着他们对生活的敏锐洞察和无限热爱，对他人的无私关爱和一片赤诚。

三年来，“服务学习”课程陪伴着史家学生一路成长，服务学习已经成为史家学生的一种惯性。当他们遇到真实的社会问题时，他们最先想到的不再是抱怨，而是去调研、分析问题，用自己的所学去尝试着解决问题。这看似简单的转变实质上是学生思维习惯和学习方式的改变，这种改变对于教育来说是弥足珍贵的。

感谢我们可爱的孩子们，你们用行动服务社会，用一颗大爱之心温暖着全社会，你们是新时期公益的小使者，你们用创意、坚持和努力向全社会发出了当代少年的最强音。当然，还要感谢所有指导教师们不辞辛劳的付出，感谢家长志愿者们的默默陪伴，感谢所有对孩子们提供支持的社会单位，感谢社会媒体对服务学习项目的关注。正是因为你们，每一个孩子微小的梦想才不被轻视，你们为孩子们公益梦想的顺利实现搭建了全方位的支撑体系。

2018～2019学年服务学习项目已经圆满落下了帷幕，但我们相信孩子们服务的热忱并没有因此而减弱，服务的行动并没有因此而结束。期待新的一年同学们集思广益、群策群力，策划出更加令人眼前一亮、心头一暖的服务学习项目。

我们明年再见！